巧用 ChatGPT 做跨境电商

跨境唐伯虎 著

北京大学出版社
PEKING UNIVERSITY PRESS

内 容 提 要

本书从跨境电商市场概况讲起，介绍了ChatGPT在不同电商模块中的应用，带领读者们将选品调研、新品开发、亚马逊平台运营、独立站建设、海外推广、社交媒体营销等跨境电商各个环节利用ChatGPT完整地做一遍。

本书分为12章。涵盖的内容有跨境电商和ChatGPT的结合、基于ChatGPT的选品调研、产品开发的ChatGPT应用、基于ChatGPT的Listing优化、基于ChatGPT的广告投放和优化、ChatGPT在邮件内容生成方面的应用、基于ChatGPT的物流库存管理、独立站品牌塑造与ChatGPT、用ChatGPT做Shopify独立站优化、谷歌推广与ChatGPT、用ChatGPT辅助站外Deal推广、ChatGPT在海外社交媒体营销方面的应用。

本书内容通俗易懂、案例丰富、实用性强，特别适合跨境电商新人和有经验从业者阅读，包括产品开发、平台运营、海外推广、社媒营销等岗位工作者。同时，本书也适合作为相关培训机构的教材使用，是一本对跨境电商从业者具有参考价值的工具书。

图书在版编目(CIP)数据

巧用ChatGPT做跨境电商 / 跨境唐伯虎著. — 北京：北京大学出版社，2024.7. — ISBN 978-7-301-35176-5

Ⅰ.F713.36

中国国家版本馆CIP数据核字第2024B47U12号

书　　　名	巧用ChatGPT做跨境电商 QIAOYONG CHATGPT ZUO KUAJING DIANSHANG	
著作责任者	跨境唐伯虎　著	
责任编辑	刘　云　蒲玉茜	
标准书号	ISBN 978-7-301-35176-5	
出版发行	北京大学出版社	
地　　　址	北京市海淀区成府路205号　100871	
网　　　址	http://www.pup.cn　新浪微博：@北京大学出版社	
电子邮箱	编辑部 pup7@pup.cn　总编室 zpup@pup.cn	
电　　　话	邮购部 010–62752015　发行部 010–62750672　编辑部 010–62570390	
印　刷　者	三河市北燕印装有限公司	
经　销　者	新华书店	
	880毫米×1230毫米　32开本　10印张　287千字	
	2024年7月第1版　2024年7月第1次印刷	
印　　　数	1–3000册	
定　　　价	69.00元	

未经许可，不得以任何方式复制或抄袭本书之部分或全部内容。
版权所有，侵权必究
举报电话：010–62752024　电子邮箱：fd@pup.cn
图书如有印装质量问题，请与出版部联系，电话：010–62756370

推荐序一

近几年来，跨境电商逐渐崭露头角成为一个迅猛发展的行业，而自从GPT-3.5语言大模型面世之后，ChatGPT也成了公众关注的焦点。一般人们更多的是从消费者及用户的角度去理解这两个概念，本书则首次探讨了这两个概念领域的交集，阐释如何巧妙运用ChatGPT，将复杂、低利润的跨境交易转变为简单、高盈利的商业模式。本书旨在赋能跨境电商从业人员和潜在创业者，通过精准而高效的ChatGPT应用，首先提升跨境电商行业效率，提升从业人员获利能力，其次降低行业从业门槛，吸引更多的创业者加入这个快速发展的市场。

商业贸易的世界，连接供给与需求就意味着创造了价值。因此过往商业贸易史，往往是由新技术与新的商业模式共同演化而来，其演化的结果就是新的贸易形式，由于降低了交易成本，增进了交易网络的连接效率，因此取代了旧的贸易形式。我试着从整个商业贸易史的角度，来说明我对本书的定位与理解。

将技术（T）与商业模式（BM）配对，我们可以把过往的商业演化史简化成以下几个阶段：第一，传统的交通工具（T1）与地方市集（BM1）；第二，美国兴建铁路（T2）与西尔斯的邮购目录销售（BM2）；第三，美国公路四通八达（T3）与沃尔玛的大型零售店（BM3）；第四，1970年代全球货柜及其ISO标准制定（T4）与全球化企业的代工模式（BM4）；第五，2000年全球互联网（T5）与电商（BM5）；第六，万物互联以及人工智能（T6），新的商业模式创新仍然方兴未艾。我认为，《巧用ChatGPT做跨境电商》这本书，恰好体现了商业演化由第五阶段转向第六阶段这个重要的发展潮流。以下我分两点来说明这个观点。

首先，ChatGPT大语言模型属于人工智能技术的重要组件，其最重要的功能与意义，就是大大地赋能个人与团队，使其能做到以往由部门或组织才能做到的事。具体而言，在第五阶段中，与互联网技术（T5）配对的电商模式（BM5），是由像亚马逊、淘宝这样的大型电商平台公司所实现，也可以说，这个阶段中的交易，是以平台企业为中心，来连接消费端与供应端，因此也可以说是中心型的商业模式。而当ChatGPT（T6）赋能个人与团队时，暂且不说替代亚马逊及淘宝，但至少在这些大型电商平台之外，诞生了许许多多新的节点，促进消费端与供应端更进一步连接，让更多的交易发生。而过往的中心型商业模式（BM5），也就将进入第六阶段的去中心型商业模式（BM6）。

其次，跨境电商在商业演化的趋势中越发重要。毕竟在发展初期，即便理论上电商能触及世界各地拥有互联网的每一位消费者与生产商，但由于实体物流以及语言文化的限制，电商模式初期的发展必然是以境内电商为主。经过二十多年的发展，境内业务成长趋于饱和，当既存的电商企业想持续成长，或潜在的进入者想在电商领域抢占份额时，跨境业务就成为重要的发展方向。但跨境业务中，要连接在不同地区与国家的消费端与生产端，势必需要电商企业进行许多的活动来克服障碍，而这些活动正是跨境电商交易的交易成本。而所谓的ChatGPT赋能个人与团队，指的正是创业个人与团队，能够运用ChatGPT来进一步降低跨境业务中的交易成本。

理论上，一个交易发生的事前、事中、事后，交易双方必须承担的交易成本如下：事前有搜寻成本、比较成本；事中有测试成本、协商成本；而事后则是付款成本、运输成本与售后成本。当我们具体到跨境电商的经营，上述这些交易成本，会反映到一个成功的跨境电商企业所需要进行的各种活动环节：从了解消费者需求的选品调研（第2章）、到相应的产品开发（第3章），进而要决定是经由亚马逊这样的电商平台来进行交易，还是自行经由独立站来服务顾客。

如果是通过电商平台来运营，则需要熟悉平台规则与了解平台运作方式，例如产品标题与产品描述的规范（第4章），广告投放的规则（第5章），撰写邮件进行售后服务（第6章），规划物流及库存管理等（第7章）。

如果是选择独立站的经营方式，不加入亚马逊等第三方电商平台，则独立站之建设及运营（第8、9章），还有运用谷歌等站外推广（第10、11章）及社交媒体的营销（第12章）等经营环节，都需要非常多的专业知识以及相应的人员与资本投入。这些投入都是跨境电商的交易成本。而本书正是将以上各个重要的跨境电商经营环节，运用ChatGPT这个新技术（T6）重新做了一遍。

本书的价值可以分为两个方面：从宏观上来看，它帮助降低跨境电商的交易成本，让更多的个人与创业团队加入跨境电商的大军之中，从而创造出更多、更密的商业联结网络，促进整个商业世界交易的效率，在世界范围内更多的地点，让更多的消费者与供货商连接彼此，创造出更多的交易与更大的交易价值。也就是序言一开始所说的，赋能个人与团队，促进商业贸易世界里去中心型商业模式（BM6）的百花齐放。

从微观上来看，作者将他自己运用ChatGPT经营跨境电商的方法提炼出来，记录在本书中，而没有将这些方法当作秘密保护起来，我认为是因为作者相信，我们每个人都可以将这些方法运用在自己所看到的商业机会上，并且摸索、创造出更多基于本书内容的应用方法，让整个市场更大、更繁荣，也让每个有眼光、愿意付出的个人与团队，都能收获自己努力的报偿。

作者唐耀星是北京大学汇丰商学院的MBA毕业生，是一位经验丰富的工程师、产品经理和创业者，也是一位篮球爱好者和慈爱的父亲。他的多重身份使他具备独到的视角以及期望，希望读者能够充分应用本书的内容，同时也将作者的思想和实践应用到商业世界的下一阶段发展中。

晏介中

北京大学汇丰商学院助理教授

推荐序二

休谟的哲学理论告诉我们，任何的科学哲学不过是我们认知世界的一个思维模型。

我们为何要研究科学？从功利的角度来看，这是为了对抗生存中的不确定性。生物的首要任务是生存，而阻碍生物生存的最大的敌人就是不确定性。我们研究科学、巫术、宗教、哲学等，总的来说，就是为了对抗这种不确定性。我们可以从《三体》的情节中得到启示，三体人为什么要征服地球？不就是因为他们的太阳是不确定的吗？追求确定性，也就是预测未来，是所有生物，尤其是人类这样的智慧生物的本能。

在科学尚未出现的时代，人类通过什么来对抗不确定性呢？是占卜、算卦、塔罗牌、预言、水晶球、魔镜吗？我们可以看出，无论是古代的神秘主义还是现代的科学，其核心目标都是预测未来，对抗生活中的不确定性。而AI作为一种新的工具，它的出现可能意味着我们可以更加准确地预测未来，更好地对抗不确定性。谷歌之前发布的一个天气预测模型很有意思。它们利用AI的深度神经网络模型进行天气预测，并且取得了比传统物理模型更为准确的结果。模型不依赖于大气动力学领域的物理定律，它是通过反向传播学习，直接从观测数据中预测天气。天气预报系统是物理学和大数据分析的结合体，传统的方法依赖于物理定律进行初步计算，然后进一步处理和预测。然而，谷歌使用的这种新方法，借助于MetNET，绕过了物理定律，将数据直接输入AI神经网络中进行处理和预测。这种方法所产生的预测结果在精确度和时间范围上，都超过了传统的物理模型。这种现象令人震惊，它似乎告诉我们，不需要物理定律，我们依然可以得到满意的预测结果。这引发了我们对科学本质的深度思考。我们曾经相信，物理学是描述世界的最基本方式，是我们认知世界的基石。然而，这次的AI预测模型却颠覆了这种认知。我们是否真的需要物理学去描述世界？

选择神秘主义、科学还是AI，并不是绝对的优劣之分，而是取决于具体的需求和环境。在某些情况下，直觉和传统的经验可能依然有价值。然而，在许多复杂和动态的情况下，现代的科学技术和AI明显具有优势。

大到物理学，小到具体的商业世界。说回跨境电商，这行的从业者都经常有一种看天吃饭的感觉，大家想办法去预测未来的流量、竞争程度、消费者可能喜欢的点，有的人靠直觉，有的人靠有限的数据分析，说到底还是在"祭祀求雨"和"夜观天象判断降雨"，虽然是在对抗未来的不确定性，但准确度和效果都很差。而拥抱AI所给我们带来的彻底改变则是另一个故事，利用自己积累的数据，交给深度神经网络去学习并预测，辅助做出最好的运营判断。我看到了一些公司在做相关的产品，也相信很快会出现跨境电商的"天气预测模型"，而最早拥有这种认知的人，才能享受到第一波的红利，有更高的效能。

这种思考为跨境电商行业带来了新的启示。

跨境电商行业的成功在很大程度上依赖于对市场的准确预测和快速响应。任何对全球市场趋势、货币汇率、供应链管理、消费者行为等方面的微小变化的误判，都可能导致重大的经济损失。在这样一个复杂和不断变化的环境中，传统的分析方法和直觉决策可能不再适用。

AI和深度学习技术为跨境电商行业提供了一种全新的解决方案。借鉴谷歌天气预测模型的思路，我们可以利用大数据和机器学习直接对市场进行分析和预测，无须依赖于过去的经验或传统的商业模型。例如，一个智能的供应链优化系统可以实时收集和分析全球市场的数据，准确预测需求和供应的变化，并自动调整库存和物流策略，以最小的成本实现最大的效益。同样地，智能的定价策略、广告投放、消费者行为分析等也可以通过深度学习技术实现精确和及时的调整。这不仅可以显著提高跨境电商行业的效率和竞争力，而且还可能引发我们对商业决策本质的重新思考。与天气预报系统一样，我们是否真的需要依赖于传统的商业理论和模型？或者，我们是否可以通过深度学习和AI技术直接从数据中抽取知识和洞见，创造出全新的商业策略和机会？

最后，值得深思的是，虽然科技和AI为我们提供了强大的工具来对抗不确定性，但我们是否也应该警惕其中的风险和挑战？完全依赖于机器和算法，是否可能导致我们失去人类的直觉和道德判断？在追求效率和精确度的过程中，我们是否也应该注意保持人类的价值和人文关怀？

任慈

Nebula Brands 创始人 &CEO

前言

这个技术有什么前途

自工业革命兴起并逐渐取代传统手工业以来，每一次技术的跃进都预示着一场深刻的社会变革。互联网、移动互联网的崛起，如今又有了能以 10 倍甚至 100 倍提升个人生产力的 AI（Artificial Intelligence，人工智能）时代的到来。今天，ChatGPT 技术的出现就如同当年的互联网，一股潮流正在涌动。

跨境电商的世界并没有本质的改变，核心的业务、产品、需求和数据依然是那些，然而交流和互动的方式正在发生深刻的变化。从古代的骆驼商队到海洋航行，从电报到互联网，每一次技术创新都推动了商业模式的改变。今日，ChatGPT 的出现正将跨境电商推向新高度，它巧妙地跨越了语言、文化和信息的阻碍，为跨境电商从业者带来前所未有的便利和效率。

这不仅是一次技术的变革，也是一次商业模式的彻底颠覆。ChatGPT 技术就是这个时代的工具，一把可以让你的"能力范围"一下子扩大很多的锋利武器。你准备拿起它，还是被它裁剪？

历史的车轮不会因为你的迟疑而停滞，它继续滚动，一如科技推动的进步，没有回头。ChatGPT 技术已经来到你面前，它带来的不仅是新的机遇和挑战，更是一次重新定义自己的机会。不要让新技术的浪潮将你淹没，而应当勇敢地拿起它披荆斩棘。对于跨境电商从业者，正是持续学习、使用、优化的黄金时机。现在就是那个关键时刻，你的选择将决定未来的方向和命运。

笔者的使用体会

在跨境电商世界，ChatGPT 赋予了我们前所未有的力量。

现在，众多跨境电商从业者都已用上了 ChatGPT，用它洞察市场、选品分析、优化运营策略、提升客户服务、创新海外营销。人们因此感觉自己变得更强大了。但是，笔者要强调的是，永远假定别人也会用 AI，那么你比别人更强的是什么？

在笔者看来，真正的差异在于如何使用 AI。能力不同的人，用 AI 的能力不同；能力越强，用 AI 的能力越强。这是一条既明确又残酷的真理：AI 时代，人的智力差距在拉大，而非缩小。

作为一个跨境电商从业者，我们怎样充分利用 ChatGPT 呢？

不要停留在 ChatGPT 的表面功能，深挖它，让 AI 辅助成为习惯。人们不仅要精通业务，还要懂得如何让 AI 工具为自己服务，以更快速、更精确的方式来分析市场、满足客户需求和优化运营。

最终，这是一场人的较量。机器不过是手段，真正的核心在于人的思考、判断和提问的能力。用 ChatGPT，让每一个问题变成答案，每一个错误变成教训，每一个思考变成智慧。

本书特色

创新：打破传统，跨界结合，揭秘跨境电商全新逻辑。

全景：全链条解读生成式 AI 在跨境电商中的应用，颠覆传统选品、运营与推广。

深度：深入浅出地介绍 ChatGPT 在不同电商模块中的应用，层层透析。

实战：设计跨境电商实用提示语，帮助读者快速上手使用。

本书内容

本书的内容广泛涵盖了跨境电商与 ChatGPT 结合的各个环节的实战应用，分为五个部分。

在开篇部分中，第 1 章探讨了跨境电商的市场概况，介绍了 ChatGPT

的使用技巧和AI在跨境电商中的应用。

随后的选品调研和产品开发部分包括第2章和第3章，详细介绍了基于ChatGPT的选品调研，包括产品方向、产品定位、市场分析、竞争对手分析和产品风险预估。同时，还涉及了产品开发的ChatGPT运用，如产品参数确定、产品设计和创新、包装设计，以及财务分析。

亚马逊平台运营部分包括第4章至第7章，解释了ChatGPT在亚马逊产品标题、描述优化的运用，深入解读了亚马逊广告运作机制和卖家广告策略制定，还详细讲解了售后客服沟通邮件模板、侵权与版权问题申诉、产品与品牌问题处理等内容，以及探讨了亚马逊物流、销量需求预测和库存计划等各个方面。

独立站建设部分由第8章和第9章组成，详细介绍了独立站的概念、品牌和标语的创建，以及域名的选择等内容，并详细解析了基于ChatGPT的独立站运营优化，包括设置Shopify账户、自定义商店主题、运营博客内容和店铺SEO（Search Engine Optimization，搜索引擎优化）等内容。

最后的站外推广和社交媒体营销部分包括第10章至第12章，讲述了站外推广和社交媒体营销的重要性，以及谷歌广告的具体应用。还解释了什么是站外Deal，如何找到适合自己的Deal网站，如何发布和注意事项等，并详细介绍了海外社交媒体的情况，如何正确运营海外社交媒体，以及网红营销等方面的内容。

总体而言，本书从理论和实践两个方面，全面深入地阐述了ChatGPT在跨境电商中的运用，是一本对跨境电商从业者具有参考价值的工具书。

每个部分的精心设计都旨在确保读者能够全方位、深入地理解和掌握ChatGPT在跨境电商中的运用。在阅读本书过程中，如遇到任何疑问，你可以随时通过邮件与作者联系。作者常用的电子邮箱是tamer2023@163.com，也可通过tamaredge.ai了解我们团队。

本书读者对象

- 致力于新品开发和选品分析的产品经理；
- 电商平台或独立站店铺的运营负责人；

- 想要深入了解跨境电商行业的零基础人士；
- 需要掌握海外推广和社交媒体营销策略的市场营销人员；
- 对AI在电商领域应用感兴趣的人员；
- 电商行业初入者和希望通过提升专业能力提高职场竞争力的在职人士；
- 电商相关专业的大学生和研究生；
- 参与电商或AI相关课程培训的学员。

致谢

在此特别感谢我的爱人。

感谢她对宝宝无微不至的呵护，每一顿精心烹饪的饭菜，每一次快乐的逛街时光，每一件温暖的新衣，每一个充满乐趣的玩具，都是对我们宝贝的温暖拥抱。

感谢她对宝宝的一切操心，她的关爱无所不在，无所不及，同时执着于自己的工作和事业。

感谢她对我工作的支持和配合，对我们全家身体健康的关爱，她的理解和鼓励让我在职场上勇往直前。她的包容和尊重让我身边的每个人都感到温暖和舒适，她用心呵护着我们的每一天。

感谢她默默承担起我未曾注意的每一件小事，那些看似微不足道的细节，却构成了我们温馨的家庭生活。

这些感慨并非一时之情，而是每一天都在发生，让我深感荣幸和感恩。

目录

第 1 章 跨境电商和 ChatGPT 的结合 001
- 1.1 跨境电商市场概况 001
- 1.2 ChatGPT 介绍 006
- 1.3 AI 在跨境电商中的应用 008

第 2 章 基于 ChatGPT 的选品调研 011
- 2.1 确定产品方向和定位 011
- 2.2 市场分析 022
- 2.3 竞争对手分析 036
- 2.4 产品风险预估 049

第 3 章 产品开发的 ChatGPT 应用 054
- 3.1 产品参数确定 054
- 3.2 产品设计和创新 057
- 3.3 包装设计 066
- 3.4 财务分析 073

第 4 章 基于 ChatGPT 的 Listing 优化 085
- 4.1 产品基础信息优化 085
- 4.2 竞品 Listing 重写 094

第 5 章 基于 ChatGPT 的广告投放和优化 101
- 5.1 亚马逊广告是如何运作的 101
- 5.2 卖家应该如何制定广告策略 109
- 5.3 深入了解和分析广告数据 120

第 6 章 ChatGPT 在邮件内容生成方面的应用 129
- 6.1 售后客服沟通邮件模板 129

6.2	侵权与版权问题申诉	142
6.3	产品与品牌问题处理	154
6.4	账户绩效与安全问题申诉	162

第 7 章　基于 ChatGPT 的物流库存管理 …… 176

7.1	亚马逊物流	176
7.2	销量需求预测	183
7.3	库存计划	191

第 8 章　独立站品牌塑造与 ChatGPT …… 196

8.1	独立站相关概念	196
8.2	利用 ChatGPT 创立品牌和标语	199
8.3	利用 ChatGPT 选择域名	205

第 9 章　用 ChatGPT 做 Shopify 独立站优化 …… 210

9.1	设置 Shopify 账户	210
9.2	自定义商店主题	213
9.3	运营博客内容	219
9.4	店铺 SEO	230

第 10 章　谷歌推广与 ChatGPT …… 239

10.1	站外推广和社交媒体营销的重要性	239
10.2	谷歌广告介绍	241
10.3	利用谷歌广告打造爆款产品	243
10.4	政策违规和解决方案	255

第 11 章　用 ChatGPT 辅助站外 Deal 推广 …… 261

11.1	站外 Deal 介绍	261
11.2	利用 ChatGPT 找到适合自己的 Deal 网站	263
11.3	如何发布站外 Deal	268
11.4	站外 Deal 注意事项	272

第 12 章　ChatGPT 在海外社交媒体营销方面的应用 …… 274

12.1	海外社交媒体介绍	274
12.2	如何正确运营海外社交媒体	278
12.3	如何进行网红营销	294

第1章 跨境电商和 ChatGPT 的结合

本章旨在为读者提供一个全面的视角,从跨境电商的市场概况,到 ChatGPT 的基础介绍,再到人工智能在这个领域的应用。本章主要涉及以下知识点:

- 了解跨境电商基本概况和相关概念。
- 了解 GPT 的基本含义和实际应用。
- 探讨如何创造更高效智能的跨境电商环境。

不管是跨境电商的业内人士,还是对 AI 和电商感兴趣的读者,本章都将能提供宝贵的洞见和实用的知识。

1.1 跨境电商市场概况

1.1.1 发展历程

在经历了全球新冠肺炎疫情的严重冲击后,跨境电商市场在 2022 年迎来了一个重要的里程碑:其进出口规模首次突破 2 万亿元人民币,达到 2.1 万亿元人民币,较 2021 年实现了 7.1% 的增长。尽管 2023 年上半年外部环境变化多端，跨境电商市场依然表现出强劲的增长动能。要准确把握这一市场的脉络和机遇，我们必须首先了解其演变历程和现状。

1. 诞生与初步拓展：从外贸到跨境电商

跨境电商在中国的发展历程可以追溯到二十多年前，当时，国内对外贸易主要依赖"买办"式的中间商来进行境内外的连接。这种方式使得大量国内工厂能够承接国外企业的需求和订单，从而发展成为大规模的产业集群。然而，这种模式因信息不对称和交易不透明而存在局限性，这种不透明性常常影响到具体的交易和物流操作。

在此背景下，出现了旨在提供更加客观、透明信息的B2B（Business to Business，企业对企业）平台，如"中国黄页"等，后来更发展到阿里巴巴、敦煌网等平台，实现了境内外商品的信息对接。

2. 互联网的崛起：B2B 到 B2C 的转变

随着谷歌、雅虎等国际互联网公司在中国的逐步渗透，国内外贸企业开始意识到直接通过这些平台与买家对接的优势。这个转变标志着B2B模式逐渐演变为B2C（Business to Customer，企业对用户）模式，即2005年后，跨境电商这一概念正式进入公众视野。同时，诸如兰亭集势和SHEIN等新型电商模式应运而生，这些企业大多通过互联网广告获取流量，并开始自行建站进行销售。

3. 变革与洗牌：移动互联网时代

移动互联网的出现为跨境电商带来了前所未有的机会。一系列新模式和平台，如eBay、全球速卖通和亚马逊等，简化了交易流程，为个体商户提供了赚钱的机会。然而，这种便利也带来了挑战，尤其是在平台政策和规则方面。近年来，尤其是在涉及消费者权益、商户之间不正当竞争以及平台权益的问题上，严格的规制逐渐形成。例如，亚马逊针对刷单、侵犯消费者权益和其他违规行为加强了惩罚措施。

4. 规范与前景：政策与监管

在跨境电商快速发展的同时，政府也出台了一系列相关的支持政策，如跨境电商综合试验区，提供了税收优惠和简化报关流程等便利。但市场仍然存在一些需要规范和解决的问题，如知识产权和税务合规等。

总而言之，跨境电商从一个萌芽阶段走到了今天成熟的生态系统。这一过程中，不仅技术创新起到了关键作用，政策和监管环境也对其发展产生了深远的影响。如今的市场已经形成了各种各样的商业模式和参与者，预示着跨境电商在未来仍具有巨大的发展潜力。

1.1.2 第三方平台型与自营独立站型

1. 第三方平台型

第三方平台型跨境电商（如亚马逊、eBay和全球速卖通等）为商家和消费者提供了一个公共的交易平台。这类模式的优点在于能迅速聚集大量买家和卖家，形成较高的流量和交易量。平台通常提供一站式的服务，包括但不限于支付、物流、客服等，使得交易过程相对简单和安全。

然而，这种模式也有其局限性。商家通常需要支付高额的平台费用和佣金，同时严格遵守平台规则和政策。这在某种程度上限制了商家的自主性和灵活性。更为重要的是，由于所有交易数据都由平台控制，商家对顾客数据的掌握相对较弱，这限制了他们在精细化营销和客户关系管理方面的能力。

2. 自营独立站型

相对于第三方平台，自营独立站型跨境电商（如兰亭集势、SHEIN等）则更加强调品牌建设和客户关系管理。这些企业通过自主建站，以及通过谷歌等渠道进行精准广告投放，从而吸引并留住客户。

自营型的优势在于高度的自主性和灵活性，商家可以根据自己的业务需求自由地调整价格、促销策略和产品布局。更为重要的是，所有的交易数据和客户信息都由商家自己掌握，这为进行精细化营销和高度个性化的服务提供了可能。

然而，自营独立站型模式也有其面临的挑战。首先，建设和维护一个高效、安全的电商网站需要大量的技术和资金投入。其次，自营商家需要自行解决物流、支付、客服等问题，这增加了运营复杂性和成本。最后，由于缺乏平台带来的流量支持，自营商家通常需要投入更多的市场推广费用来吸引客户。

第三方平台型和自营独立站型各有优劣，通常会根据企业自身的资源和战略目标来选择合适的模式。第三方平台型适合那些追求快速规模扩张和低成本运营的企业，而自营独立站型则更适用于注重品牌价值和客户关系长期建设的企业。无论选择哪种模式，关键都在于如何有效地解决信息不对称、提高交易效率和优化客户体验等核心问题。

1.1.3 精品模式与铺货模式

当我们谈到跨境电商，两种经营模式经常成为热门讨论的话题，即精品模式和铺货模式。这两种模式有点像经营高级餐厅和开设快餐店。

想象你正在经营一家高级餐厅。在这里，每道菜都是精心准备的，从最好的食材到最出色的厨师，都是最高标准。你可能只提供五到六道招牌菜，但每道菜都要达到无可挑剔的水平。这需要大量的时间、努力和专业知识。由于投入高，所以菜价也不便宜。但是，客人愿意为这种独特和高质量的体验买单。在跨境电商中，精品模式意味着集中精力在几个具有高利润率和高客户忠诚度的商品上。这通常需要精确的市场调研、优秀的产品设计和强有力的品牌推广。

铺货模式就像是在运营一家快餐店。在这种模式下，你不再追求每一项都是艺术品，而是提供多样化的选择来满足不同客人的需求。你的目标是快速、高效和规模化。在跨境电商的铺货模式中，重点是拓宽商品范围，以吸引各式各样的消费者。这可能涉及大量不同种类的产品，从电子产品到家居用品，甚至食品和饮料。在这个模式下，单个商品的利润率可能较低，但数量上的增长将补偿这一点。

这两种模式各有优缺点。精品模式需要高投入，包括对产品质量的持续关注和对品牌形象的精心维护。然而，它通常会带来更高的客户满意度和更大的利润空间。与此同时，铺货模式可能更容易启动，因为它不需要大量的前期投资在单个产品上。但它也意味着你必须更多地关注库存管理、物流和多元化的市场策略。

选择哪种模式取决于你的业务目标、资源和市场定位等。

1.1.4 全球视野下的跨境电商新机遇

在全球市场格局下，跨境电商正在经历重大转型和升级。行业巨擘（如亚马逊、Shopify和Meta）正在调整战略，缩减成本和人力资源，以保持其市场优势。与此同时，崭露头角的新兴企业，包括Temu、SHEIN和TikTok，正通过创新的商业模型实现显著的营收增长。根据海关总署的数据，跨境电商已经成为我国外贸的重要支柱，并且在主要出口市场（如美国、英国和马来西亚等）显示出其战略地位。

在这种多元和快速变化的市场环境中，企业必须具备多维度的核心能力，从精细化运营和数据驱动决策到对目标市场文化的深刻洞见。这种多维度的需求不仅是市场发展的自然趋势，还受到Meta和谷歌等营销平台的加速推动，这些平台正在促使消费者行为由产品导向转向更加关注个性化需求和服务体验。

跨境电商市场规模持续扩大，尤其在全球电子支付和物流体系逐步完善，以及人工智能和大数据技术不断成熟的背景下，智慧型跨境电商转型正在变得越来越现实。在这方面，AI技术的应用已经渗透到营销精准性、供应链优化和客户体验提升等多个层面。

总体而言，人工智能正在催生跨境电商行业的智慧型转型，它不仅是推动外贸增长的新动力，还是经济全球化和数字化进程中的关键因素。如何有效地捕捉和利用这一历史性的机会，将是所有从业者和市场分析师共同面临的挑战和课题。后续内容将深入讨论如何利用AI，特别是利用ChatGPT，来助推跨境电商的精细化运营和高效增长，以及应对这个蕴含无限可能和潜力的市场。

1.2 ChatGPT介绍

在探讨如何用ChatGPT来优化跨境电商的运营前,我们需要了解ChatGPT背后的公司OpenAI及其产品,明确GPT(Generative Pre-trained Transformer,生成式预训练转化器)是什么,它如何工作,以及它如何与电商领域产生关联。

张一鸣曾经说过,你在一件事上的认知深度,就是你在这件事上的竞争力。这句话同样适用于我们今天要讨论的ChatGPT。实操固然重要,但如果认知模糊,可能会导致实操失误,进而影响结果。也就是说,深度的认知不仅是实操的指导,更是差异化的竞争力。

1. OpenAI:推动人工智能的边界

OpenAI是一家位于美国的人工智能研究公司,由埃隆·马斯克(Elon Musk)、萨姆·奥尔特曼(Sam Altman)、格雷格·布罗克曼(Greg Brockman)、伊利亚·苏茨克维尔(Ilya Sutskever)、沃伊切赫·扎连芭(Wojciech Zaremba)等于2015年共同创立。该公司以"确保人工智能对所有人都有益,并且能安全地应用"为其使命。OpenAI不仅在推动深度学习和自然语言处理等前沿科技方面表现出色,还致力于制定和推广AI的伦理和安全标准。

OpenAI采用多元化的商业模型,包括为企业提供付费API(Application Program Interface,应用程序接口)服务、研发先进算法和硬件,以及与各大科研机构和公司进行合作。此外,该公司还发布了大量开源工具和研究,以推动全球AI领域的发展。因其影响力和贡献,OpenAI被认为是全球人工智能领域的领军企业之一。

2. ChatGPT:OpenAI的明星产品

ChatGPT是由OpenAI开发的一款自然语言生成(Natural Language Generation,NLG)模型,基于GPT架构。GPT模型在近年来得到了大量的关注和应用,尤其是其后续版本GPT-3和GPT-4,展现了令人印象深刻的特性和应用。

让我们先来解析 GPT 的三个英文字母的意义吧。G 指 Generative，表示生成式；P 指 Pre-trained，表示预训练；T 指 Transformer，表示转化器。

（1）Generative：生成式。

当我们谈到人工智能，通常会涉及多种类型。例如，停车场的车牌识别系统是一种识别式（Cognition）的 AI，而 ChatGPT 则属于生成式（Generative）类别。简单来说，当你给 ChatGPT 一个指令或者一个开头，它能根据这些信息生成相应的输出。这可能是一段文字，一张图片，或者其他形式的数据。它就像是一个"补全式"的模型：你给它一个开头，它能补全整个句子或者段落。

（2）Pre-trained：预训练。

预训练可以理解为一种"前置准备"。想象一下，如果你请了一名维修工来修理下水道，他在接到任务之前已经经过了全面的培训，那么他来到现场就能直接着手工作，极大地提高了效率。相比之下，如果没有预训练，那么你就需要一步步地教他如何检查、如何修理，这会浪费大量时间和精力。

同样，ChatGPT 也经过了高强度的预训练，这使得它能在多数场景下迅速产生高质量的输出。

（3）Transformer：转化器。

在文字创作过程中，我们的大脑实际上就充当了一个"转化器"的角色。它吸收各种输入信息，经过内部的加工和整合，最终输出一篇文章或者一段话。

ChatGPT 的工作原理也是类似的，但更为机械和精准。它通过编码器（Encoder）和解码器（Decoder）两个主要组件来完成这一过程。编码器负责对输入信息进行编码，而解码器则根据这些编码来生成最终的输出。

3. 预训练与微调

即便是预训练过的模型也需要根据特定应用场景进行微调（Fine-Tuning）。就像预训练好的维修工需要根据每个家庭的具体需求来"调教"，ChatGPT 也需要根据具体的应用场景来进行微调。

例如，在电商领域，ChatGPT可能需要学习特定的行业术语、客户喜好和销售策略。这时，我们就需要对其进行微调，使其能更准确地理解和应对电商相关的问题和任务。

4. 实际应用与不断优化

使用ChatGPT时，你可能会遇到一些不足或者错误。这并不奇怪，因为没有任何工具是完美的。在使用的过程中，我们需要不断地进行微调和优化，以使其更好地服务于我们的目标。

在电商场景下，ChatGPT可以用于自动回复客户咨询、生成商品描述，或者进行市场分析等。然而，要充分挖掘其潜力，我们需要不断地进行实验和优化。

综上所述，ChatGPT是一个强大但需要细致调教的工具。只有深入理解它的工作原理和特性，才能更有效地将其应用于跨境电商等领域。希望这一节能为你打开新世界的大门，并引导你更系统、更深入地了解ChatGPT。

1.3 AI在跨境电商中的应用

随着AI技术的快速发展，各行各业都在经历一场由AI驱动的变革。在这其中，跨境电商尤为突出，因为这一领域与生成式AI技术高度契合。由于全球电商市场容量巨大，越来越多的AI初创团队开始关注跨境电商业务。

据某上市跨境电商企业透露，利用ChatGPT进行选品、素材制作、广告投放等方面已经取得了显著成效。具体来说，该技术已帮助公司上新品超过1万个，节省了1000人次的客服工时，生成了7万多条新的广告文案，并处理了2万多个图像素材。

结合当前市面上众多跨境电商行业的AI产品，有以下一些应用场景。

1. 客服咨询：超越语言和文化障碍

ChatGPT的多语言和上下文理解能力为跨境电商带来了前所未有的

便利。它不仅能处理简单问题,还能在必要时转介给人工客服。该模型具备自我纠错和多轮对话能力,从而能为不同语言和文化背景的消费者提供高质量的客户服务。相较于招聘和培训多语言专业人才,ChatGPT提供了一种响应更快、成本更低的解决方案。

2. 产品分析:智能化市场调研

境外跨境电商服务商已经开发出基于ChatGPT的工具包,能从产品评论中一键提取出购买动机、产品优缺点、客户期望和使用场景等信息。这样的智能分析极大地节省了市场调研的成本和时间,帮助企业快速找到潜在的商机。

3. 内容创作:快速、准确的文案生成

ChatGPT可以根据企业的特定要求和关键词快速生成产品标题和描述。例如,在美国亚马逊销售的水杯可以通过ChatGPT生成详细和吸引人的商品描述。这种高效的文案生成不仅可以用于产品描述,还可用于邮件和邀请函的撰写。

4. 视频脚本生成

越来越多的跨境电商企业开始使用ChatGPT与AI视频生成软件联动,以自动化方式快速制作产品推广和营销活动视频。这大大提升了视频制作的效率,并减少了与外部制作团队的沟通成本。

5. 高效制图

跨境电商企业现在能够利用AI生成的文本或设计要求,直接导入AI图像生成软件。这样,无须人工设计,就可以在几分钟内生成具有专业品质的宣传海报和产品展示图案。

6. 广告出价策略

传统的出价策略往往依赖于人为设置的规则和固定的预算分配,但这些方法在面对复杂多变的在线广告竞价环境时显得力不从心。现代AI算法,尤其是深度强化学习,可以实时地分析各种因素,并据此自动调整出价。在亚马逊广告平台上,实时出价策略能够让你的广告在关键时

刻获得更高的曝光率,从而提高转化率和销售额。

7. 广告 ROAS 优化

ROAS(Return On Advertising Spend,广告支出回报)是衡量广告效果的一个重要指标,但要实现持续的 ROAS 优化是一项挑战。AI 可以实时分析广告的表现和相关的销售数据,然后自动调整广告预算和投放策略以最大化 ROAS。在亚马逊上,这意味着 AI 能帮助你更智能地分配广告预算,在不牺牲销量的前提下降低广告成本。

AI 在跨境电商中的应用日趋多样和复杂。从自动客服到选品决策,从内容创作到广告投放,从图片生成到视频创作,AI 正以多种形式渗透到跨境电商的各个环节。对于跨境电商卖家而言,掌握和应用这些先进的 AI 工具不仅是提高效率、降低成本的途径,更是在激烈的全球竞争中获得优势的关键。

第 2 章
基于 ChatGPT 的选品调研

本章我们将深入研究如何运用 ChatGPT 技术在选品调研环节进行全方位优化。本章的内容将囊括以下几个部分:
- 探讨 ChatGPT 在产品创意生成、定位与使用场景方面的应用。
- 使用 ChatGPT 进行市场趋势、市场容量以及季节性影响的分析。
- 使用 ChatGPT 进行竞争对手分析。
- 运用 ChatGPT 进行产品风险预估。

通过本章的学习,你将深入理解如何运用 ChatGPT 在选品调研的全过程中进行优化,为你的电商业务创造更大的价值。

2.1 确定产品方向和定位

在确定产品方向这个阶段,卖家需要通过深入研究和理解市场需求、消费者行为、竞品策略以及平台动态等方面的信息,来生成具有创新性和竞争力的产品创意,确定产品的定位和使用场景,并且在正确的类目节点进行销售,使其在市场中独树一帜。

2.1.1 产品创意生成

在亚马逊从业者中有一个颇为流行的说法："七分靠选品，三分靠运营。"这个说法足以体现出选品对电商业务成功的重要性。好的选品可以使你在运营、客户服务等方面节省大量时间、精力和金钱，从而实现事半功倍的效果。接下来，我们将详细探讨如何生成产品创意和选择优质产品。

生成产品创意需要关注的重点包括：查看 TOP100 的市场容量（月销量总和）、核心词前台搜索的竞品数量，TOP 产品的市场垄断程度（包括品牌垄断、店铺垄断、Listing 垄断）、TOP20 的最低月销量是否超过 600 单，TOP50 中是否有 3~5 家是 6 个月内上架的新品（评估新品的入市容易程度）、小类的平均评价（Review）是否低于 500，TOP20 中亚马逊自营卖家的数量不能超过 6 家，产品是否具有季节性，产品是否易于运输，市场跟卖情况，卖家的国家分布等。

精准选品的标准分为两部分。首先，从亚马逊的数据指标来筛选，主要包括：排名（Rank）在 100~50000，评论量月均 20 个以上，产品评分至少为 3.6 分，产品的生命周期等。其中，产品的生命周期可以通过价格趋势和排名趋势来判断，如果产品的价格持续下降，排名也在下滑，那么这款产品可能已经接近生命周期的尾声。如果产品价格保持稳定，排名不断上升，那么产品可能处于生命周期的成长或成熟阶段，值得投入开发和销售。其次，从竞争数量和销量空间考虑，如市场销售总量、市场竞争状况等。

除此之外，还需要考虑其他一些选品因素，包括产品的技术更新情况、产品的工艺特点、季节性因素、供应商的配合程度、产品质量安全、利润率、资金周转速度、品牌因素、客户忠诚度、客户体验等。

1. 站内选品灵感渠道

选品渠道是电商运营的关键一环，精准的选品决定了你能否在众多卖家中脱颖而出。下面将介绍站内外的选品渠道，以及如何从这些渠道中精选出优质的产品。

（1）Best Sellers 选品：你可以从 Best Sellers 分类中确定你想要经营的

类目,选择较小的分类(3~5级类目更佳),并查看第20名的产品是否能达到月销量600单。利用数据分析工具(如数魔或JS)查看亚马逊的市场占有率、用户评论数量、品牌垄断等情况。同时,使用Keepa或数魔等插件查看前50名产品中,有多少是半年内新上架的,以此判断新产品的接受度。

(2)New Releases选品:可以在Best Sellers的New Releases区域选择新产品。重点关注同时出现在Best Sellers和New Releases榜单的产品,查看销量、上架时间、评论数量以及是否有多款新品表现优秀。同时,需要警惕一些可能导致误判的情况,如老品牌推出新变体、人工干预的站外促销等,这时候可以利用Keepa等插件分析产品的历史数据。

(3)优秀店铺跟踪选品:首先选出你有意向并能够销售的产品,进入小类别Best Sellers,使用JS等插件抓取页面数据,查看前30名(如果时间充裕,可以查看更多)的FBA(Fulfillment by Amazon,亚马逊物流)卖家。在每个店铺的所有在售产品页面中,使用插件抓取销量较好的产品(月销量600单以上),并重复以上操作。最后,根据前面讲述的选品维度评判是否可以进入市场。

(4)利基产品选品:选择前台搜索竞品数量小于4000,TOP10评论平均低于200,体积或重量不大,毛利率控制在30%~50%的产品。这样的市场竞争小,属于蓝海市场,不需要占用太多资金,以小爆款或精铺为主。利用选品软件可以有效过滤并节省选品时间。

2. 站外选品灵感渠道

(1)1688、淘宝、京东:这些国内电商平台可以为你提供大量的产品选品信息。

(2)国外电商平台:比如eBay、Walmart等也是不错的选品来源。

(3)国内外众筹网站:众筹网站上的产品通常具有创新性,可为选品提供新思路。

(4)供应商新品、同行介绍、方案公司介绍:这些渠道可以帮你获取到行业内的最新产品信息。

（5）国外社交媒体软件或平台：例如，Facebook的测评群，也是获取产品创意的好地方。

（6）展会：在各类展会上，你可以接触到最新的产品和趋势。

以上就是关于产品创意生成和选品渠道的介绍，每个渠道都有其独特的优点和适用场景，需要根据自己的实际情况和市场环境，灵活选择和应用。

3. 结合 ChatGPT 获取灵感

ChatGPT可以帮助商家提问并获取关于亚马逊站内或站外获取选品灵感的方式。

在向ChatGPT提问时添加数据可以更具体地获得需要的信息。ChatGPT虽然不能直接访问数据库或外部系统获取实时数据，但它可以帮助你理解和解析你提供的数据，并根据这些数据提供见解和建议。下面是一些包含数据的问题示例：

1）站内选品提问列表

（1）"我有一份Best Sellers的产品销售数据，其中第20名的产品的月销量是700单，这个数据如何理解？"

（2）"在我关注的3~5级类目中，我发现某个产品的AMZ占有率是10%，并且没有品牌垄断的情况，这代表什么？"

（3）"我看到在Best Sellers列表中，有5款新产品在半年内上架且销量都在1000单以上，这是个怎样的趋势？"

（4）"在New Releases列表中，我发现一个产品在Best Sellers榜单中也有出现，它的月销量为1200单，上架时间为3个月，Review数量为500，这个产品的前景如何？"

（5）"我通过数据分析软件发现，Best Sellers榜单上排名前30的FBA卖家中，有8个卖家的主打产品月销量超过了1000单，这是否意味着我可以在这个类目找到机会？"

2）站外选品提问列表

（1）"我在1688上发现了一款新的电子产品，其月销量为2000单，评价分为 4.5 分，这个产品在亚马逊上有可能卖得好吗？"

（2）"在淘宝和京东上，我发现了一款智能家居产品，近一个月的销量超过了 5000 单，评价大部分是正面的，我应该如何判断这个产品在亚马逊上的销售前景？"

（3）"我在 Kickstarter 上看到一个刚完成众筹的项目，它筹集了 300% 的资金，并有大量的积极反馈，你认为这个产品有可能在亚马逊上成功吗？"

（4）"在 Indiegogo 上，有一个科技类产品的众筹目标在短短几天内就已经达到，它的反馈都非常积极，你认为这个产品是否适合我在亚马逊上销售？"

3）利基产品选品提问列表

（1）"我发现了一个竞品数只有 3000 的类目，这个类目的 TOP10 产品的 Review 平均数低于 150，但这个类目的产品体积都较大，我应该如何权衡？"

（2）"我找到了一个潜在的利基市场，这个市场的产品毛利都在 40% 左右，但市场容量不大，大品牌没有进入，这个市场适合我进入吗？"

（3）"我看到一个利基市场，虽然竞品数量不多，但 TOP10 的产品 Review 都在 300 以上，我应该怎么判断这个市场的竞争程度？"

请在实际提问中，提供具体的数据到对话框中，利用 ChatGPT 深度分析这些信息，从而获得更具体的建议和指导。

📙 **案例：**

假设你正在考虑进入智能家居市场，你收集了以下数据：在亚马逊上，智能插座的月销量持续增长，最新款的智能插座月销量已经达到了 2000 单，且消费者评分平均为 4.5 分。

结合这些数据，你可能会向 ChatGPT 提出以下问题以获得更多见解。

> 💬 **问：** 我注意到亚马逊上最新款智能插座的月销量达到了 2000 单，且平均评分为 4.5 分，请问这代表了哪些市场趋势和潜在的产品机会？

> 答：根据你提供的数据，智能插座在亚马逊上的高销量和良好评分表明该产品在消费者中受欢迎，并且市场需求稳定增长。这种趋势通常反映了消费者对智能家居产品的兴趣，尤其是在提升家居便利性和能源管理效率方面的兴趣。销量和评分也暗示了该产品在质量和用户满意度上的表现良好，这可能因其易用性、兼容性或创新的功能。
>
> 在产品机会方面，你可以考虑以下几点：
>
> 产品差异化：考虑开发具有独特功能或设计的智能插座，以便在市场中脱颖而出。
>
> 用户体验优化：根据消费者评价，进一步优化用户界面和客户服务，提高用户满意度。
>
> 细分市场：研究特定细分市场的需求，如针对节能家庭或高端智能家居系统的智能插座。
>
> 营销战略：制订针对性的营销计划，强调产品的独特卖点和用户评论中提到的优点。
>
> 结合这些分析，你可以更有信心地评估智能插座的市场潜力，并制定相应的进入策略。

这样的结构不仅展示了ChatGPT如何帮助用户获取选品灵感，还具体演示了如何结合数据进行提问，以及如何利用ChatGPT提供的分析来形成产品策略，从而使内容更加实用和易于理解。

2.1.2 产品定位和使用场景分析

新产品定位和使用场景分析是在跨境电商产品开发和市场营销过程中的关键步骤。这两个元素可以帮助商家理解产品如何满足目标用户的需求，为何用户会选择此产品，以及用户在什么情境下使用此产品。这种理解可以帮助商家更有效地设计和推广产品。

产品定位是确定产品在市场上的位置和印象的过程。通过产品定位，商家可以明确产品的特性、优势和差异性，以及其如何满足特定消费者群体的需求。产品定位帮助商家制定有效的营销策略,包括价格定位、产品包装设计、广告策略等。良好的产品定位可以使产品在竞争激烈的市场中脱颖而出,增强消费者对产品的认可和忠诚度。

使用场景分析是理解和定义产品在何时何地以及如何被用户使用的过程。场景分析关注用户在特定环境和情境下如何与产品交互,以及产品如何在实际使用中满足用户的需求。使用场景分析可以帮助商家从用户的角度出发,设计更符合用户实际需求和使用习惯的产品,提升产品的用户体验和满意度。

当我们接触到一款新的产品并想要快速了解其产品定位和使用场景时,可以使用5W1H分析法来询问ChatGPT。5W1H分析法是一种用于快速理解和分析问题的框架,其中的5W分别代表Who(谁)、What(什么)、Where(哪里)、When(何时)和Why(为什么),1H代表How(如何)。

在产品定位和使用场景的问题上,我们可以用这种分析法对ChatGPT进行询问。

(1)Who(谁):确定产品的目标用户。

例如,以下是关于Who的提问。

"ChatGPT,针对一款新的智能手环,你认为它的目标用户是什么样的人群?"

"ChatGPT,对于一款户外防水蓝牙音箱,谁是其潜在的用户?"

(2)What(什么):探索产品的主要功能和特性。

例如,以下是关于What的提问。

"ChatGPT,我看到一款新的无线充电台灯,你能告诉我它的主要功能和特性是什么吗?"

"ChatGPT,对于一款可折叠的电动滑板车,你能概述它的主要功能和特性吗?"

(3)Where(哪里):探讨产品可能的使用环境。

例如,以下是关于Where的提问。

"ChatGPT,一款具有噪声消除功能的蓝牙耳机,你认为它可能在哪些场所或环境中被使用?"

"ChatGPT，对于一款防震的户外运动相机，你能描述一下可能的使用环境吗？"

（4）When（何时）：理解产品在何时可能被使用。

例如，以下是关于When的提问。

"ChatGPT，对于一款智能咖啡机，你认为它在一天中的哪些时间可能被最多地使用？"

"ChatGPT，对于一款具有夜间照明功能的跑步鞋，你能描述出它可能在什么时间被使用吗？"

（5）Why（为什么）：理解消费者为什么会选择这款产品，即产品的竞争优势或独特价值。

例如，以下是关于Why的提问。

"ChatGPT，我正在研究一款可自定义的智能手表，你认为消费者为什么会选择这款产品而不是其他类似产品？"

"ChatGPT，对于一款具有环境保护功能的可重复使用水瓶，你能解释一下为什么消费者会选择它吗？"

（6）How（如何）：了解消费者对产品的使用方式。

例如，以下是关于How的提问。

"ChatGPT，我在看一款智能烹饪机器人，你能描述一下消费者可能如何使用这款产品吗？"

这些问题将帮助商家或选品人员快速全面地了解新产品的定位、功能、使用场景和消费者偏好，以便于他们制定相应的营销策略或决定是否引入这款产品。

案例：

假设我们正在研究一款智能烹饪机器人，我们希望通过ChatGPT来分析其市场定位和潜在的使用场景。

> **问：** ChatGPT，对于一款智能烹饪机器人，请回答六个问题：
> Who:它的目标用户群体可能是什么样的？
> What:有哪些主要功能和特点？

> Where：你认为这款烹饪机器人适合在哪些环境中使用？
>
> When：这款智能烹饪机器人可能在一天中的哪些时段被使用？
>
> Why：用户为什么会偏好这款智能烹饪机器人而不是其他烹饪设备？
>
> How：消费者可能如何使用这款智能烹饪机器人？

> 答：Who（谁）：智能烹饪机器人的目标用户可能是那些喜爱技术、追求便捷生活方式的年轻专业人士或忙碌的家长，他们可能没有太多时间准备饭菜，但仍想享受健康、定制化的餐食。
>
> What（什么）：该机器人的主要功能可能包括自动烹饪、食谱定制、智能食材识别和配送集成，以及远程控制和进度追踪等。
>
> Where（哪里）：这款产品可能主要在家庭厨房环境中使用，或者在小型办公室和公寓，其中厨房空间有限。
>
> When（何时）：它可能在工作日的早晨和晚上，或在用户需要快速准备饭菜的任何时候被使用。
>
> Why（为什么）：消费者可能会选择这款产品，因为它提供了一种无须烹饪技巧或时间投入就能享受定制健康餐食的方式，可能还包括环保、节能的附加价值。
>
> How（如何）：用户可能通过一个应用程序来选择或定制食谱，机器人会自动完成烹饪过程，用户也可以远程监控烹饪状态，甚至在回家路上就可以启动烹饪程序。

通过上述步骤和示例，读者可以明白如何结合 ChatGPT 的分析能力来精准定位产品并分析使用场景，从而制定更具针对性的营销策略或产品引入决策。

2.1.3 类目节点和品牌垄断分析

亚马逊商城商品类目和品牌分布的分析是进行选品决策的重要环节。

有效的类目节点分析和品牌垄断分析可以帮助商家发现更多的产品机会，避免与大品牌的直接竞争，降低市场风险。

类目节点分析指的是通过研究亚马逊的商品分类体系，寻找有潜力的类目。这一过程包括了对亚马逊商品分类体系的深入研究，分析各级分类节点的销售数据、用户评价等信息，以确定潜在的热销产品和具有竞争优势的类目。

品牌垄断分析是为了评估某个类目中的品牌分布情况，以及每个品牌的市场占有率。如果一个类目中存在一家或几家品牌垄断市场的情况，那么新品牌进入这个市场的难度就会增加。通过品牌垄断分析，商家可以寻找那些品牌分布相对均匀，竞争较为平衡的类目，避免陷入激烈的品牌竞争之中。

需要注意的是，由于ChatGPT无法直接连接到亚马逊的实时数据或者进行动态网页爬取，因此它无法提供具体的销售情况、子类目、销售前十的品牌以及它们的市场占有率等数据。这种信息通常需要付费的市场研究服务或工具才能获得，你可以使用第三方工具（如卖家精灵、Jungle Scout、Helium 10 等）来获取这些信息。

如图 2.1 所示是从卖家精灵的"大数据选品—选市场"页面中筛选得到的数据。

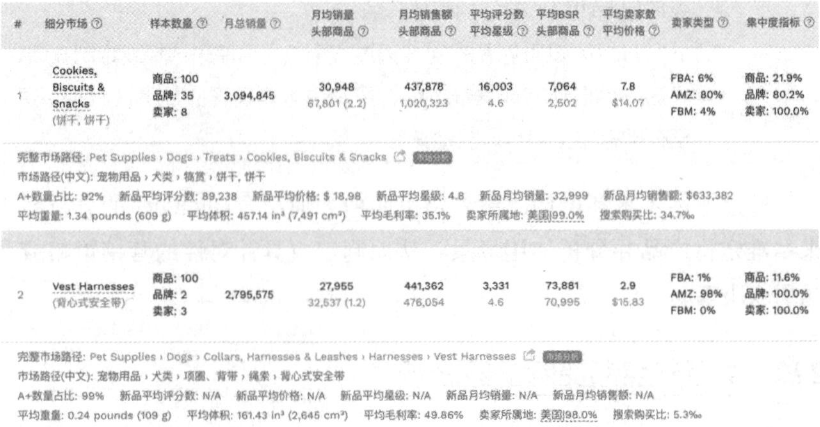

图 2.1 卖家精灵页面截图：大数据选品—选市场

根据以上数据，结合 ChatGPT 的使用，这两个分析过程可以变得更加高效和精准。以下是一些使用 ChatGPT 进行类目节点分析和品牌垄断分析的提问示例：

（1）"根据这些数据，垃圾袋和厕纸类目的卖家集中度如何？其中 AMZ、FBA 和 FBM 的比例分布各是什么？这对于我作为新进卖家的市场策略有什么影响？"

（2）"我看到垃圾袋和厕纸类目中，新品占比分别为 6% 和 7%，在商品总数达到 3308 和 2071 的情况下，这意味着什么？这代表了这些市场的什么样的动态？"

（3）"我看到在垃圾袋类目中，新品占比只有 6%，这是否代表新进商品在这个市场中较难获得成功？我应该如何在新品推出方面制定策略？"

（4）"根据上述数据，垃圾袋类目下，品牌集中度高达 94.3%，那么这意味着这个市场是由少数几个品牌主导的吗？如果是这样，作为新进卖家，我应该如何在品牌建设方面制定策略？"

（5）"从这些数据中，我看到垃圾袋和厕纸类目的品牌集中度分别为 94.3% 和 95.8%，这意味着什么？在这种市场环境下，我作为新卖家应该如何制定策略？"

以上问题都可以帮助卖家更好地理解垃圾袋和厕纸类目的市场状况，包括市场集中度、新品的市场接纳度、毛利率、退货率以及品牌垄断程度等，这些都是选择是否进入某个市场的重要因素。

📙 案例：

我们假设从卖家精灵获取了一组垃圾袋类目的数据，现在我们要分析这些数据并制定策略。

> 问：在垃圾袋类目中，根据所获得的数据，卖家集中度如何？AMZ、FBA 和 FBM 的比例分布是怎样的？这对我作为新卖家的市场策略有何种影响？

> 答：如果卖家集中度较高，说明市场可能被少数卖家所控制。在这种情况下，作为新卖家，你可能需要寻找特定细分市场或提供独特价值主张以区分自己。如果 AMZ 的比例较高，意味着亚马逊自营在此类目中占据主导地位，你可能需要确保价格竞争力或者提供差异化产品。FBA 和 FBM 的比例则能告诉你大多数成功卖家倾向于使用哪种履行方式，进而影响你的物流决策。

通过结合第三方工具获得的实际数据与 ChatGPT 的分析能力，你能够对类目节点和品牌垄断有一个更全面的了解，为你的选品和市场策略提供科学依据。

2.2 市场分析

本节旨在详细解析如何运用 ChatGPT 模型，对跨境电商市场进行深入而全面的分析。我们将讨论三个核心主题：市场趋势分析、市场容量分析以及产品生命周期分析。首先，我们将介绍如何运用搜索趋势来揭示市场趋势和季节性，以及如何利用这些信息优化销售策略。接着，我们讲解如何用搜索量来推测市场容量大小。最后，我们将探索如何通过 Keepa 等工具对产品生命周期进行分析，这些分析方法都有助于商家更好地了解市场动态，优化产品策略，从而在竞争激烈的跨境电商市场中获得优势。

2.2.1 市场趋势和季节性分析

跨境电商的市场趋势和季节性分析，即一门旨在确定哪些商品类目和产品趋势能指引我们找到最具潜力的市场的学问。正如我们分析亚马逊商城商品类目和品牌分布一样，ChatGPT 也能为我们提供一种新颖的趋势分析方法，有助于我们发现更多的产品机会，规避与大品牌的直接竞争，降低市场风险。

搜索趋势是一种有效的市场趋势判断指标，它可以直观地反映出细分市场的生命周期以及季节性和节假日性的影响。例如，某一型号的手机壳在上市后的一年内可能会经历从热销到淡季的全过程，这是由产品的生命周期决定的。同时，搜索趋势还可以帮助我们识别产品的季节性，例如冬季服装在秋季的搜索量会显著上升，这比产品销量趋势更能提供行业级的市场洞察。或者我们可以让 ChatGPT 基于已有的知识库，帮我们挖掘出一些我们感兴趣的市场类目的趋势情况，以便我们准确判断，以下是 ChatGPT 提问示例。

（1）"健身和运动装备市场中有哪些主要的产品趋势和热门商品？"

（2）"根据你的知识库，什么样的男士配饰在亚马逊上受到了消费者的喜爱？"

（3）"请分享一下婴儿用品市场近期的五个新兴趋势。"

（4）"在你的知识库中，有哪些可持续发展和环保的个人护理产品受到了消费者的热烈欢迎？"

（5）"摄影和相机设备市场一直在快速变化。你能根据你的知识库，预测一下未来一年这个市场可能出现的主要趋势吗？例如，有哪些新的技术或产品可能受到消费者的青睐？"

搜索趋势分析不仅可以看出产品市场的成熟程度，也能帮助我们判断产品的季节性和节假日性。如果一个产品的搜索量变化趋势平缓，说明产品市场相对成熟稳定，产品的需求量相对稳定。反之，如果搜索量存在显著的周期性波动，那么我们可以推断产品存在明显的季节性或节假日性。

例如，如果我们看到烧烤工具的搜索量在每年的春夏之交有所上升，那么我们可以推断出烧烤工具具有季节性特征。

使用 ChatGPT 进行趋势和季节性分析，你可以问：

（1）"'烧烤工具'的搜索量在过去三年中有何变化？是否存在季节性特征？"

（2）"'圣诞节装饰'的搜索量在过去三年中如何变化？是否存在节假日性特征？"

这些问题都旨在揭示具体产品类目的市场趋势和季节性趋势，协助跨境电商在产品开发和市场营销策略制定中做出更好的决策。然而，我们必须认识到ChatGPT并不能替代人类的判断力。在阅读和理解ChatGPT生成的趋势报告时，我们还需结合自己的经验和专业知识进行解读。我们应当把ChatGPT视为一个强大的工具，它可以帮助我们挖掘信息，但最终的决策仍应由我们自己来做。

此外，ChatGPT虽然能够从大量文本中提取信息，但它无法直接连接到实时数据或动态爬取网页。这意味着，对于亚马逊等电商平台的具体销售情况、搜索量、搜索趋势等信息，我们仍需要借助如卖家精灵、Google Trends等第三方工具获取。

卖家精灵使用示例

对于寻找新型潜力市场的卖家，选品过程中会优先考虑两个维度。

（1）搜索量持续增长：如果近3个月的搜索量增长率超过10%甚至15%，那么这个市场可能是个高增长的市场，值得关注。然而，需要注意的是，如果该产品的搜索量突然飙升，可能只是因为它是传统的季节性产品。

（2）新兴市场的发掘：对于今年才出现的市场（去年搜索量=0），可能代表着新的市场机会，值得关注和探索。

以卖家精灵为例，我们在"关键词选品"页面（如图2.2所示），选择"美国"站点，月份选择最近一个月，选择一个或多个感兴趣的类目，单击右侧推荐选品模式中的【热门市场】（系统自动填充过滤条件：月搜索量>100000，月搜索量增长率>10%）。

第 2 章 基于 ChatGPT 的选品调研 | 025

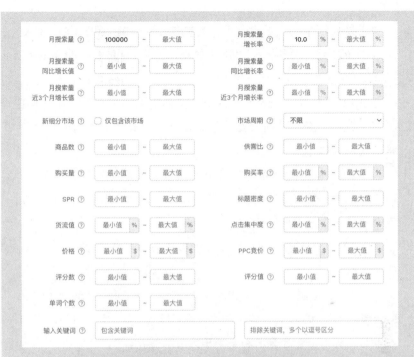

图2.2 卖家精灵页面截图：关键词选品筛选条件部分

如图 2.3 所示，基于图 2.2 所示筛选条件得出的市场结果，作为我们的候选清单。

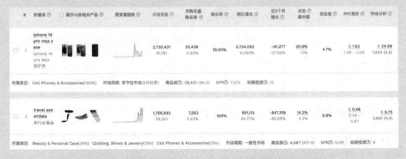

图2.3 卖家精灵页面截图：关键词选品筛选结果部分

把这份清单明细导出,可以复制给 ChatGPT 帮助我们进行更深入的市场趋势分析。基于这些数据,我们可以这么向 ChatGPT 提问。

(1)"针对'iPhone 14 Pro Max 保护壳'这一关键词,你能描述下最近一年中的销售趋势吗?比如季度销售数量的变化,价格的波动等信息。"

(2)"'旅行必备品'近期的搜索增长率高达 162.70%,但同比增长率下降了 55.89%,请根据你的知识库,预测这一趋势是否会在接下来的季度继续?"

(3)"'汽车配件'的供需比在这个列表中相对较低,这说明了什么?"

(4)"请描述一下'iPhone 14 保护壳'和'iPhone 14 Pro Max 保护壳'这两个关键词的主要区别和相似之处。例如,它们在市场趋势、消费者需求和竞争压力上的差异。"

(5)"在'火棒'这一产品类目中,你能识别出目前主流的产品特性和功能吗?这些产品的主要卖点和消费者评价是什么?"

(6)"'迷你电脑'近 3 个月增长值为 2.03%,对于电子产品来说这个增长值是不是偏低?你能预测一下这个市场在接下来的几个月可能会出现的趋势吗?"

这些问题应该能帮助你更深入地理解每个关键词的市场动态和消费者行为,从而更好地做出选品决策。

接着,我们以筛选出来的"travel essentials"(旅行必备品)为例,查看其搜索趋势。如图 2.4 为近五年的搜索趋势图,曲线为 Google Trends 结果,柱体为亚马逊平台搜索量。可以看出,从 2022 年 1 月起,该词的搜索量在稳定上升。搜索趋势直观地反映了该细分市场的生命周期,以及季节性和节假日性。该品是一般性市场产品。

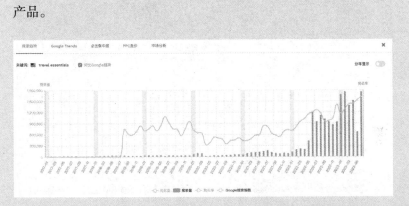

图2.4 卖家精灵页面截图：关键词"travel essentials"搜索趋势

如图 2.5 所示，可以看出关键词"travel essentials"行业销售近 2 年来销量和销售额都在稳步上升。

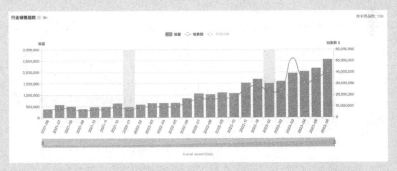

图2.5 卖家精灵页面截图：关键词"travel essentials"行业销售趋势

接着，我们可以从卖家精灵下载一份关于关键词"travel essentials"的"市场分析"报告的 Excel 文件作为源数据，交给 ChatGPT 帮助我们分析相关数据。

"市场分析"下载方式如图 2.6 所示，单击右上角的第二个下载按钮，接着等待 1~5 分钟就可以得到一份 Excel 下载链接。

图2.6 卖家精灵页面截图：关键词"travel essentials"行业分析报告

下载的市场分析数据明细中，包含了行业需求及趋势和行业销售趋势等月份数据，我们把数据提供给ChatGPT后进行提问。

基于提供的"travel essentials"搜索关键词的相关数据，以下是一些ChatGPT关于提示语（Prompt）的示例，有助于选品人员进行市场趋势分析：

（1）"基于提供的销售数据，对'travel essentials'关键词在过去几年的市场趋势进行解析。"

（2）"如何解释2020年至2021年'travel essentials'搜索量的明显增长？这背后可能存在的原因是什么？"

（3）"根据提供的销售趋势，预测2023年下半年'travel essentials'关键词的可能销售情况。"

（4）"'travel essentials'关键词在近年的销售额和月销量中，是否存在明显的季节性规律？若有，这对产品选择和市场策略有何影响？"

（5）"结合提供的数据，分析'travel essentials'关键词的市场竞争情况如何？市场饱和度如何？"

（6）"如何解读 2023 年 5 月'travel essentials'搜索量的大幅下降？这可能与哪些因素相关？"

以上这些问题能帮助选品人员理解市场趋势，从而进行更精准的产品选择和市场策略规划。下面结合案例了解 ChatGPT 的应用。

🗂 案例：

设想我们从市场分析工具中提取了"travel essentials"的相关搜索和销售数据，该数据涵盖了过去几年内每月的搜索量和销售额，反映了消费者行为和市场趋势的变化。

> 问：基于提供的历史数据，能否帮助我深入解析"travel essentials"关键词在过去几年的市场趋势，并特别分析在 2020 年至 2021 年搜索量显著增长的原因？

> 答：通过详细的数据分析，我们可以看到"travel essentials"关键词从 2019 年开始呈现上升趋势，其中在 2020 年至 2021 年的增长尤为显著。这一时间段的增长可能与全球范围内的新冠肺炎疫情有关。由于疫情，旅行者对于个人卫生和安全产品的关注大幅增加，如口罩、消毒液、旅行尺寸的洗手液等，都被划入"旅行必备品"的范畴。此外，旅游行业的逐步复苏，也可能导致了对这类产品需求的增长。
>
> 进一步分析数据，我们还可以发现，在 2021 年随着疫苗的广泛接种，人们对于非必需旅行的信心逐渐恢复，这也可能是搜索量增长的另一动力。特别是在疫情后期，消费者可能开始计划旅行，并寻找能够提供额外安全感的产品。
>
> 对于选品人员而言，这意味着在制定产品选择和市场策略时，应重点关注那些能够提供旅行便利性和安全性的产品，同时关注旅游政策的变化以预测市场需求。在营销策略上，考虑到疫情带

> 来的长期影响，重视消费者对安全和卫生的需求，强调产品如何满足这些需求可能是一个有效的策略。此外，关注季节性变化和旅游旺季，可以在需求最高的时候加大产品推广，以优化销售和库存管理。

总的来说，通过结合 ChatGPT 和其他市场研究工具，我们可以更高效、更精准地进行市场趋势分析，从而找到最有潜力的市场和产品，制定更明智的商业决策。

2.2.2 市场容量分析

市场容量是指在特定条件和期限下，市场对某种商品或服务的总需求量。在跨境电商中，市场容量可以通过搜索量和销量来评估，而 ChatGPT 则可以辅助我们进行这样的分析。下面我们将针对搜索量和销量的分析方法进行详细阐述，并提供相应的应用示例。

搜索量是一个直观的指标，用于反映市场对特定产品或服务的需求量，也代表了市场容量的一种表现。然而，搜索量并不能完全等同于市场容量，因为往往一个产品的需求是由多个关键词共同体现的，如 "bluetooth earbuds" 和 "wireless earbuds"，这两个关键词都可以代表无线耳塞这个产品的需求。

为了全面了解一个市场的需求，需要使用工具（如卖家精灵等）进行关键词挖掘。这种挖掘方法可以帮助我们找出相似的细分市场，进一步完善我们对市场需求的理解。如图 2.7 所示，在挖掘 "bluetooth earbuds" 关键词时，还可能动态得出 "ear buds" "bluetooth earphones" 等关键词。

在使用搜索量进行市场容量分析时，需要横向对比不同关键词的搜索量，以及纵向对比同一关键词的历史搜索量，这样可以更准确地理解市场的发展趋势和市场容量。

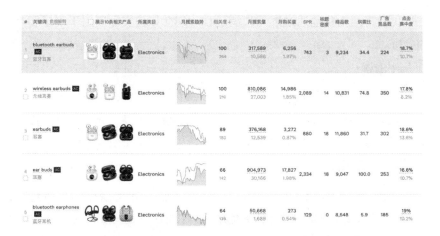

图 2.7 卖家精灵页面截图：关键词挖掘"bluetooth earbuds"相关结果

借助ChatGPT，我们可以生成以下提问：

（1）"在过去的五年中，'bluetooth earbuds'和'wireless earbuds'的搜索量有什么变化？这种变化如何影响市场容量的变化？"

（2）"对比'bluetooth earbuds'和'wireless earbuds'的搜索量，哪一个市场容量更大？"

销量是市场容量的另一个重要指标。它反映了产品在市场中的实际销售情况，通常用于评估市场的实际需求量。

在选择市场时，可以基于销量选择符合自己运营定位和条件的市场。例如，新手卖家可以选择新品数量占比较大的市场，因为这表明该市场的机会较大。有雄厚实力的卖家可以选择月总销量较大的市场，因为这表明该市场的容量较大。中小卖家可以选择商品集中度较低的市场，因为这表明该市场的竞争度不高。

基于2.2.1节中，我们获得的关键词选品筛选结果。我们将这份选品候选清单提供给ChatGPT，可以进行以下提问：

（1）"根据销量数据，哪些市场是新手卖家可以考虑的？"

（2）"基于月总销量，哪些市场对有雄厚实力的卖家更具吸引力？"

（3）"针对中小卖家，哪些市场的商品集中度较低，竞争度不高？"

我们将结构化地通过案例来展示 ChatGPT 如何实际应用于市场容量的分析。

📙 **案例：**

假设我们正在分析无线耳塞市场，具体关注 "bluetooth earbuds" 和 "wireless earbuds" 这两个关键词。通过卖家精灵工具，我们获得了这两个关键词过去五年的月度搜索量数据，并从其他市场研究工具中获取了相应的销量数据。

> 🗂 **问：** 在过去五年中，"bluetooth earbuds" 和 "wireless earbuds" 关键词的搜索量和销量有哪些显著的变化？这些变化反映了哪些市场容量的趋势？

◎ **答：** 从提供的数据中可以看出，"bluetooth earbuds" 和 "wireless earbuds" 的搜索量在过去五年中整体呈现上升趋势，这可能反映出消费者对无线耳塞产品需求的增加。具体到每个关键词，"bluetooth earbuds" 的搜索量在初期增长更快，而近两年 "wireless earbuds" 的增长速度更为显著，可能因为市场上出现了更多与 "wireless" 相关的产品创新，或者消费者开始更多地使用 "wireless" 这一术语。

销量数据也显示了相似的趋势，其中 "wireless earbuds" 的销量在最近两年超过了 "bluetooth earbuds"。这表明，尽管 "bluetooth" 一词在初期更受欢迎，但 "wireless" 可能因其更广泛的含义和消费者对无线技术兴趣的增长而成为市场的主导词汇。

对于新手卖家，可能要考虑选择那些新品数量占比较大、市场成长性更强的关键词，因为这表明有更多的市场空间和机会。而对于有实力的卖家，选择销量大、市场稳定的关键词会更有吸引力，因为这代表了较大的现有市场容量。对于中小卖家，寻找那些商品集中度较低、竞争不激烈的细分市场或关键词更为合适。

> 综上所述，通过对搜索量和销量的深入分析，我们可以得出市场容量的趋势和变化。这些见解对于制定市场进入策略、产品规划以及营销策略都是至关重要的。

结合搜索量和销量的分析，我们可以更全面地理解市场容量，并通过ChatGPT的帮助，更准确地进行市场选定和策略规划。

2.2.3 产品生命周期分析

产品生命周期分析是对产品从被引入市场到最终退市的整个周期进行研究和理解的过程。在跨境电商行业中，掌握并理解产品生命周期的各个阶段对于制定有效的市场战略、预测产品销售趋势和规划产品组合管理策略至关重要。

在一个产品的生命周期中，它一般会经历以下四个阶段。

（1）引入期（萌芽期）：这是产品刚刚进入市场的阶段，一般特点是销量相对较低，但预计会有所增长。在此阶段，由于市场对产品的熟知度和接受程度还较低，产品价格和销售排名可能会有较大的波动。如果在此期间能够通过有效的市场推广策略提升产品知名度，并且产品能满足市场需求，那么产品将可能步入下一个阶段——增长期。

（2）增长期：产品开始被市场广泛接受，销量显示出快速增长的势头。在此阶段，产品的价格可能仍有所波动，但销售排名通常会持续上升。这是因为随着产品知名度的提升和市场需求的不断增加，更多的消费者开始购买该产品。在增长期，制定合适的定价策略以及维持高质量的产品和服务是关键。

（3）成熟期：在此阶段，产品销量达到峰值，市场竞争最为激烈，此时产品的价格和销售排名在此阶段相对稳定。由于市场需求基本被满足，产品销售增速会放缓甚至停滞，产品价格可能会因为竞争对手的影响而出现下降。在这个阶段，寻求产品差异化或者寻找新的增长点以维持销量是一个关键策略。

（4）衰退期：产品的销量开始下滑，市场需求减少，产品的价格也可能会进一步下降。当产品进入衰退期,企业需要决定是否进行产品更新、换代或者退出市场。如果产品无法通过改良或更新满足新的市场需求,企业可能需要考虑淘汰该产品。

理解以上四个阶段后,我们可以运用以下工具和原则进行产品生命周期分析。

(1)谷歌趋势进行分析:Google Trends是一款可以显示特定关键词搜索量变化的工具,这对于了解产品生命周期非常有用。我们可以通过输入产品关键词,查看该关键词的搜索量在过去几年中是上升还是下降。如果关键词的搜索量在过去几年中表现出稳定或上升趋势,这可能意味着该产品正处于增长期或成熟期;反之,如果搜索量呈现下降趋势,则可能意味着产品已经进入衰退期。

(2)利用Keepa查看产品的价格和排名趋势:Keepa是一款可以追踪亚马逊产品价格和销售排名的工具。通过Keepa,我们可以获取到产品在不同时间点的价格和销售排名,从而判断产品处于生命周期的哪个阶段。例如,如果价格有所波动,但销售排名持续上涨,产品可能处于增长期;如果价格和销售排名波动都比较平稳,整体不增不减,产品可能处于成熟期;如果销售排名稳定,价格缓慢下降,说明该产品可能进入了成熟期;如果销售排名和价格持续下降,那么产品可能已经进入衰退期。

(3)产品上架趋势分析:产品上架时间是产品生命周期的起点,一个行业会经历起步、成长、成熟和衰退阶段,产品上架时间可以帮助我们了解产品所处的行业生命周期阶段。我们可以通过收集一定样本数量的产品,如销售排名前100的产品,观察这些产品的上架时间分布,从而大体判断出这些行业优秀代表集中在什么时候出场(行业快速成长期),以及出场后多久(到当月)就做到了行业佼佼者。它们的区间段分布,就是行业生命周期的反映。

通过ChatGPT,我们可以提出如下问题进行分析:

(1)"根据Keepa数据,过去一年中商品价格与销售排名的变化趋势是怎样的?"

(2)"根据Google趋势,目标产品关键词的搜索量在过去几年中的变化趋势是怎样的？"

（3）"查看产品上架时间分布，该产品所在的行业生命周期和产品生命周期可能是多长？"

（4）"在产品生命周期分析的不同阶段，应该使用哪种市场策略？"

（5）"产品的月度评论增长曲线如何？这是否意味着产品生命周期较长或已经进入衰退期？"

我们通过案例来展示ChatGPT如何实际应用于市场容量的分析。

案例：

假设我们正在分析无线耳塞市场，具体关注"bluetooth earbuds"和"wireless earbuds"这两个关键词。通过卖家精灵工具，我们获得了这两个关键词过去五年的月度搜索量数据，并从其他市场研究工具中获取了相应的销量数据。

> **问：** 在过去五年中，"bluetooth earbuds"和"wireless earbuds"关键词的搜索量和销量有哪些显著的变化？这些变化反映了哪些市场容量的趋势？

> **答：** 从提供的数据中可以看出，"bluetooth earbuds"和"wireless earbuds"的搜索量在过去五年中整体呈现上升趋势，这可能反映出消费者对无线耳塞产品需求的增加。具体到每个关键词，"bluetooth earbuds"的搜索量在初期增长更快，而近两年"wireless earbuds"的增长速度更为显著，可能因为市场上出现了更多与"wireless"相关的产品创新，或者消费者开始更多地使用"wireless"这一术语。
>
> 销量数据也显示了相似的趋势，其中"wireless earbuds"的销量在最近两年超过了"bluetooth earbuds"。这表明，尽管"bluetooth"一词在初期更受欢迎，但"wireless"可能因其更广泛的含义和消费者对无线技术兴趣的增长而成为市场的主导词。
>
> 对于新手卖家，可能要考虑选择那些新品数量占比较大、市

场成长性更强的关键词,因为这表明有更多的市场空间和机会。而对于有实力的卖家,选择销量大、市场稳定的关键词会更有吸引力,因为这代表了较大的现有市场容量。对于中小卖家,寻找那些商品集中度较低、竞争不激烈的细分市场或关键词更为合适。

综上所述,通过对搜索量和销量的深入分析,我们可以得出市场容量的趋势和变化。这些见解对于制定市场进入策略、产品规划以及营销策略都是至关重要的。

总而言之,对产品生命周期的全面分析可以帮助企业更好地把握市场动态,制定出更加精准的产品策略。产品生命周期分析不仅可以帮助企业在正确的时间推出新产品,还可以在产品进入衰退期时及时调整策略,以维持产品的市场地位。因此,掌握产品生命周期分析的技能,对于跨境电商企业来说,是非常重要的。

2.3 竞争对手分析

在这一节中,我们将深入探讨ChatGPT在竞争对手分析过程中的应用。我们将从竞争程度分析、产品优劣势分析、产品痛点及切入点分析这三个角度出发,讲述如何利用ChatGPT的能力帮助商家在选品调研中把握市场动态,理解消费者需求,并根据产品痛点找到切入点,从而提升新品的竞争力。

2.3.1 竞争程度分析

在跨境电商环境中,全面理解市场竞争程度至关重要。一份深入的竞争程度分析可助我们准确把握市场动态、预测行业趋势,并在此基础上制定有效的市场战略。波特五力分析法是一种常见且实用的竞争力分析方法。本节将运用波特五力分析法,从五个维度对市场进行分析,包括现有竞争者竞争能力、潜在竞争者进入能力、替代品的替代能力、供应商的讨价还价能力以及购买者的议价能力,来帮助我们全面了解一个行业的竞争环境。

我们可以设计一些利用ChatGPT进行波特五力分析的提问方式。下面我们将以宠物背带为例,结合提供的市场数据和ChatGPT的分析能力,来进行具体的讲解。

1. 现有竞争者竞争能力

"现有竞争者竞争能力"是市场竞争分析中的一个重要部分,主要针对的是市场中已经存在的、与我们的产品或服务相竞争的企业。这部分的分析能帮助我们了解自己所在的市场环境,包括市场的竞争格局、竞争对手的优势和弱点等,以便我们制定出有效的营销策略。

1)市场细分和目标客群

市场细分和目标客群分析有助于我们了解在特定市场(如宠物背带市场)中,哪些客户群体更可能购买我们的产品或服务。了解这些信息将有助于我们更精准地定位产品和营销策略。与ChatGPT的互动问题可以包括:

(1)"在宠物背带市场中,主要的竞争者有哪些?他们的市场份额如何?"

(2)"这些竞争者的产品质量、价格、品牌影响力等关键竞争力如何?"

(3)"行业内的竞争势态如何?是否存在激烈的价格战或其他竞争行为?"

2)品牌垄断度

品牌垄断度反映了一种市场状态,即少数卖家控制了大部分市场份额。这可以通过计算某一品牌或卖家的销售额在总销售额中的占比来评估。例如,我们可以询问ChatGPT:

(1)"在宠物背带市场中,哪些品牌的市场份额最高?"

(2)"在宠物背带市场中,是否存在某一品牌或大卖家占据了绝大部分市场份额?例如,Eagloo品牌在总销量中的占比是多少?"

(3)"如果存在垄断现象,这些占据主导地位的卖家或品牌的主要优势是什么?"

3)平台垄断度

亚马逊自营占有率是衡量平台垄断度的一个重要指标。它表示亚马逊自营产品数量在产品总数中的比例。理论上,这个比率越低,表明市场竞争越公平。如果平台自营产品占比过高,那么这个市场的入驻者可能会面临更大的竞争压力。我们可以通过第三方工具(如卖家精灵)看到FBA、FBM和自营商品的比例。掌握了相关数据后,我们提交给ChatGPT进行询问:

(1)"在宠物背带市场的销售中,亚马逊自营的产品数量有多少,占总产品数量的比例是多少?"

(2)"亚马逊自营的产品与其他卖家的产品相比,其价格、评论数量以及销售额等表现如何?"

4)商品差异性

商品差异性是指市场中各商品之间的差异程度。这个指标可以通过商品的特性和属性,如设计、材质、功能等因素来判断。一般来说,商品差异性越高,市场竞争程度越低,因为消费者可以根据自己的需要来选择更适合自己的商品。

我们需要自行整理不同竞品的详情页信息后,然后交给ChatGPT进行询问:

(1)"在宠物背带市场上,各品牌或卖家的产品是否具有明显的差异性?例如,PUPTECK品牌和Eagloo品牌的产品在设计、功能等方面有何不同?"

(2)"这些产品的同质化程度如何?例如,市场上宠物背带的主要功能和设计是否大同小异?"

5)前20名卖家实力

前20名卖家实力的强弱,可以从销售额、销量、品牌知名度等多个角度来评价。这个指标的高低,不仅反映了市场竞争的激烈程度,也是评估自身是否有能力进入并在市场中立足的重要依据。

我们从第三方选品工具中导出"宠物背带"品类下卖得最好的卖家列表，然后输入ChatGPT后，可以这样提问：

（1）"在宠物背带市场上，前20名卖家的实力如何？他们的销量、评论数以及上架时间等关键指标是什么？"

（2）"这些卖家的知名度对他们的销售额有何影响？例如，知名品牌Rabbitgoo的销售额是否显著高于其他同类产品？"

6）前50的评论数量

评论数量是消费者对商品满意度的直接反映，也是商品质量的一个重要参考指标。因此，理解评论数量的分布和特点，可以帮助我们更好地把握市场动态。

通过整理相关数据，提供给ChatGPT，让它分析出相关报告。以下是ChatGPT提问示例：

（1）"在宠物背带市场上，前50名产品的评论数量是多少？这是否意味着卖家需要投入大量的测评资源才能获得较高的销量？"

（2）"这些评论中有无普遍的趋势或主题？例如，买家更倾向于购买具有哪些特点的宠物背带？"

7）前100的新品数量占比

新品数量占比可以反映市场的活跃程度和更新速度。如果新品占比较高，说明市场在不断刷新和更新，市场没有固化，新品容易切入，而竞争者需要频繁发布新品以保持竞争力。

通过第三方工具（如卖家精灵、JS等软件），我们可以很容易得到相关数据，并交给ChatGPT进行提问：

（1）"在宠物背带市场上，前100名产品中新品的数量有多少，占比是多少？这是否说明这个市场对新品的接纳度较高？"

（2）"如果新品的占比较低，这是否意味着市场已经趋于固化，新品难以切入？例如，新品SCENEREAL的上市对其销售排名产生了什么影响？"

2. 潜在竞争者进入能力

这一指标反映了新的竞争者进入市场的难易程度。主要看产品的采购难度和有无专利保护等因素。例如，我们可以询问ChatGPT：

（1）"在宠物背带市场中，新的竞争者需要注意哪些问题才能成功进入市场？"

（2）"在宠物背带市场中，新的竞争者进入的难度如何？需要多大的资本投入？"

（3）"这个市场是否有明显的阻碍新进入者的壁垒，如专利保护、高研发成本等？"

（4）"新进入者能否快速获取市场份额？需要多长时间？"

3. 替代品的替代能力

替代品的存在会对市场形势产生重大影响。如果一种商品有很多功能相似、价格更低的替代品，那么这种商品的销售可能会受到严重影响。

结合具体数据分析，以下是ChatGPT提问示例：

（1）"在宠物背带市场中，有哪些产品或服务可以替代宠物背带？"

（2）"这些替代品的价格和质量如何？它们的市场规模和成长速度如何？"

（3）"消费者对这些替代品的接受程度如何？替代品是否有可能在未来成为主流？"

4. 供应商的讨价还价能力

供应商的讨价还价能力直接影响了商品的成本。如果供应商有强大的讨价还价能力，那么商品的成本可能会提高，从而影响到商品的价格和利润。

这些数据往往无法直接从网上获得，我们需要深入产地，熟悉宠物背带产品背后的供应链，整理相关的数据。把整理好的数据提供给ChatGPT后，我们可以这么提问：

（1）"在宠物背带市场中，主导供应链的主要是哪些供应商？"

（2）"这些供应商是否存在垄断情况？例如，他们占据了多大的市场份额？"

（3）"这些供应商有无替代选项？如果有，那么替代供应商的产品质量和价格如何？"

5. 购买者的议价能力

购买者的议价能力也会对市场产生影响。如果购买者的议价能力强，那么商品的价格可能会被压低，从而影响到商品的利润。

我们可以这么向 ChatGPT 提问：

（1）"在宠物背带市场中，买家对价格和质量的要求如何？"

（2）"这个市场中的买家是以大量采购为主，还是以零售为主？"

（3）"买家的议价能力如何？他们是否有足够的选择去影响价格？"

通过以上分析，我们可以看到，市场竞争程度的分析是一个复杂的过程，需要从多个维度来全面考虑。在这个过程中，AI 工具（如 ChatGPT）可以发挥重要的辅助作用，为我们提供精准、全面的市场分析结果。

案例：

假设我们是宠物背带市场的新进入者，对于现有竞争者的分析至关重要。设想有三个主要品牌占据了市场的大部分份额，即 PetSecure、StyleStrap 和 EasyPet。PetSecure 以其创新的安全功能在市场中树立了标杆，StyleStrap 以时尚的设计吸引了年轻的宠物主人，而 EasyPet 则因其产品的易用性和亲民价格而受到广泛好评。

> **问：** 在宠物背带市场中，PetSecure、StyleStrap 和 EasyPet 这三个品牌在市场中的定位是什么？它们的核心竞争力分别在哪些方面？

> **答：** 在宠物背带市场，PetSecure 被定位为创新领导者，特别是它们在产品安全特性上的连续投入，使其获得了高端市场的青睐。其核心竞争力在于其背带的安全性和耐用性。相对而言，StyleStrap 在年轻消费者中很受欢迎，主要得益于其不断变化的时尚设计和个性化定制选项。而 EasyPet 的产品则以用户友好和价格实惠为主要竞争力，特别是其简单易用的设计理念，使得产品对于宠物主人来说非常方便。

2.3.2 产品优劣势分析

在跨境电商领域，我们会面临来自全球各地的激烈竞争。因此，准确理解和分析自己产品的优劣势至关重要，它能为我们的市场战略提供重要的参考依据。从理论上讲，我们可以运用SWOT分析模型进行深度剖析。SWOT模型包括分析产品的优势（Strengths）、劣势（Weaknesses）、机会（Opportunities）以及威胁（Threats）。但在实际操作中，我们需要结合实际的产品数据以及市场反馈，才能进行准确的分析。此外，借助AI工具，如ChatGPT，我们可以更好地挖掘信息，提高分析效率和准确性。

在这一节，我们将以吸尘器为例，分析如何运用ChatGPT进行SWOT分析。我们首先需要获取吸尘器产品在市场上的各类信息，如价格、销量、排名等，以及竞品的相关信息。在这个案例中，我们已经收集到了各品牌的多维度数据，包括价格、排名、规格、技术参数、卖点等。我们可以基于这些数据，通过ChatGPT进行深入的SWOT分析。

如表2.1所示为整理好的品牌（Diyson和Xiaomei）竞品分析表格（数据皆为虚构）。

表2.1 模拟竞品分析表格

品牌	Diyson	Xiaomei
型号	Diyson V11	Xiaomei Dreame V10
ASIN	B07R761N63	B082YVFY2S
价格	599.00 €	199.99 €
排名	大类1321，小类5	大类1267，小类4
标题	DiysonV11 Absolute Pro Akku-Handstaubsauger inkl. 9 Zubehörteile (Nickel/Blau)	Xiaomei Dreame V10 Akku Staubsauger 22000Pa Leistungsstark kabellos Handstaubsauger, 2500mAh Akku beutellos Stau-bsauger mit Wandhalterung (Weiß)
Keepa分析	1.稳定销售，价格浮动较小 2.评论数量稳定增长 3.星级基本维持在4.5以上	1.经常有活动，价格波动较大 2.评论数量快速增长 3.星级基本维持在4以上

续表

电机功率	185 AW	100 AW
吸力	14 kPa	22 kPa
噪声水平	79 dB	68 dB
充电时间	3.5h	4h
工作时间	60min	60min
重量	2.97kg	1.5kg
尺寸	128.6cm×25cm×26.1cm	60.5cm×22cm×23cm
包含的组件	1×手持式吸尘器主体 2×吸嘴 1×硬地清洁刷 1×柔软滚筒 1×短缝隙工具 1×硬地刷 1×迷你电动刷 1×迷你软刷 1×电池 1×充电座	1×手持式吸尘器主体 2×吸嘴 1×硬地清洁刷 1×柔软滚筒 1×短缝隙工具 1×硬地刷 1×迷你电动刷 1×迷你软刷 1×电池 1×充电座
各自的卖点/优势	◆ 强大的吸力 ◆ 大功率电机 ◆ 高级HEPA滤网 ◆ 真空和手持两用	◆ 强大的吸力 ◆ 静音设计 ◆ 轻便设计 ◆ 长电池寿命 ◆ 物美价廉
总结	Diyson是具有高质量和强大吸力的高端产品,适合对清洁有高要求的用户	Xiaomei Dreame V10表现稳定,具有高性价比和低噪声的特点,是对预算有要求的消费者的理想选择
对比优点	强大的吸力,大功率电机	轻便设计,静音运行,价格便宜

1. 优势

"优势"主要涉及产品在市场上的竞争优势,包括品质、功能、品牌影响力等因素。通过SWOT分析,我们能更好地了解自家产品的优点,这对于产品的定位和市场策略制定具有指导性意义。

基于整理好的竞品分析表格,我们向 ChatGPT 提问的方式可以包括:

(1)"在吸尘器市场中,我们的产品优势有哪些?"

(2)"在功能、性能、设计、品牌认知度等方面,我们的产品与竞争者相比如何?"

(3)"我们的产品在哪些方面领先于竞争对手?"

2. 劣势

识别产品的劣势可以帮助我们查明自身的不足,便于我们提前布局,改进产品,提升竞争力。一种有益的提问方式可以是:

(1)"在吸尘器市场中,我们的产品存在哪些劣势或不足?"

(2)"我们的产品在哪些方面落后于竞争对手?"

(3)"我们的产品有哪些用户反馈负面的地方?"

3. 机会

通过深入了解市场趋势、消费者需求变化等信息,我们可以洞察到未来可能存在的商机,从而适时调整产品策略,把握市场机会。

在提问 ChatGPT 时,我们可以针对吸尘器市场的具体机会进行如下询问:

(1)"在吸尘器市场中,未来有哪些发展机会?"

(2)"在新兴市场、技术变革、政策变化等方面,我们有哪些可能的发展机会?"

(3)"消费者的需求趋势是如何变化的,我们如何应对?"

4. 威胁

威胁是指在未来的市场环境中,我们的产品可能会遇到的挑战和风险。这可能来自市场竞争的加剧、消费者需求的变化、新技术的发展、政策法规的改变等方面。

在提问 ChatGPT 时,我们可以针对吸尘器市场的具体威胁进行如下询问:

(1)"在吸尘器市场中,我们可能面临哪些威胁?"

（2）"新兴的技术或新型产品可能对我们的产品造成哪些影响？"

（3）"行业内的价格战、法规变化、新竞争者的加入等可能对我们产生哪些影响？"

通过以上的SWOT分析，结合ChatGPT的分析能力，我们可以得到全面、深入的产品优劣势分析。此分析结果将为我们的产品定位和市场战略制定提供重要参考，有助于我们在激烈的市场竞争中立于不败之地。

案例：

我们的产品是一款吸尘器，面临来自全球的竞争。我们已经收集了关于该产品的多维度数据，包括但不限于价格、消费者评价、技术规格等，并且我们也掌握了竞品的信息。

> **问：** 在功能、性能、设计、品牌认知度等方面，我们的吸尘器产品与竞争者相比有哪些优势和劣势？

> **答：** 从功能角度来看，贵品牌的吸尘器在动力效率和吸尘能力方面比竞品有显著优势。性能方面，产品的耐用性和低噪声设计为市场上的亮点。设计上，现代而时尚的外观与家庭环境融合较好，符合现代家庭的审美需求。在品牌认知度方面，尽管竞争对手如Dyson和Roomba的市场占有率高，但用户对于贵品牌的满意度和忠诚度也呈上升趋势，这表明有较大的市场开拓潜力。至于劣势，产品的市场知名度不如顶尖品牌，同时在价格策略上，由于成本控制和定位原因，产品在高端市场的竞争力还有待提高。

2.3.3 产品痛点及切入点分析

产品痛点和切入点分析的过程，侧重于深度挖掘产品存在的问题，找到改进产品以满足市场需求的方向，从而达到提升产品竞争力的目的。在本节中，我们将使用ChatGPT以及结合收集到的产品差评，来深入理解产品存在的问题，寻找切入点，进行优化。

产品痛点是指产品在使用过程中，消费者感到不满意、不舒服的地方，包括但不限于产品的设计、材料、功能、性能等各个方面。

切入点是指在产品开发过程中，为了满足特定市场需求、消除产品痛点，对产品进行改进和优化的方向和焦点。

产品差评是消费者对产品痛点最直接的反馈。从这些差评中，我们可以找到可能的产品改进方向。

ChatGPT在产品痛点及切入点分析中的应用主要体现在以下几点。

（1）收集并理解消费者的反馈：ChatGPT可以帮助我们分析消费者的评论、反馈，从而更好地了解产品存在的问题。

（2）找到改进产品的切入点：通过分析消费者的需求和产品的问题，ChatGPT可以帮助我们找到最能满足消费者需求、最具价值的产品切入点。

案例：

我们以床单类目为例，指导大家如何通过收集亚马逊上产品相关差评，用ChatGPT帮我们分析痛点，找到切入点。

首先，我们前往亚马逊，选择床单类目，选定一款在销量、评价等方面表现较好的产品作为目标。进入该产品的页面，滚动到评论部分，筛选出通常被视为差评的1星和2星的评论。可以使用第三方工具（如卖家精灵、Keepa等）自动抓取这些评论。为了保持数据的真实性，我们应该抓取完整的评论，包括标题和正文。

其次，我们结合床单差评列表，使用ChatGPT进行具体的产品痛点及切入点分析。对于不同的产品痛点，其提示方式也有不同。

（1）分类型痛点分析：

"请归类并统计以下一系列差评的类型和数量。"

（2）优先级痛点分析：

"以下一系列差评中，哪种类型的痛点最为突出？"

（3）相关性痛点分析：

"请基于以下差评,为我分析出产品的主要痛点与次要痛点。"

(4)趋势性痛点分析:

"请根据最近一个月收集的差评,分析产品痛点是否有明显变化。"

通过第一个问题的 ChatGPT 提问,我们得到以下 ChatGPT 输出的示例(如表 2.2 所示),展示床单类目的痛点类型和对应数量统计。

表 2.2 基于床单类目的痛点类型和对应数量统计的示例

痛点分析	数量汇总(个)	比例
床单质地过硬,不舒适	40	27%
床单容易缩水,尺寸变小	35	21%
床单易起静电,影响睡眠质量	25	15%
床单颜色易褪色,美观度下降	20	12%
床单纱线密度低,易出现针眼	18	11%
床单价格过高,性价比低	10	6%
床单配送服务差,时间长	7	4%
床单包装简陋,缺乏品牌感	5	3%
床单破损问题,质量差	3	1%

基于以上得到的痛点分析,我们可以设计以下的 ChatGPT 提问方式,帮助卖家进行产品痛点及切入点分析。

> **问:** ChatGPT,请分析以下床单的问题,提出改进方案,并分析其可能的市场切入点。问题如下:
> 床单质地过硬,不舒适
> 床单容易缩水,尺寸变小
> 床单易起静电,影响睡眠质量
> 床单颜色易褪色,美观度下降
> 床单纱线密度低,易出现针眼

对于上述问题,我们得到的切入点分析和改进方向分析可能如下:

> **答:** 床单问题及其改进方案以及市场切入点分析如下:

1. 问题：床单质地过硬，不舒适

   - 改进方案：提升床单的材质，可以使用纯棉或是棉麻混合等对皮肤友好的材质，增强其柔软性以提供更好的触感。可考虑采用高密度织造，使床单更为柔软。

   - 市场切入点：可以宣传床单的高质感和触感舒适度，针对追求高质量生活的消费者群体。

2. 问题：床单容易缩水，尺寸变小

   - 改进方案：改善生产工艺，对床单进行预缩处理，使其在洗涤后不容易缩水。同时，需要明确在标签上注明洗涤和保养方式，以帮助消费者正确清洁和维护。

   - 市场切入点：可着重推广床单的耐洗性，以及用户无须担心缩水问题，打造"久洗如新"的品牌形象。

3. 问题：床单易起静电，影响睡眠质量

   - 改进方案：采用抗静电的布料或特殊的处理工艺，如抗静电剂涂覆，以减少静电的产生。

   - 市场切入点：针对睡眠质量的需求，强调产品的抗静电特性，打造安心睡眠的品牌形象。

4. 问题：床单颜色易褪色，美观度下降

   - 改进方案：改善染色工艺或采用高质量的染料，使颜色更持久。同时，确保床单在生产过程中进行足够的色牢度测试。

   - 市场切入点：将持久的颜色作为一个重要的卖点，强调床单色彩鲜艳持久的特性。

5. 问题：床单纱线密度低，易出现针眼

   - 改进方案：采用更高的纱线密度，并加强生产过程中的质量控制，确保产品不会出现针眼等质量问题。

   - 市场切入点：强调床单的高密度和耐用性，吸引追求耐用产品的消费者。

以上，不仅针对现有问题提出了改进方案，也针对每个改进措施分析了可能的市场切入点，帮助品牌更好地满足消费者的需求，同时优化市场战略。

总而言之，通过结合 ChatGPT 的分析能力，以及深度挖掘床单差评分析表格中的信息，我们可以准确找出产品的痛点，设计出改进方案，从而找到切入点，提升产品的竞争力。这种方式在跨境电商的新品开发到市场营销的全过程中都具有重要的参考价值。

2.4 产品风险预估

2.4.1 产品风险识别

产品风险识别是产品管理的关键步骤之一，它涉及识别和记录可能影响产品目标的不确定性事件或条件。这些风险可以来源于许多不同的领域，包括技术难题、供应链问题、市场波动、人力资源变动等。识别产品风险有助于产品经理更好地理解潜在的问题，从而进行有效的风险评估和制定相应的风险应对策略。在跨境电商领域，其中一个重要的风险来源便是专利和产品认证。

在此，我们将结合 ChatGPT 的用法，以及相关的专利和产品认证知识，探讨在跨境电商选品中进行风险识别的方法。

1. 专利查询与经验判断

在跨境电商领域，特别是在涉及新品开发和市场营销的环节，对专利的查询和判断是十分重要的。专利是法律赋予的一种排他权，涉及专利的争议往往会导致严重的法律纠纷，对项目的进展产生极大的影响。因此，对专利的查询和判断，是产品风险识别的重要组成部分。

我们可以使用 ChatGPT 进行初步的专利查询。例如，如果我们计划在跨境电商平台上销售一款新的厨房用品，则可以询问 ChatGPT 关于这款产品是否可能存在的专利信息，比如这么问：

（1）"请为我查找有关厨房用品的相关专利信息。"

（2）"我发现厨房用品类目有很多国外的卖家在售，可能存在的专利风险有哪些？"

(3)"厨房用品的产品更新速度如何,专利雷区可能有哪些?"

虽然ChatGPT可能无法提供最新的专利数据库,但它可以根据其庞大的训练数据,提供一些可能的专利方向或者相关的专利信息。

同时,结合一些专利的经验判断也十分重要。例如:

(1)市场容量大,但是中国卖家少,这可能意味着这个市场存在较高的专利风险。

(2)若仅有少数国外卖家在售,危险系数也较高。

(3)产品更新速度较快的产品,如电子产品,专利雷区相对较少;而产品更新速度慢的产品,如厨房产品和工业用产品,专利雷区相对较多。

(4)特定类目,如Toys & Game、Beauty & Personal Care,专利雷区较多。

(5)需要多向源头供应商确认专利信息。

这些经验判断可以作为我们对专利风险进行识别的参考,而ChatGPT可以帮助我们更好地理解和应用这些经验判断。

2. 清关、认证风险识别

在跨境电商新品开发中,清关和产品认证也是一个重要的风险点。各个国家和地区都有自己的产品安全和质量标准,如果我们的产品不能满足目标市场的这些标准,那么产品可能无法顺利清关,甚至可能遭到退货或者罚款。

这里,我们也可以使用ChatGPT进行初步的认证查询。例如,如果我们计划在美国市场销售一款带有蓝牙功能的电子产品,则可以询问ChatGPT这款产品需要哪些认证,比如这么问:

(1)"我正在考虑在美国销售一款新的无线耳机,这款产品需要哪些认证?比如FCC、CE、RoHS等。"

(2)"无线耳机因为含有电池,在进口时有什么特殊的要求吗?"

(3)"如果我的无线耳机产品配备了蓝牙功能,是否需要额外的BQB认证?"

(4)"如果我的无线耳机在外观设计上有所创新,我需要如何查询相关的设计专利?"

同时,我们还需要了解各类认证的适用范围,例如:

(1) UL(Underwriter Laboratories Inc.)认证,适用产品包括灯具、家用电器、通信工具、电动工具、电线电缆等。

(2) FCC(Federal Communication Commission)认证,适用产品包括电子产品,如计算机及计算机配件、家用电器、电动工具、灯具、玩具、安防等。

(3) DOT(Department of Transportation)认证,适用产品为机动车和零配件产品。

(4) FDA(Food and Drug Administration)认证,适用产品包括药物、食品、医疗器械等。

(5) CPSC(Consumer Product Safety Committee)认证,适用产品包括家用电器、儿童玩具、烟花爆竹及其他用于家庭、体育、娱乐及学校的消费品。

除此之外,我们还需要考虑产品是否带电池,是否需要CE、RoHS、UN38.3等认证,外观设计是否有专利等问题。这些问题都可能影响产品的清关和销售,应当在选品调研阶段就进行详细的评估。

通过对专利和认证风险的识别,我们可以对项目可能面临的风险有一个清晰的认识,为后续的风险评估和应对策略制定提供参考。同时,借助ChatGPT的强大语言处理能力,我们可以更好地理解和掌握这些复杂的知识,提高选品的效率和效果。

案例:

假设我们计划在美国市场销售一款具有创新外观设计的无线耳机。在此过程中,我们需要识别可能面临的专利和产品认证风险。

问: 销售无线耳机到美国,需要哪些认证,比如FCC、CE、RoHS等?

答: 在美国销售无线耳机,你可能需要通过FCC认证,以证明

> 产品符合电磁干扰的标准。如果耳机包含可充电电池，还需要符合特定的安全标准，比如 UL 或 CE 标准。RoHS 认证则确保产品中不含有害物质。建议联系专业的产品认证咨询公司，以确保全面遵守相关规定。

2.4.2 风险应对策略

在进入跨境电商市场之前，对潜在风险的了解并制定相应的应对策略是必不可少的。在 2.4.1 节中，我们已经介绍了如何运用 ChatGPT 来识别专利风险以及清关和认证风险。接下来，我们将探讨如何制定有效的风险应对策略。

一般来说，风险应对策略可分为四种类型：接受风险、避免风险、转移风险和缓解风险。每种策略都有其适用的情境和潜在的影响，需要根据实际情况灵活运用。

（1）接受风险：有些风险可能因为其发生的可能性低，或者即便发生，对业务影响也不大，因此选择接受。例如，产品价格可能会因为汇率波动而产生风险，但是这种风险无法避免，且可能影响不大，因此可以选择接受。

（2）避免风险：如果一种风险可能会带来重大影响，并且有明显的预兆或迹象，那么应当尽量避免。比如，如果你发现某个产品可能存在严重的专利风险，那么为了规避可能的法律纠纷，最好避免选择这个产品。

（3）转移风险：将风险转移给其他方，通常通过购买保险或通过合同条款将风险转嫁给供应商等方式实现。例如，你可以和供应商协商，如果产品因为质量问题被退货，由供应商承担相关损失。

（4）缓解风险：通过一系列的行动来降低风险的可能性或者影响。例如，为了避免清关时因为缺少相关认证而导致的问题，你可以提前进行产品的认证申请，确保产品能够顺利通过清关。

ChatGPT 可以辅助你在制定风险应对策略时提供信息支持和策略建议。

例如，你可以询问ChatGPT：

"我发现我选择的这款无线耳机可能存在专利风险，我应该怎么做？"

"我计划在美国销售一款新的无线耳机，我需要做哪些准备来确保产品能顺利通过清关？"

值得注意的是，虽然ChatGPT能够提供基于大数据和算法的策略建议，但最终的决策还需要结合具体的业务场景和市场环境，可能还需要专业的法律和市场咨询。此外，风险管理是一个持续的过程，需要定期进行风险评估和策略调整。

第 3 章
产品开发的 ChatGPT 应用

在本章中,我们将深入探讨如何运用 ChatGPT 技术在产品开发环节进行全方位优化。本章的内容将覆盖以下几个部分:
- 讨论 ChatGPT 在产品参数确定中的应用。
- 使用 ChatGPT 进行产品设计和创新的分析。
- 运用 ChatGPT 进行包装设计。
- 使用 ChatGPT 进行财务分析。

通过本章的学习,你将深入理解如何运用 ChatGPT 在产品开发的全过程中进行优化,为你的电商业务创造更大的价值。

3.1 产品参数确定

在全球化的今天,跨境电商行业的竞争日益激烈,如何有效地进行新品开发,以适应快速变化的市场需求,成为商家关注的焦点。本节将探讨在新品开发过程中,如何通过 ChatGPT 技术进行产品参数的设定,以提高产品的市场竞争力。

产品参数是描述产品特性的各种指标,包括产品的外观设计、功能、材质、核心部件、生产工艺等。在新品开发中,产品参数的设定是一个关键的步骤,因为它将直接影响到产品的性能、用户体验和市场表现。

具体来说,我们可以运用ChatGPT技术在以下方面进行产品参数的设定。

1. 产品外观

产品外观设计会对消费者的第一印象产生重要影响。这包括产品的形状、颜色和表面材质等要素。这些因素可能影响产品的美观度、手感和实用性,甚至可能影响消费者的购买决策。因此,研究和理解产品主流外观可以帮助我们开发出符合市场需求的产品。

运用ChatGPT分析网络上的数据,搜集主流无人机的形状、颜色和表面材质等参数,进行TOP20外观展示外观报告。例如,我们可以向ChatGPT提出以下问题:

(1)"当前市场上销售最好的无人机的外观设计有哪些特点?"

(2)"哪些颜色的无人机最受欢迎?"

(3)"无人机的表面通常使用哪种材质?"

2. 产品功能

产品功能是消费者购买产品的主要原因。有效的功能可以解决消费者的问题,满足他们的需求,或为他们提供便利。通过理解和分析市场上的主流功能,我们可以确保我们的产品符合消费者的期望,并在竞争激烈的市场中脱颖而出。

通过ChatGPT分析亚马逊相关类目TOP20的产品描述和用户评论,列举出主流产品的主要功能,并生成一份功能统计报告。例如,对于健身跳绳这个类目,我们整理好TOP20相关数据后给ChatGPT后,可以提出以下问题:

(1)"市场上最受欢迎的健身跳绳有哪些功能?"

(2)"用户在使用健身跳绳时,最看重哪些功能?"

(3)"我应该如何设计健身跳绳的功能,才能满足用户的需求?"

3. 产品材质

产品材质对产品的质量、性能和使用寿命有重要影响。同时,材质也会影响产品的价格和市场定位。理解和选择适当的材质可以确保产品的性能，并满足不同价格点的消费者需求。

运用 ChatGPT 对亚马逊相关类目 TOP20 的产品材质进行统计，了解主流产品通常采用哪种材质，如塑料、玻璃、不锈钢等，并生成一份材质统计报告。例如，我们要开发一款新的咖啡杯，可以向 ChatGPT 提问：

（1）"现在市场上最受欢迎的咖啡杯通常是什么材质的？"

（2）"哪种材质的咖啡杯最耐用？"

（3）"使用什么材质的咖啡杯，用户体验最好？"

4. 产品核心部件

产品核心部件是决定产品性能的关键因素。它们对产品的可靠性、效率和使用寿命有重要影响。了解和选择优质的核心部件，可以提高产品的性能，减少故障率，提高消费者满意度。

利用 ChatGPT，我们可以列出产品的核心部件，并对这些部件供应链、使用寿命和性能进行深入研究。例如，我们要开发一款新的电动牙刷，可以问 ChatGPT：

（1）"电动牙刷的核心部件有哪些？"

（2）"这些部件的主要厂家怎么找？"

（3）"这些部件的使用寿命和性能如何？"

5. 产品生产工艺

产品生产工艺会影响产品的制造成本、质量和性能。优化生产工艺可以提高生产效率，降低成本，提高产品的竞争力。同时，生产工艺也可能影响产品的环保性能，这在越来越重视环保的社会中也是非常重要的。

ChatGPT 可以帮助我们理解产品的制作工艺。例如，一个新的睡眠眼罩，我们可以问 ChatGPT：

（1）"睡眠眼罩的主要生产工艺是什么？"

（2）"这种工艺对产品性能有什么影响？"

（3）"如何优化生产工艺，以提高产品的性能？"

此外，我们还可以通过 ChatGPT 进行更深层次的市场调研，包括产品专利调研、产品认证调研，以及产品寿命和保质期的研究。例如，我们可以问ChatGPT：

（1）"我应该如何进行产品专利调研？"

（2）"一般情况下，我的产品的寿命和保质期应该是多长？"

总结起来，ChatGPT可以在产品参数设定环节发挥重要的作用。它可以帮助我们节省大量的市场调研，了解用户需求，提供数据支持，以及进行创新设计，使我们的产品更符合市场需求，更具竞争力。

📌 案例：

某电商平台上一款销量领先的无人机，它的设计简约而不简单，采用的是亚光黑色的表面处理和流线型的机身设计，这些都显著提升了产品的外观质感和空气动力学性能。

> 问：当前市场上销售最好的无人机的外观设计有哪些特点？

> 答：当前市场上销售最好的无人机通常具备以下外观设计特点：
> 颜色：主流无人机常用的颜色为黑色和白色，这两种颜色的无人机在市场上更受欢迎。黑色通常与专业和高端关联，而白色则给人以科技感和现代感。
> 形状：流线型的机身设计较为普遍，因为这样的设计有助于提高飞行效率并减少风阻。
> 表面材质：表面处理多为亚光和半亚光材质，不仅耐脏且易于护理，同时也可以减少在飞行中的光线反射，提升使用体验。

通过这样的查询和分析，ChatGPT不仅可以辅助我们理解市场趋势，还能够帮助设计团队捕捉到成功产品的设计元素，为开发新产品提供参考。

3.2 产品设计和创新

在本节中，我们将深入探讨如何进行产品设计和产品创新，包括产品设计、用户体验设计，产品差异化，以及如何通过市场调研和成本控制来提升产品的性价比。我们将借助于 ChatGPT 的强大能力，通过一系列具体的提问和实际案例，帮助你更好地理解并应用这些策略。让我们一起探索如何让你的产品在亚马逊等跨境电商平台上独树一帜，赢得更多的市场份额。

3.2.1 产品设计概念和用户体验

产品设计是产品开发的核心，是确保商品能满足市场需求并在竞争激烈的市场中脱颖而出的关键。对于跨境电商来说，不仅要设计出符合消费者需求的商品，还要让消费者在使用商品的过程中感到满足和愉悦。因此，从市场的产品理念、产品质量、用户反馈等方面来获取信息并以此为依据进行产品设计和创新是至关重要的。

一个好的产品设计应该满足以下五个要点。

不强迫：产品设计要考虑到用户的自由和多样性，不能强迫用户按照设计者的意愿去使用产品，而是应该迎合用户的潜意识，让用户自然而然地爱上产品。

不思考：产品设计要做到简单易懂，让用户无须过多思考就可以直接使用。尤其是针对新手用户，应该尽可能降低使用门槛，让用户无须学习就可以立刻上手。

易操作：产品设计需要考虑到用户的操作习惯，尽量减少复杂的操作步骤，让产品变得简单易用。

不破坏用户习惯：产品设计要尊重用户的使用习惯，不轻易改变已经习惯的操作方式或视觉元素，除非这种改变可以带来更好的用户体验。

超出用户预期：产品设计要力求超出用户的预期，让用户在使用产品的过程中感到惊喜，这样才能真正赢得用户的认可。

现在，我们以一款智能葡萄酒冷却器作为案例，以展示如何通过 ChatGPT 进行"设计产品特性""优化用户体验"和"预测用户反应"。

1. 设计产品特性

在我们的智能葡萄酒冷却器产品设计阶段，我们可以利用 ChatGPT

生成新的产品特性。例如：

（1）"我们的智能葡萄酒冷却器有哪些独特的功能特性？"

（2）"如何设计一款可以根据酒的类型自动调整温度的智能葡萄酒冷却器？"

（3）"可以有什么特性使得我们的智能葡萄酒冷却器能在节能方面领先市场？"

2. 优化用户体验

在产品设计完成后，我们可以使用 ChatGPT 来优化用户体验。例如：

（1）"如何设计我们的智能葡萄酒冷却器的界面以让它更易用？"

（2）"我们的产品在安装和操作方面有哪些可能的痛点？"

（3）"我们能如何改进这些痛点，让智能葡萄酒冷却器更符合用户需求？"

3. 预测用户反应

在产品投放市场前，我们可以用 ChatGPT 来预测可能的用户反应。例如：

（1）"如果我们的智能葡萄酒冷却器能根据酒的类型自动调整温度，用户可能会有什么反应？"

（2）"如果我们的产品在节能方面比市场上的其他冷却器更优秀，这将如何影响用户的购买决定？"

（3）"在我们的产品价格上，我们需要在哪个点位上进行定价才能保证高性价比？"

这些问题不仅能引导 ChatGPT 给出创新的想法，还能帮助我们更好地理解和预测市场和用户反应。

📖 **案例：**

假设我们的团队正在开发一款智能葡萄酒冷却器，旨在通过高科技解决方案来优化酒的保存和品饮体验。我们的目标是设计一款既能满足专业品酒师的需求，又能为普通消费者带来便利的产品。产品设计需要考虑操作简便、界面友好、自动调节温度以及高能效等特点。在这个案例中，我们将使用ChatGPT来定义产品特性、优化用户体验并预测用户反应。

> **问：** 如何设计一款可以根据酒的类型自动调整温度的智能葡萄酒冷却器？

> **答：** 为了设计一款能根据酒的类型自动调整温度的智能葡萄酒冷却器，我们应该考虑以下几点。
> 集成传感器：安装高精度温度传感器和湿度传感器，以实时监测存储环境。
> 智能算法：开发一个智能算法，根据葡萄酒的种类和理想饮用温度自动调节冷却器温度。
> 用户界面：设计一个直观的用户界面，允许用户轻松选择或输入他们的酒种，同时也能让用户手动调整温度。
> 学习功能：加入机器学习功能，使冷却器能根据用户的使用习惯和偏好自动调整设置。
> 能效考虑：确保产品在调整温度时能够优化能源使用，比如在夜间低电价时段使用更多电力进行冷却。

以上的设计理念不仅响应了市场需求，还融入了用户体验的多个维度，ChatGPT在这个过程中为我们提供了结合AI技术和用户体验的产品创新思路。

3.2.2 产品差异化和性价比优化

在现今亚马逊市场的竞争环境下，一味地追求热门商品或通货商品，很可能会陷入一场无休止的价格战。你可能花费大量的精力和资源去推动一个产品，但很快就会有其他卖家跟随你的脚步，销售同样的商品。在这种情况下，差异化就显得至关重要。产品差异化可以在外观、款式、颜色、数量、套装、配件等方面进行。本节将详细介绍如何实施产品差异化策略和如何优化性价比。

1. 产品差异化

1）差异化的实现方式

在商品的外观、款式、颜色、数量、套装和配件等方面进行差异化。例如，当市场上大部分同类产品都是白色时，你可以尝试出售黑色版本的商品，这样可以吸引更多的消费者注意。如果大部分卖家销售的是单一商品，你可以尝试将两种相关的产品组合销售，如牙膏和牙刷的组合包装。尽管这可能带来你的成本上的一些增加，但价格提升幅度有限，对于追求高性价比的消费者而言，这样的调整是易于接受的。

另外，基于已经销售良好的产品进行改良升级，也是一个成功率很高的策略。这需要你对产品的痛点进行分析，找出差评中提到的问题，并对这些问题进行改进。例如，如果你发现一款耳机的差评主要集中在电池寿命短和续航时间不足，那么你就可以考虑开发一个电池寿命更长、续航时间更优秀的版本。

为了防止其他卖家跟卖，你可以在产品中加入一些额外的配件。以压蒜器为例，你可以在产品中附加一个清洁刷。这样的配件成本低，但可以提高产品的附加价值。

2）研发新型产品

亚马逊平台非常欢迎新型产品。这需要产品的外观和功能都由你自主开发设计。推出一款新型产品，比如一个具有创新功能的咖啡机，比推出一款传统的咖啡机要容易得多。并且，如果你的产品是独家款，那么你就可以避免其他卖家的跟卖。

为了实现差异化，你还可以运用关键词工具找出新上升的买家属性搜索词，针对这些关键词进行产品开发。同时，要避开或者创新TOP100中已经存在的产品属性。例如，如果你发现"环保""可再生"等关键词逐渐上升，那么你可以考虑开发一款环保的、使用可再生材料制作的咖啡机。

在差异化的过程中，你需要考虑性价比。如果产品的改动会大幅度增加成本，那么这个改动就可能不值得。你可以在成本可控的范围内加大产品的数量,或者重新定义产品的包装方式。包装上印上品牌的Logo(标识),设计简约大方的包装,都可以增加产品的附加价值,吸引更多的消费者。

3)利用ChatGPT进行产品差异化

提问的目的是深入了解如何利用ChatGPT来实现产品差异化,主要围绕以下几个方面:

(1)调研和分析市场现有产品的差异化情况。

(2)探索和识别潜在的差异化机会,包括颜色、设计、配件、套装等。

(3)分析成本控制,并评估附加价值和利润增长的潜力。

(4)使用ChatGPT生成创新的产品差异化方法和战略建议。

(5)了解如何通过差异化来防止其他卖家跟卖。

(6)考量差异化对品牌的影响及顾客接受度。

为了找到最有可能成功的差异化策略,下面将基于蓝牙耳机,向ChatGPT提出以下问题:

(1)"如何在增加最少成本的前提下,最大限度地增加产品的附加价值?"

(2)"市场上的蓝牙耳机大多数是黑色或白色,如果我推出粉色或金色的蓝牙耳机,这种颜色差异化策略是否能吸引更多的消费者?"

(3)"我注意到一些消费者在购买蓝牙耳机时也购买了耳机保护套,是否可以将蓝牙耳机和耳机保护套作为一个组合产品进行销售以增加附加价值并防止跟卖?"

(4)"我发现市场上的蓝牙耳机和耳机充电宝都销售得很好,是否可以将这两种产品组合成一个套装进行销售以获取更高的利润?"

(5)"在选择低成本但可以增加附加价值的配件进行搭配销售时,如何判断是否应该将耳机线收纳袋加入我的蓝牙耳机产品中?"

(6)"考虑到市场上存在大量类型和款式的蓝牙耳机,我该如何通过外观设计、功能改进等手段使我的产品在市场上独树一帜?"

通过以上的提问方式,有针对性地从多个角度去考虑蓝牙耳机产品的差异化策略，这将有助于提高产品的竞争力并吸引更多的消费者。

👍 **案例：**

假设你是一款蓝牙耳机的跨境电商卖家，市场上的蓝牙耳机大多数是黑色和白色。你意识到通过差异化设计，如推出独特颜色的耳机，可以吸引那些追求个性化的消费者。同时，你考虑通过增加实用配件，比如高质量的耳机保护套，或者与其他产品组合销售（如耳机充电宝套装）来提高产品的附加价值和竞争力。

> 📖 **问：** 在市场上的蓝牙耳机主要是标准黑色和白色，我如何设计一款既能突出个性化又不大幅增加成本的蓝牙耳机？

> 💬 **答：** 为了在不显著增加成本的情况下设计一款有差异化的蓝牙耳机，你可以考虑以下策略：
>
> **颜色创新：** 研究目标市场对颜色的偏好，例如，可以选择年轻消费者更偏爱的明亮或金属色。虽然这会增加一定的生产成本，但与全面的设计更改相比，这种成本是可控的。
>
> **配件搭配：** 增加价值感较高的小配件，如带有品牌标志的耳机保护套或个性化耳塞，提高产品整体感知价值而不大幅增加成本。
>
> **功能性创新：** 考虑增加一些符合市场趋势的功能，如环境噪声控制、耳机寻找功能或与健康应用的兼容，这些功能可能需要微小的硬件调整或软件更新。
>
> **定制服务：** 提供部分定制选项，比如刻字服务，可以让用户在购买时选择将个人名字或信息刻在耳机上，这样的个性化服务可以以较低的成本提供，但极大地提升了用户的购买体验和产品个性化水平。
>
> 综上所述，通过精心策划差异化的元素，并在成本和市场接受度之间找到平衡点，你可以设计出一款既个性化又具有竞争力的蓝牙耳机产品。

2. 性价比优化

性价比优化是指在保证产品质量的前提下，通过优化产品设计，降低成本，从而提高产品的性价比。下面将介绍几种常见的性价比优化策略。

1）采购平替

采购平替是一种有效地降低成本的方法。在保证产品性能不变的前提下，通过选择更便宜的材料或部件，可以大幅度降低产品成本。例如，如果你正在销售一款由金属制成的餐具，你可以考虑使用更便宜的不锈钢材料代替金属。这种方法不仅可以降低成本，还可以提高产品的耐用性。

2）物流平替

物流平替也是一种常见的降低成本的方法。你可以通过优化物流网络，选择最经济的配送方式，从而降低物流成本。例如，你可以通过分析各个物流公司的费率，选择最便宜的物流公司。或者，你可以通过优化仓库布局，减少运输距离，从而降低运输成本。

3）淘汰无效功能

在产品设计阶段，你可以通过淘汰无效功能，做产品降维，来降低成本。例如，如果你发现一款手机的某个功能很少被消费者使用，在设计新款手机时，你就可以考虑去掉这个功能。这种方法不仅可以降低成本，还可以让产品更符合消费者的需求。

在这个过程中，你需要抓住市场分析的主要产品线和用户人群分析，确保你淘汰的功能确实是无效的。同时，你还需要注意产品的质量。在所有可变因素下，产品的质量把控是第一位的。优质的产品是爆款成功的第一步。无论是拿样品还是大货，都需要进行质量检测。

4）利用 ChatGPT 进行性价比优化

在提问之前，我们需要确定性价比优化的具体目标是什么，例如降低成本，提升用户体验，或是改进产品功能，可以围绕以下几个方面。

（1）考虑成本与效益：评估改进方案在成本上的可行性以及在用户体验或产品销量上可能带来的效益。

(2)识别潜在的变更领域:查看哪些部分有改进的空间,包括材质、设计、功能、物流、包装等。

(3)分析数据支持决策:确保所有的优化决策都是基于市场数据和消费者反馈的。

(4)考虑短期与长期效果:优化可能带来的短期成本节约和长期的品牌影响。

为了找到最有效的性价比优化策略,以下是基于一个具体的产品——便携式咖啡机,向ChatGPT提出的一些问题:

(1)"我注意到一款竞品的便携式咖啡机配有额外的保温杯,能否通过增加这种低成本但能提升用户体验的配件来提高我产品的性价比?"

(2)"如果我发现一种更为经济的材质,能保证咖啡机的使用效果和耐用性,我是否应该考虑更换材质以降低成本并提升产品的性价比?"

(3)"我现在使用的物流服务费用相对较高,为了降低产品的整体销售成本,我应该如何寻找和评估更具性价比的物流服务提供商?"

(4)"在保证便携式咖啡机质量的前提下,我是否可以调整部分非核心功能或配件(如简化包装)以降低成本并优化性价比?"

(5)"如果我在采购便携式咖啡机的零部件时能达成大批量采购,这种批量购买策略是否能帮我降低产品成本并提升性价比?"

这些问题旨在帮助我们从不同的角度考虑如何优化便携式咖啡机的性价比,从而提升产品质量、降低成本和优化物流。

凸 案例:

在考虑性价比优化的过程中,以一款市面上流行的便携式咖啡机为例。当前这款咖啡机虽然功能全面,但成本较高,影响了其市场竞争力。例如,它配备了一个高端LCD显示屏,用于显示咖啡冲泡的实时信息。然而,市场调研表明,多数消费者并不频繁使用这个功能,更倾向于一个简洁的设计和更实惠的价格。针对这种情况,我们可以询问ChatGPT。

问: 如果我们将便携式咖啡机的LCD显示屏更换为一个简单的LED指示灯,这样的更改是否可以有效降低成本,同时还能保持

> 用户体验的满意度?

> 答:　更换LCD显示屏为LED指示灯确实是一个可行的性价比优化策略。根据你的描述,这样不仅可以降低成本,因为LED指示灯的价格通常低于复杂的LCD显示屏,而且还可以满足那部分倾向于功能简捷性的消费者需求。此举能够减轻产品成本,可能还会提高产品吸引力,因为它将降低销售价格,使产品对价格敏感的消费者更有吸引力。不过,在做出决定前,建议进行一个小范围的消费者调研或A/B测试,以验证消费者的接受程度和对销售的潜在影响。

通过以上的产品差异化策略和性价比优化策略,你可以使你的产品在亚马逊市场上脱颖而出,从而在激烈的竞争中取得成功。

3.3　包装设计

在跨境电商中,包装设计不仅是产品的"面孔",也是产品品质、品牌形象和价值观的重要传递者。本节我们将从多个角度探讨包装设计的重要性。首先,我们会深入理解包装设计的概念和关键要素,理解如何通过设计吸引消费者并且满足他们的需求。其次,我们会对欧洲的包装法规进行讲解,指导读者如何满足各国法律法规和标准的要求。最后,我们会针对产品使用说明书和感谢信的设计进行详细讲解,指导读者如何在细节上提升用户体验和满意度。

3.3.1　包装设计的概念和要素

包装设计是指对产品的包装形式、结构和艺术造型进行设计。在跨境电商的环境中,优秀的包装设计不仅能吸引消费者的注意力,还能增强品牌的知名度和识别度。那么,如何创造出既美观又实用的包装设计呢?以下是几个核心的包装设计元素,每个元素都起着关键的作用。

首先，产品特性是包装设计的重要依据。设计师需要充分理解产品的性质和用途，然后设计出可以准确反映这些特性的包装。例如，如果产品是一款专为儿童设计的玩具，那么包装设计应该采用明亮的颜色和有趣的图案，以吸引儿童的注意力。如果产品是一款高端的护肤品，那么包装设计应该显得高雅且精致，以体现产品的高质量和尊贵感。

其次，品牌信息是包装设计的核心内容。品牌的Logo、色彩、字体和风格等元素应该在包装上得到体现，以增强品牌的辨识度。消费者在购物时，可以通过包装上的品牌信息快速识别出商品，因此，保持品牌信息的一致性对于提升品牌影响力非常重要。

包装材料也是决定包装设计效果的重要因素。包装材料需要根据产品的特性、消费者的喜好以及环保需求来选择。当今社会，环保意识日益提高，因此包装材料也应该考虑到环保因素。选择可回收、可降解的包装材料，减少过度包装，是符合时代趋势的选择。

最后，包装结构是包装设计中需要考虑的重要因素。包装结构不仅要保护产品，防止在运输过程中受到损害，同时也要方便消费者使用。因此，设计包装时必须考虑其实用性，包括产品的尺寸、形状、重量，以及环境因素等。对于易损商品（如电子产品、化妆品等），还需要考虑防震、防漏等因素。

了解了包装设计的基本元素之后，可以使用ChatGPT进行一些实际的提问，帮助我们更好地理解和应用这些元素。例如：

（1）"我的产品是一款儿童玩具，应该如何设计包装以吸引儿童的注意力？"

（2）"我的品牌信息包括Logo、色彩和字体，如何在包装设计中体现这些信息？"

（3）"我的产品是一款高端护肤品，应该选择什么样的包装材料和结构？"

（4）"我的产品是一款绿色环保的产品，如何在视觉设计上体现这个特点？"

（5）"我的产品是一款电子产品，如何在包装设计中增加防震和防静电的设计?"

总的来说,包装设计是一种深思熟虑的艺术,它需要设计师深入了解产品特性、品牌信息,以及消费者的需求和喜好。好的产品包装,会影响顾客对产品的评价,使它从众多竞品中脱颖而出。

⌂ 案例:

假设我们的产品是一款新推出的无线耳机,名为"AirSounds"。该耳机特别针对运动爱好者设计,具有防水、防汗的特性,并且拥有一流的音质。品牌形象年轻、活力、科技感强。我们想要设计一种包装,它不仅需要具有良好的防护性能和展示产品特性的能力,同时还要体现品牌的年轻和活力形象。我们将向 ChatGPT 提问以获取具体的设计建议。

> 问: 我有一款专为运动爱好者设计的无线耳机,其主打特性为防水、防汗,并且具备优质音效。品牌形象定位为年轻、充满活力和科技感。请问,对于这款耳机的包装设计,我们应该采取哪些元素和风格来吸引我们的目标顾客群体,并且如何在包装上有效地传达品牌信息?

> 答: 对于"AirSounds"无线耳机的包装设计,你可以考虑以下建议:
>
> 包装形式和结构:选择坚固的材料来保护耳机,并使用透明的窗口设计,让顾客可以直观地看到产品本身。这不仅展示了产品的设计,还提供了实物的预览,增加了信任感。
>
> 品牌元素融合:包装上应该清晰地展示品牌 Logo,使用品牌的核心色彩来设计包装的主色调。例如,如果品牌色是鲜明的蓝色和绿色,这些颜色可以用在包装的主体设计上,以体现品牌的年轻和活力氛围。
>
> 环保材料选择:鉴于你的品牌定位包括科技感,可以考虑使用环保材料作为一个卖点,比如使用可回收的塑料或纸质材料,既展示了品牌的环保责任感,也符合当下的消费者趋势。
>
> 视觉设计和文字说明:在包装正面,可以使用动态图案,如

> 呈现音波或音乐节奏的设计元素，来表现产品的音质特点。同时，应包括简洁明了的文字描述，强调产品的防水、防汗等运动性能。
>
> 　　实用性考量：考虑到目标客户群体可能在户外或运动时携带耳机，设计易于开启且便于再次封装的包装盒，方便用户在不使用时收纳耳机。
>
> 　　通过将这些建议融入包装设计中，不仅可以提升产品的吸引力，还能增强品牌形象，并在激烈的市场竞争中脱颖而出。

3.3.2　不同国家合规性包装要求

　　为了让产品在全球市场上顺利销售，了解并遵守目标市场的包装法规是至关重要的。在这个部分，我们将重点介绍亚马逊德国和法国的包装法规以及合规性包装的相关知识。

　　在德国，所有产品的包装必须符合德国包装法（VerpackG）。这一法律规定了包装设计的各种要求，包括但不限于包装材料的回收性和环保性、产品安全性以及标签信息的规定。此外，德国还对销售产品的包装物进行了细致的分类，比如销售包装、运输包装和内部包装等，并对不同类型的包装物提出了不同的处理要求。

　　在法国，产品的包装需要遵守法国环保法（Code de l'Environnement）中关于包装的条款。除了对包装材料的环保性有严格要求，法国的法律还强调了包装的功能性，比如保护产品、方便运输和销售等。此外，法国还对包装上的标签信息有严格的规定，包括必须显示产品的成分、原产地、生产日期等信息。

　　对于这些法规，商家可以通过ChatGPT来查询和了解。例如：

　　（1）"根据德国的包装法规，我应该如何设计婴儿推车的包装以满足环保和回收性的要求？"

　　（2）"如果我想在法国亚马逊上销售婴儿推车，我需要在包装上显示哪些信息？"

　　合规性包装则是指包装设计满足了目标市场所有相关法规的要求，

包括但不限于包装材料、设计、标签信息等。在亚马逊平台上，合规性包装的重要性尤其突出。例如，在设计耐用婴幼儿产品的包装时，商家需要在产品上、信息卡中和外包装上添加制造商的名称和联系信息、型号名称和编号以及制造日期等永久性标记。产品注册卡则要求商家提供更多的产品信息，并为消费者提供通过互联网或电子邮件注册产品的选择。

例如，商家可以通过 ChatGPT 查询合规性包装的问题。

（1）"我的产品是婴幼儿玩具，我应该如何设计产品注册卡？"

（2）"我的高级耳机包装是否需要包含产品注册卡以满足合规性要求？"

（3）"我的产品是耐用婴幼儿产品，我需要在包装上显示哪些永久性标记？"

总的来说，对亚马逊不同国家的包装法规，以及合规性包装的理解和遵守，是商家在亚马逊市场上顺利销售产品的保证。

案例：

Anna 是一位销售婴儿用品的商家，她正准备将其产品扩展到欧洲市场。为了确保其产品包装符合欧洲的严格法规，她特别关注德国和法国市场的合规性要求。Anna 需要对这两个国家的包装法规有深刻理解，以便设计出合规且有吸引力的包装。

> **问：** 我想销售婴儿安全座椅到德国，能否根据德国包装法（VerpackG）提供一份合规性包装的设计指南？

> **答：** 根据德国包装法（VerpackG），你的婴儿安全座椅的包装设计需要考虑到可回收性和环保性。包装材料应选择可再生和可循环利用的材料。确保所有的塑料部件标有适当的回收标志，并且包装尺寸要合理，避免过度包装。关于产品安全性，包装应能够保护产品不受运输途中的撞击和压力损害。此外，标签上需要清晰地标示产品安全使用的指导、制造商的联系信息、型号名称和

编号,以及生产日期等信息。

3.3.3 产品使用说明书和感谢信的设计

产品使用说明书和感谢信作为包装设计的重要组成部分,不仅仅是提供信息的工具,还是强化品牌形象、提升消费者体验的有力工具。下面我们将分别对这两部分进行详细的探讨。

1)产品使用说明书的设计

产品使用说明书的主要目的是提供清晰、易懂的使用指导,帮助消费者正确、安全地使用产品。在设计产品使用说明书时,以下几点值得注意。

(1)语言通俗易懂:产品使用说明书的语言应该尽可能简单明了,避免行业术语或复杂的技术语言,以便让大多数用户都能理解。

(2)图文并茂:图像是传达信息的有效方式,特别是对于复杂的步骤或操作,图解可以让用户更直观、更容易理解。

(3)问题解决指南:产品使用说明书应包含常见问题和解决方法,方便用户在遇到问题时能够快速找到解决方案。

(4)安全提示:对于可能出现的安全问题,产品使用说明书中应有明确的警示和提示。

例如,一款高级咖啡机的使用说明书可能包括如何设定各种参数、如何清洁和保养等内容;一个移动电源的使用说明书可能需要说明如何充电、如何确定剩余电量、如何安全使用等问题。

在这方面,ChatGPT可以帮助商家设计出优质的产品使用说明书:

(1)"如何用简单的语言解释咖啡机的清洁步骤?"

(2)"我的产品是一款新型的电动牙刷,我应该如何设计使用说明书,才能让消费者能够快速掌握它的使用方法?"

(3)"我的产品是一款儿童玩具,为了确保儿童和家长都能顺利上手,我应该如何设计简洁易懂的使用说明书?"

（4）"我的产品是蓝牙耳机，有哪些可能需要添加的安全提示提醒用户？"

2）感谢信的设计

感谢信的设计应当从以下几个方面来考虑。

（1）个性化：感谢信需要展现出品牌的个性，反映出商家对消费者的真诚感谢。它可以根据产品、品牌或市场定位，进行适当的个性化设计。

（2）简洁明了：尽管感谢信需要表达商家的感谢和品牌理念，但也不应过于冗长和复杂。一般来说，一封简洁、明了的感谢信更能打动消费者。

（3）引导复购和好评：在感谢消费者的同时，商家可以适当地引导消费者进行复购或留下好评。例如，可以提供折扣码，或者鼓励消费者在平台上分享他们的使用体验。

（4）提供后续服务信息：在感谢信中，提供联系方式、售后服务等信息，让消费者知道有问题时可以寻求帮助。

在这方面，ChatGPT 也可以帮助商家设计出有感染力的感谢信。例如，商家可以向 ChatGPT 提问：

（1）"如何编写一封真挚且个性化的感谢信？"

（2）"在感谢信中，我该如何提供我公司的联系方式和售后服务信息？"

（3）"我想在感谢信中提供一些优惠信息，我应该如何设计，使其既具有吸引力，又不显得过于推销？"

（4）"我的品牌走的是高端路线，我应该如何设计感谢信，来提升消费者的品牌认同感？"

总的来说，产品使用说明书和感谢信都是品牌形象建设和消费者体验提升的重要工具。一份详尽易懂的使用说明书，可以让消费者更好地理解和使用产品；而一封真诚感人的感谢信，则可以建立品牌与消费者的情感连接，提升消费者的忠诚度和满意度。

👍 案例：

假设你的产品是一款智能手表，它具备多项运动监测、睡眠追踪和智能提醒等高级功能。为了确保用户能够充分利用这些功能，你需要设计一封感谢信，表达对顾客选择此品牌的感激之情，并鼓励他们分享使用体验。

> **问：** 我想为我的智能手表品牌编写一封感谢信，如何才能使它既真诚又能体现出我们的高端品牌形象？

> **答：** 在感谢信中，首先要诚挚地感谢客户的信任和支持。使用定制化的语句，比如提到他们选择的具体型号，展示你对客户选择的关注。简洁地介绍你的品牌价值和理念，强调你对产品质量的承诺。然后，提供一些专为他们设计的售后服务信息，如VIP客户支持热线，以及如何访问专属优惠。最后，鼓励客户分享他们的体验，并提供反馈，这可以通过添加一个社交媒体标签或邀请他们加入你的客户社区来实现。确保整体设计风格和语言与你的高端品牌形象相匹配，如使用优质纸张和专业的印刷效果。

3.4 财务分析

财务分析是电商运营中的关键环节，关乎公司的盈利和存续。我们将在本节中探讨如何运用ChatGPT辅助进行财务分析，以实现更精确的预测和更理性的决策。

首先，我们将讨论如何利用ChatGPT确定产品的销售价格。我们需要考虑各种因素，包括成本、市场竞争、品牌定位等，来设定合理的产品价格，同时优化盈利和销量。

接下来，我们会使用ChatGPT进行产品成本预估和利润核算。通过对产品生产、物流、运营等方面的成本进行精确预估，并结合预期的销售价格，我们可以计算出预期的利润，从而做出更加理性的投资决策。

最后，我们将运用ChatGPT进行项目投入资金的预估。这包括产品开发、生产、运营、市场推广等方面的成本预估，从而帮助我们更好地规划公司的财务布局。

3.4.1 产品定价

在跨境电商领域,产品定价是一个至关重要的环节,它直接影响到产品的销量、利润和市场竞争力。这个过程需要综合考虑产品类型、市场竞争环境、价格区间分析、品牌定位以及销量数据等多个因素。本节将讨论如何运用 ChatGPT 在跨境电商产品定价过程中提供决策支持。

一方面,产品类型对定价方式有重要影响。跨境电商产品大致可以分为两类:通货市场产品和定制产品(私模)。

通货市场产品指的是那些在市场上广泛存在,外观、功能和材质等属性类似的产品,这类产品的价格通常由市场竞争环境决定,商品价格已被市场"定死",只能降低价格出售,上调价格通常无人买单。

定制产品(私模)是针对特定需求设计和生产的,具有独特性,其价格有较大的自由度,可根据成本、品牌定位等因素进行相对自由的定价。

定价对选品的影响,背后有更深的逻辑。首先,价格区间决定了用户是冲动消费还是理性消费。例如,低于 30 美元的产品,冲动购买因素较高。是否冲动购买决定了销售机会的大小。如果不是冲动购买,用户可能会浏览 5~10 页,并且对比产品的功能要素及评论,以及参考谷歌上的各种测评、资讯。这意味着销售机会(类目导航+搜索结果页的展示位置)比冲动购买大 1~3 倍,并且其他说服策略(软文、品牌营销)可以对用户施加影响。

再者,同一类目的产品,价格区间决定了目标用户层级,而不是我们通常理解的价格会影响用户购买决策。同样是 iPhone 14 保护壳,9~20 美元的用户群和 40~80 美元的用户群是不同的,后者是品质追求者,这一部分用户基数自然要小很多。

所以,基于价格选品时,我们不是计算商品平均价格,而是把该类产品的价格以不同区间来划分,然后看各区间的商品数量(竞争度)。如果我们希望打造爆款或有很高的市场占有率,那么一定是定位于普通人群,这也意味着一定是物美价廉。

另一方面,产品定价应该基于消费者预期。一般来说,信息不对称产品的定价较高，比如扫地机器人刚出来的时候，大家不知道它的制造成本；还有，炫耀型消费也主要基于消费者，而不是基于成本和竞争定价，如袖扣、腰带和礼品类商品。

ChatGPT 在此处可以提供数据聚合和梳理功能，帮助商家了解当前市场上同类产品的价格分布情况，以便对自身产品定价有个大概的参考。例如，用户可以这样询问：

"请为我收集当前市场上电动剃须刀的价格信息，包括平均价格、最低价格和最高价格等信息。"

接下来，我们需要对价格区间进行分析，以确定我们的定位。这可以通过拉取某一类目中前 100 名的销量和对应的售价，让 ChatGPT 为我们统计价格区间分布和销量与价格分布。为了更准确及时地获取某一类目产品的价格信息，我们通过第三方软件获取到亚马逊美国宠物背带市场前 100 名的销量和价格，如表 3.1 所示。

表 3.1 亚马逊美国宠物背带市场前 100 名销量和价格

排名	销量（个）	价格（美元）
1	2750	13.99
2	2650	13.89
3	2550	13.89
4	2220	12.49
5	1730	14.79
6	960	15.99
7	740	17.99
8	430	20.99
9	390	13.98
10	390	12.98
11	360	12.99
12	360	11.99
13	360	11.99
14	300	10.99
15	270	12.99

续表

排名	销量（个）	价格（美元）
……	……	……
96	50	9.99
97	45	10.49
98	40	8.99
99	35	9.99
100	30	8.99

此时，用户可以利用ChatGPT进行市场价格区间分析，比如这样：

> 请基于上面亚马逊宠物背带市场排名前100名的销量和价格数据，分析一下当前宠物背带市场的价格区间分布情况，给出主要的价格区间，并进一步统计和分析各价格区间的销量情况。

ChatGPT可能会给出下面回答：

> 以下是我们根据上述价格区间统计的结果：
>
> **表 产品价格统计区间：**
>
> | 价格区间（美元） | 产品数量（个） | 总销量（个） |
> |---|---|---|
> | 低于7 | 5 | 1730 |
> | 7～10 | 12 | 2220 |
> | 10～16 | 68 | 20950 |
> | 16以上 | 25 | 7700 |
>
> 从上表中可以看出，10～16美元的价格区间是主要的价格区间，产品数量最多，且总销量也是最高的。这说明在当前的宠物背带市场中，大部分消费者更倾向于购买10～16美元的产品。

在定价过程中，了解自身定位和分析竞争对手价格也非常关键。需要注意的是，低价可能是因为竞品在做活动或者在抢占市场，而高价可能是因为品牌效益。因此，用户可以这样询问ChatGPT：

> 我们的产品是私模设计的宠物背带，目标市场是高端爱宠人士。我们的主要竞品是品牌A和B，它们的产品价格分布在15美元和25美元之间。请结合前面的分析，为我提供一个适合的宠物背带的定价建议。

ChatGPT的可能答案如下：

> 在设定产品价格时，需要考虑的因素有许多，其中包括但不限于产品成本、市场定价、竞品定价、目标客户群体等。在这里，我们需要将所有这些因素结合起来，以做出一个合理的定价决策。
>
> 首先，我们已经知道，10~16美元的价格区间是目前宠物背带市场的主要价格区间，这一区间的产品数量最多，销量也最高。然而，你的产品是定向于高端爱宠人士的私模设计产品，目标市场和大众市场不同，所以无须过于担心与大众市场的价格竞争。
>
> 然后，考虑到你的主要竞品品牌A和B的产品价格分布在15~25美元，我们可以认为这是你的目标市场的主要价格区间。在这个价格区间内，你的产品价格应当既能反映出产品的高品质和独特设计，又能吸引目标客户购买。
>
> 考虑到以上因素，我会建议将你的宠物背带产品定价在18~23美元。这个价格区间既低于你的主要竞品，能增加你的产品的竞争力，又能体现出产品的高端定位。同时，相对于10~16美元的大众市场价格区间，这个价格更能体现出你的产品的独特性和价值。
>
> 最后，应该综合上述因素，结合销量数据，制定出一个既符合市场情况，又能确保利润的价格。

总的来说，通过对市场环境、竞品价格、销量数据等因素的综合考虑和分析，ChatGPT能够帮助跨境电商进行更科学、合理的产品定价。

3.4.2 成本预估和利润核算

在跨境电商的运营过程中，对成本进行精确地预估和利润核算是至关重要的。特别是在像亚马逊这样的平台上，不仅需要考虑产品成本、运费、平台佣金等传统的费用，还要考虑FBA配送费、退货成本等特殊的费用。下面，我们将通过一个具体的产品例子进行讲解，以帮助读者更好地理解成本预估和利润核算的过程。

我们以一款电视盒子为例。首先，我们需要考虑以下几个成本：

（1）产品成本：产品成本包括硬件和软件的成本，需要注意的是这里的成本应该是在目的地市场上的实际成本，即包括生产成本、包装费用以及可能的研发、广告、工资和日常开销等其他费用。假设该电视盒子的产品成本为100元。

（2）平台佣金：这是电商平台对销售额收取的一部分费用。在亚马逊上，这部分费用通常是实际销售价格的8%。以此为基础，我们可以根据预期的销售价格计算出这部分的费用为8元。

（3）头程运费：这部分费用是将产品从工厂运送到亚马逊仓库的费用，通常使用DHL等快递服务。为了方便计算，我们将其按照产品重量计算，使用单位重量的运费乘以产品重量。例如，如果DHL的运费是39元/kg，产品重量是1kg，则这部分费用就是39元。

（4）FBA配送费：FBA是亚马逊提供的一项服务，该服务可以帮助卖家将存储、包装、运输、客户服务等任务全部交给亚马逊处理。使用FBA的卖家需要支付一定的费用，包括分拣包装费、订单处理费等。根据产品的大小和重量，这部分费用在美国站点为大约4.4美元。

（5）退货成本：亚马逊有一个较为宽松的退货政策，这对于卖家来说是一笔额外的成本。我们可以通过后台报表得出每个月的退货率，并将其考虑在内。例如，如果我们的电视盒子产品的退货率为10%，那么每销售一个产品，就需要额外考虑销售价格的10%作为退货成本。

（6）运营成本：这包括了日常的运营支出，例如广告成本、促销活动等，一般我们会把广告成本控制在售价的15%。

基于以上所有的费用，我们可以得到一个成本计算公式：

总体成本 = 产品成本 + 平台佣金（售价×8%）+ 头程运费 + FBA配送费 + 退货成本（售价×10%）+ 运营成本（售价×15%）

有了成本的预估，我们就可以进一步进行利润的核算。例如，我们可以通过以下公式计算产品的毛利润：

毛利润 = 销售额 – 总体成本 = 销售价格 – 产品成本 – 平台佣金（售价×8%）– 头程运费 – FBA配送费 – 退货成本（售价×10%）– 运营成本（售价×15%）

在计算利润时，我们需要首先确定我们的销售价格。销售价格应该足以覆盖所有的成本并且提供一定的利润，但是也不能太高，否则可能会失去竞争力。我们可以通过尝试不同的价格来计算出相应的利润率，从而找到一个既能保证利润又具有竞争力的价格。

例如，我们可以使用以下的公式来计算在不同销售价格下的利润率：

毛利率 = (销售价格 – 成本) / 销售价格 × 100%

假设我们设定的销售价格为 86.84 美元，那么我们的毛利率为：

毛利率 = (86.84 – 成本) / 86.84 × 100%

我们可以让 ChatGPT 先计算出成本，再计算出真正的毛利润和毛利率。我们可以向 ChatGPT 提问：

> 假设电视盒子产品成本为人民币 100 元，头程运费为人民币 39 元，FBA配送费为 4.4 美元，现在我们设定在该产品在亚马逊的售价为 86.84 美元，请算出该产品毛利润和毛利率。

ChatGPT 可能会给出以下回答：

> 我们首先需要将人民币转换为美元以进行计算。假设当前的汇率是 1 美元 = 6.5 元人民币（这个汇率是个示例值，实际计算时你需要使用当前实时汇率），那么：
>
> 产品成本 = 人民币 100 元 / 6.5 ≈ 15.38 美元
> 头程运费 = 人民币 39 元 / 6.5 ≈ 6 美元
> 根据上述数据，我们可以按照之前的公式来计算毛利润：
> 销售价格 = 86.84 美元
> 平台佣金 = 销售价格 × 8% = 86.84 美元 × 0.08 = 6.95 美元
> 退货成本 = 销售价格 × 10% = 86.84 美元 × 0.10 = 8.68 美元

> 运营成本＝销售价格×15%＝86.84 美元×0.15＝13.03 美元
> 因此，毛利润＝销售价格－产品成本－平台佣金－退货成本－头程运费－FBA 配送费－运营成本＝86.84－15.38－6.95－8.68－6－4.4－13.03＝32.4（美元）。
> 毛利率则为毛利润／销售额×100%，即毛利率＝毛利润／销售价格×100%＝32.4／86.84×100%≈37.31%。

我们可以通过调整销售价格来获得一个合理的毛利率。一般来说，我们建议的毛利率应在 30%～50%，这样在除去任何开销的情况下一般都可以保证有 20%～40% 的净利率并且保持一定的价格竞争优势。

此外，对于使用 FBA 服务的卖家，还需要考虑到仓库存储费。这部分费用按产品的体积计算，对于电视盒子产品，其仓库存储费大约为每台每月 0.06～0.14 美元，具体取决于产品的尺寸。

综上，我们可以设计一些问题，利用 ChatGPT 来帮助我们进行成本预估和利润核算，例如：

（1）"请计算在销售价格为 × 美元时的毛利率。"

（2）"如果产品成本上升 5%，我应该将销售价格提高到多少才能保持原有的利润水平？"

（3）"如果退货率上升到 15%，我们需要将销售价格提高到多少才能维持当前的毛利率？"

（4）"考虑到亚马逊的平台佣金、FBA 配送费和退货成本，我们的净利润是多少？"

（5）"如果我们选择增加广告投入，这将如何影响我们的毛利率和净利润？"

（6）"如果我希望保持至少 40% 的毛利率，我应该将销售价格设定为多少？"

（7）"如果我希望在各种费用考虑完后，每个产品至少有 × 美元的净利润，那么我的销售价格应该是多少？"

总而言之，通过对亚马逊的运营成本的详细分析，以及使用 ChatGPT

进行的实际操作，我们能够更准确地预测产品的成本和利润，从而对产品的销售价格和市场策略做出更好的决策。

3.4.3 项目投入资金预估

投入资金预估是商业计划的重要环节，尤其在跨境电商领域。理解与估算项目投入资金，能够帮助企业做出明智的商业决策，提高投资回报率，同时减少因资金短缺而导致的项目失败风险。

项目投入资金预估包含多个层次的内容，从产品研发、采购、生产、库存备货到物流配送，再到市场推广、售后服务等，都需要进行详细的资金预算。此外，考虑到跨境电商业务中的货币汇率风险、政策风险等因素，还需要设立一定比例的应急资金。

下面我们以电视盒子这个产品为例，分步骤详细介绍如何进行项目投入资金预估，以及使用ChatGPT来辅助预估工作。

1. 产品研发与采购

产品研发与采购是首个需要预估的环节。产品研发费用包括产品设计、原型制作、测试等费用。我们假设电视盒子的产品研发费用为100000元。

产品采购费用包括产品成本和采购相关的其他费用，如质量检测费、采购服务费等。假设每个电视盒子的成本为100元，我们计划采购1000个电视盒子，那么产品采购费用就是100000元。

你可以使用ChatGPT来辅助预估研发和采购费用，例如提问：

（1）"产品研发费用一般占项目总投入的多少比例？"

（2）"能否提供一个100元成本的电视盒子采购1000个的费用预估？"

2. 物流配送

物流配送费用主要是产品的头程运费配送费用。我们假设头程运费为39元/个，美元兑人民币的汇率为6.5。因此，1000个电视盒子的总空运配送费用为39000元。

你可以使用ChatGPT来辅助预估物流配送费用，例如提问：

(1)"如何预估头程运费？"

(2)"如何计算FBA配送费用？"

(3)"如果每个电视盒子的头程运费为39元，我需要预留多少物流配送费用用于采购1000个电视盒子？"

3. 市场推广

市场推广费用主要包括产品的广告费用和市场营销活动的费用。这个费用因为产品的销售渠道、目标市场、市场策略等因素，差异可能会很大。我们可以假设市场推广费用占销售额的15%。

你可以使用ChatGPT来辅助预估市场推广费用，例如提问：

(1)"市场推广费用一般占销售额的多少比例？"

(2)"如果预期销售额为1000000美元，我需要预留多少市场推广费用？"

4. 备货资金

备货资金是为了保证充足的库存以满足市场需求而预先准备的资金。在跨境电商中，备货资金往往需要考虑以下几个方面。

海外仓库存成本：企业为保证充足库存所投入的资金，包括购买商品的费用、仓储费用等。

在途库存成本：由于国际运输时间较长，企业需要为在运输途中的商品预留一定的资金。

预订库存成本：为了避免供应商的供应不足或交货延迟，企业需要提前向供应商下单，这部分也需要预先准备资金。

如果我们预期每月销售1000个电视盒子，每个成本为100元，那么为了避免断货，我们需要备足3倍的库存，即需要为亚马逊仓库备货、在运输途中的商品和从工厂预订的商品分别备货1000个，总计3000个。那么备货资金为3000×100元=300000元。

我们可以设计一些基于ChatGPT的提问，这有助于我们对各个环节的资金需求进行明确和精确。以下是一些例子：

(1)"如果每月销量为M件，产品成本为N元，头程运费为P元，我们需要多少资金来备货？"

（2）"考虑到产品在运输途中需要Z天的时间，产品成本为Y元，我们需要预留多少在途库存资金？"

（3）"如果产品需要预订，预订周期为R天，产品成本为T元，我们需要预留多少预订库存资金？"

（4）"综合以上因素，我们的总备货资金应该是多少？"

5. 应急资金

应急资金是预防电商平台政策风险、运营风险等不确定因素的重要手段。我们可以假设应急资金占项目总投入的10%。

你可以使用ChatGPT来辅助设定应急资金，例如提问：

（1）"应急资金一般应设定为项目总投入的多少比例？"

（2）"如果项目总投入为1000000元，我需要预留多少应急资金？"

通过以上的预估，我们可以得到项目的总投入预估。然后，结合预期的销售额和毛利率，可以进一步评估项目的投资回报率，以便做出更明智的商业决策。使用ChatGPT可以大大提高预估的效率和准确性，为项目成功奠定坚实的基础。

案例：

以一个跨境电商卖家计划销售的电视盒子项目为例，来演示如何进行项目投入资金的预估。该卖家打算在市场上推出一款新型智能电视盒子，目标市场为美国。初步计划是第一批采购1000个单位，准备在亚马逊上销售。现在需要估算出产品研发、采购、物流配送、市场推广、备货资金以及应急资金等相关成本。

> **问：** 假设我们的电视盒子在美国市场的零售价定为每个150美元，根据你的经验，一个新的电视盒子项目的产品研发费用一般是多少？

> **答：** 电视盒子项目的产品研发费用会根据复杂性和所需功能的不同而有较大差异。一般来说，对于小型至中型项目，产品研发费

用可能占项目总投入的 10% 到 20%。如果电视盒子功能较为复杂，需要的研发时间和技术要求较高，则成本可能会更高。以你提供的零售价和数量来估算，如果零售价为每个 150 美元，总销售额为 150000 美元，那么研发费用为 15000 到 30000 美元。

第 4 章
基于 ChatGPT 的 Listing 优化

在本章中,我们将详细探讨如何运用 ChatGPT 技术为你的产品 Listing 提供全面的优化方案。本章包含以下几个部分:
- 关注 ChatGPT 在标题、描述与关键词优化上的应用。
- 运用 ChatGPT 进行竞品 Listing 重写。

通过本章的学习,你将掌握如何运用 ChatGPT 技术在各个方面优化 Listing,从而为你的电商业务带来更大的价值和竞争优势。

4.1 产品基础信息优化

在亚马逊上,产品标题、描述和关键词的优化是至关重要的,因为它们可以影响产品的搜索排名和吸引更多的潜在客户。ChatGPT 可以通过自动生成关键词和描述来提高亚马逊产品的可见性和销量。下面是 ChatGPT 在亚马逊产品标题、描述和关键词优化上的应用。

4.1.1 产品标题优化

产品标题是亚马逊搜索结果中最重要的元素之一。一个好的产品标题应该包含重要的关键词和商品的主要特点。ChatGPT 可以通过分析竞争产品和相关搜索词来自动生成最佳的产品标题。ChatGPT 可以理解用户的搜索意图，根据用户的需求生成能够吸引注意力的标题。下面是一个提问示例：

> 为内置蓝牙连接的麦克风创建一个引人注目的亚马逊英文产品名称。
>
> 标题应遵循以下公式：品牌 + 核心关键词 + 独特功能/差异化因素 + 目标受众 + 产品属性。
>
> 请确保标题突出麦克风的主要功能和优点，例如其高质量的录音功能、易用性以及与各种设备的兼容性。
>
> 此外，请确保标题简洁易记，便于潜在客户在亚马逊上记住和搜索。

ChatGPT 的回答可能如下：

> 品牌：BlueMic
> 核心关键词：Bluetooth 麦克风
> 独特功能/差异化因素：高清晰度录音、通用兼容性、无线便捷性
> 目标受众：专业人士、博客作者、流媒体人员、远程会议参与者
> 产品属性：可充电、噪声消除、多功能按钮
> 亚马逊英文产品名称：BlueMic ClearCast Bluetooth Microphone for High Definition Recording and Universal Compatibility with Rechargeable Battery, Noise Cancelling, Multi-Function Button - for Professionals, Bloggers, Streamers, and Remote Meeting Participants.

以上给 ChatGPT 的提示指令，提供了有关如何创建有效的英文亚马逊产品标题的明确指南，同时突出了麦克风的重要功能。它还强调简洁性和易记性，这是创建成功产品标题的关键因素。总的来说，一个好的提示指令提供了更具可操作性的指导，将帮助 ChatGPT 创建更好的标题，从竞争对手中脱颖而出。

4.1.2 产品描述优化

产品描述是向潜在客户展示产品特性的关键。ChatGPT可以自动生成优秀的产品描述,以帮助提高销量。ChatGPT能够理解商品的特点,并在描述中呈现出来。它可以为每个产品生成独特的描述,让潜在客户更好地了解产品的特点和优势。ChatGPT还可以利用自然语言处理技术,确保生成的描述自然流畅。

例如,如果想让ChatGPT优化一款水彩笔的产品描述,那么我们可以这么问:

> 你的任务是为亚马逊销售水彩画笔创建产品Listing。
> Listing应包括5个要点和详细的产品描述,突出产品的主要功能和优势。
> 在要点中包括以下数据:
> 一套12把刷子
> 3种不同尺寸:小号、中号、大号
> 黑色塑料外壳
>
> 要提及的关键词:
> 对于初学者
> 高吸收
> 一致的流程
> 无脱落
>
> 5个要点请遵循以下格式:
> PRODUCT BENEFIT = Detailed Description

ChatGPT的回答可能如下:

> - HIGH ABSORPTION = These watercolor paint brushes have high absorption, allowing you to use less paint and create

more vibrant colors.

    - CONSISTENT FLOW = The brushes provide a consistent flow of water and paint, making it easier for beginners to achieve the desired effect.

    - NO SHEDDING = These brushes are made with high-quality materials that prevent shedding, ensuring that your painting experience is mess-free.

    - NO FLAKING = The brushes are designed to prevent flaking, so you can create smooth and even strokes without any interruptions.

    - BLACK PLASTIC CASE = The set comes with a black plastic case that keeps the brushes organized and protected when not in use.

Product Description:

    Whether you're a beginner or an experienced artist, these watercolor paint brushes are perfect for anyone looking to elevate their painting game. This set includes 12 brushes of three different sizes - small, medium, and large - so you can choose the right brush for the job. The high absorption of these brushes means you can use less paint while still achieving vibrant colors. Additionally, the consistent flow ensures that your painting experience is smooth and easy. Made with high-quality materials, these brushes don't shed or flake, making them ideal for any project. And when you're done painting, simply store them in the included black plastic case for safekeeping. Whether you're creating a masterpiece or just having fun experimenting with watercolors, these paintbrushes will help you achieve your artistic vision with ease.

在以上的ChatGPT提示指令中，我们通过提供关于要点和产品描述中需要包含的内容给出了明确指南。它指定了刷子尺寸和存储选项等重要细节，同时强调了高吸收性、稳定流动、不脱落等关键优势。此外，它还规定了 5 个要点输出的固定格式。通过细致而具体的描述，ChatGPT 才能够在这些准则范围内发挥创造力，创造更高效用。

4.1.3　关键词优化

在亚马逊上，关键词是搜索的重要元素。ChatGPT可以通过分析竞争市场情况和相关搜索词，自动生成最佳的关键词列表。同时，ChatGPT可以根据产品类别和特点，为卖家提供相关的关键词建议，以便卖家将这些关键词添加到产品标题、描述、后台搜索词等位置。通过运用ChatGPT进行关键词优化，卖家可以提高产品在亚马逊平台上的搜索排名，吸引更多潜在买家，从而提高销售业绩。

例如，想用ChatGPT分析一下产品竞争的关键词，我们可以这样提问：

> 作为亚马逊卖家，你的任务是分析 Bedside table 的竞争情况，并生成一个包含 10 个具有竞争力的英文关键词的列表。
>
> 这些关键词可以提高产品点击率、销售排名和整体销售额。关键词应与产品及其功能相关，同时也应被潜在客户在搜索查询中常用。
>
> 你的关键词列表应该针对搜索引擎算法和客户偏好进行优化。请确保每个关键词准确反映你产品的优势和特点，同时足够具体以避免吸引不相关的点击。

ChatGPT 可能会有以下回答：

> 作为亚马逊卖家，为 Bedside table 生成具有竞争力的英文关键词，我将结合竞争情况和潜在客户常用的搜索查询来确定以下 10 个关键词：
> 1. Bedside table
> 2. Nightstand
> 3. Bedside cabinet

4. Bedside shelf
5. Bedside drawer
6. Bedside lamp
7. Small bedside table
8. Wooden bedside table
9. Modern bedside table
10. Rustic bedside table

解释：

1. Bedside table: 该关键词是产品的名称，能够确保在搜索引擎中被潜在客户找到。

2. Nightstand: 同义词，用于描述 Bedside table 的功能，可以吸引更多的潜在客户。

3. Bedside cabinet: 同义词，用于描述 Bedside table 的功能，可以吸引更多的潜在客户。

4. Bedside shelf: 同义词，用于描述 Bedside table 的功能，可以吸引更多的潜在客户。

5. Bedside drawer: 同义词，用于描述 Bedside table 的功能，可以吸引更多的潜在客户。

6. Bedside lamp: 描述 Bedside table 的附加功能，能够提高产品的附加值和吸引力。

7. Small bedside table: 描述 Bedside table 的尺寸，吸引那些需要小型家具的潜在客户。

8. Wooden bedside table: 描述 Bedside table 的材料，吸引那些喜欢木制家具的潜在客户。

9. Modern bedside table: 描述 Bedside table 的风格，吸引那些喜欢现代风格家具的潜在客户。

10. Rustic bedside table: 描述 Bedside table 的风格，吸引那些喜欢乡村风格家具的潜在客户。

这些关键词包含了 bedside table 的常见搜索词和竞争产品的特征。

> 其中，nightstand、bedside cabinet、bedside drawer、bedside shelf等都是bedside table的同义词和相关词汇，可以吸引更多的潜在客户。另外，bedside lamp、bedside clock、bedside tray、bedside charging station等关键词可以增加产品的附加值，吸引更多的购买者。最后，颜色和材料也是潜在客户关注的因素，因此，wooden bedside table、white bedside table、black bedside table、modern bedside table、rustic bedside table、industrial bedside table、metal bedside table等关键词也可以增加产品的可见性和吸引力。

以上的提示命令，为我们提供了清晰地指导。它强调了针对搜索引擎和客户偏好优化这些关键词的重要性，同时提供了有关如何在产品列表中有效使用它们的明确说明。总体而言，该提示命令可以帮助对希望通过提高点击率来提高销售排名的卖家进行更有效的优化工作。

4.1.4 利用关键词工具进行关键词优化

关键词在整个亚马逊运营流程中起着核心作用。精确且高效的关键词库为Listing的构建提供了基础，在后续的广告优化中具有重要意义。借助市面上的一些优秀的关键词挖掘工具，我们可以快速地从核心词出发，通过挖掘亚马逊上的实时产品数据和用户搜索数据，批量拓展相关关键词和长尾词，智能地建立精准关键词库，并挖掘潜在的细分市场。下面向大家演示如何利用卖家精灵的关键词挖掘功能实现这一目标。

假设大家对卖家精灵的操作有一定了解，并且已经安装上了卖家精灵的浏览器插件。因此，只展示核心的操作步骤。在美国亚马逊首页搜索"bedside tables"，进入搜索结果页。在这里我们打开卖家精灵插件，如图4.1所示为卖家精灵的关键词挖掘界面。

接着，进行三步操作：第一步，单击卖家精灵插件的顶部菜单"关键词挖掘"板块；第二步，单击底部菜单"高频词"按钮，界面会弹出所有统计好的高频词列表的窗口；第三步，单击底部菜单"导出"按钮，我们将下载得到一个"KeywordMining-US-bedside tables(3000).xlsx"的表格文件。

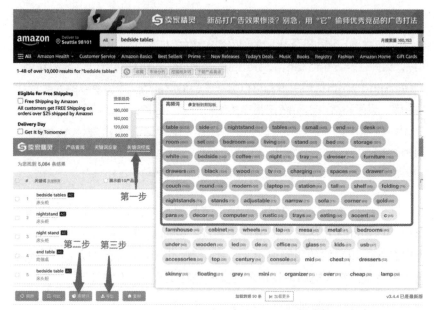

图 4.1 卖家精灵插件的关键词挖掘界面

打开这个表格文件，数据如图 4.2 所示。

关键词	关键词翻译	AC推荐词	相关度	ABA排名	月搜索量	SPR	标题密度	购买量	购买率	商品数
bedside tables	床头柜	Y	100	596	160,153	390	9	1,665	1.04%	10,38
nightstand	床头柜	Y	100	157	295,533	691	57	2,896	0.98%	11,07
night stand	床头柜	Y	80.4	859	138,987	338	1	1,945	1.40%	9,09
end table	终端桌	Y	73.5	1,012	139,331	339	53	1,978	1.42%	3,35
bedside table	床头柜	Y	72	6,637	35,443	94	36	460	1.30%	10,33
side table	边桌	Y	69.8	727	151,337	368	52	2,239	1.48%	12,92
bed side tables	床头柜	Y	61.4	213,161	1,710	29	0	25	1.51%	6,75
nightstands	床头柜	Y	60.3	3,481	57,884	148	3	364	0.63%	9,02
side tables bedroom	卧室边桌	Y	56.6	6,909	34,773	92	0	552	1.59%	13,09
night stands	床头柜	Y	49.7	8,640	30,089	84	14	246	0.82%	9,15
night table	睡桌	Y	48.7	99,541	3,547	31	0	100	2.83%	10,64
small nightstand	小床头柜	Y	47.6	23,141	14,672	59	2	256	1.75%	9,42
small bedside tables	小床头柜	Y	47.6	47,265	6,926	39	0	156	2.26%	8,28
table	桌子	Y	46.6	1,036	136,071	331	58	802	0.59%	130,65
nightstand table	床头柜桌	Y	43.9	457,246	768	22	0	20	2.71%	91,03
nightstand with charging stat	带充电桩的床头柜	Y	43.4	7,067	33,850	95	28	331	0.98%	2,61
small table	小桌子	Y	42.9	3,709	53,836	138	0	1,001	1.86%	46,10
small bedside table	小床头柜	Y	42.3	193,529	1,889	26	0	60	3.22%	8,28
nightstands set of 2	床头柜 2 件套	Y	41.3	785	146,161	356	22	1,739	1.19%	5,12

图 4.2 关键词挖掘“bedside tables”相关高频词列表

该列表展示了所有有关 beside tables 的关键词，多达 3000 条。在这里，我们只选前 20 个高频关键词。接着，我们可以利用 ChatGPT 将高频关键词列表创建为一组 5 个要点，该提示命令如下：

> 请为 bedside tables 的新亚马逊产品创建一组 5 个要点。
> 5 个要点应包括以下关键词：bedside tables, nightstand, end table, side table, bed side tables, nightstands, side tables, bedroom night stands, night table, small nightstand, small bedside tables, table nightstand, table nightstand with charging station, small table, small bedside table and end tables (set of 2)。
> 你的要点应以信息丰富且引人入胜的方式突出产品的主要功能和优势。
> 请提供有关床头柜设计和功能的具体细节，以帮助潜在客户做出明智的购买决定。

ChatGPT 可能的回答如下：

> - Versatile and practical: Our set of 2 bedside tables can be used as nightstands, end tables, side tables or small bedside tables to add functionality and style to any bedroom.
> - Space-saving design: Measuring at 18"L×14"W×24"H, our small nightstand is perfect for those who need a compact solution without sacrificing storage space.
> - Convenient charging station: Our table nightstand with charging station includes 2 USB ports and an AC outlet, making it easy to charge your devices while you sleep.
> - Sturdy and durable: Made from high-quality materials, our bedroom night stands are built to last. The solid wood construction ensures stability, while the smooth finish adds a touch of elegance to any decor.
> - Easy assembly: Our side tables come with all the

> necessary hardware and instructions for a quick and hassle-free setup. Enjoy your new bedside tables in no time!

该提示命令首先列出通过关键词挖掘工具获得的所有关键词，接着要求写出充实又引人入胜的信息，同时突出产品的主要功能和优势。此外，它鼓励向潜在客户展示产品的功能和细节。总的来说，这种优化的提示有助于确保亚马逊卖家制作出引人注目的亚马逊Listing，从而有效地推广他们的产品。

4.2 竞品Listing重写

在跨境电商市场，尤其是在亚马逊这样的巨头平台上，竞争是非常激烈的。为了让你的产品在竞品中脱颖而出，学会运用ChatGPT重写竞品Listing是十分重要的。本节将带你深入了解如何运用ChatGPT技术在亚马逊竞品Listing重写中发挥作用。

4.2.1 学习竞品的写作风格和描述习惯

在进行Listing重写之前，首先需要让ChatGPT了解并学习竞品的写作风格和描述习惯。以下是一些建议。

（1）竞品分析：收集并整理5~10个竞品的Listing，研究它们的标题、卖点、描述以及其他关键信息，从中找出常见的写作风格和描述习惯。

（2）文本输入：将整理好的竞品Listing输入ChatGPT中，让模型了解和学习这些Listing的特点。

（3）关键词优化：从竞品Listing中提取关键词，针对性地训练ChatGPT，使其更好地理解这些词在描述产品时的作用。

（4）训练样本：为ChatGPT提供一些优秀的Listing样本，让模型学会如何撰写吸引人的产品描述。

比如，我们销售的是一款充电宝。首先在亚马逊上搜索power bank，通过搜索结果页大概得知该品类下的品牌为 Anker。我们挑选其中的多个 Listing 让 ChatGPT 进行学习。下面让 ChatGPT 进入角色状态,问:

> 现在请你扮演一位亚马逊卖家,拥有 3 年以上的卖货经验,擅长卖电子产品,并且有着良好的售后服务意识,对产品的复购率也很看重。如果你已理解你的身份,请回复 kuajingpm。

ChatGPT 回答:

> kuajingpm

在这里为了演示方便,我只取 Anker 的其中一款充电宝 5 个要点复制下来,让 ChatGPT 了解和学习这个 Listing 的特点。我们继续问:

> 请模拟这个亚马逊卖家的语言风格和描述习惯,提炼出该卖家产品的主要内容,理解这些词在描述产品时的作用。以下是该产品在亚马逊上的描述:
> Quality Throughout:Built adventure-tier touch with superior durability and scratch resistance, PowerCore Slim 10000 is premium both inside and out.
> Slim Size, Big Power:One of the slimmest and lightest 10000mAh portable chargers on the market. Provides 2.25 charges for iPhone 12, 1.6 charges for Galaxy S20 and 1.2 charges for iPad mini 5.The two input ports may not be used at the same time. The USB-C input port has no output function.
> Versatile Charging: Anker's exclusive PowerIQ and VoltageBoost technology combine to detect and deliver a tailored charge up to 12W, while the trickle-charging mode is the best way to charge low-power devices.
> Superior Safety:Anker's comprehensive MultiProtect safety system includes overcharge protection, short circuit

> protection, temperature control, and more.
> What You Get: PowerCore Slim 10000 portable charger, Micro USB cable (to charge the power bank, USB-C cable and Lightning cable not included), welcome guide, 18-month warranty, and friendly customer service
> 请注意,在提炼产品内容时,请尽可能保留原始语言中的关键信息和特定要求。
> 提炼模拟完成后,请回复kuajingpm。

ChatGPT回答如下:

> kuajingpm

以上是训练ChatGPT的过程。我们可以不断找出一些优秀的竞品描述,输入给ChatGPT进行训练。训练的目的是让ChatGPT直接学习和使用这些优秀竞争对手的卖货思维和文案技巧,将同等甚至更优的卖货能力,转化为自己的内力,进而提升自己的店铺水平。

4.2.2 模仿并撰写中英文两个版本产品描述

在ChatGPT学习了竞品的写作风格和描述习惯后,可以开始利用它来撰写中英文两个版本的产品描述。操作步骤如下所示。

(1)提供产品信息:向ChatGPT提供你的产品的关键信息,包括产品名称、特点、优势等。

(2)生成描述:利用ChatGPT撰写出符合竞品写作风格和描述习惯的产品描述,包括中文和英文两个版本。

(3)修改优化:在生成的描述基础上,结合实际情况进行修改和优化,使其更加符合目标市场的需求。

(4)反馈学习:在使用过程中,不断向ChatGPT提供反馈,以便模型不断学习和进步。

以下是提示命令示例：

> 请使用高度相似的风格和语言习惯，为一款手持式无线麦克风编写中文和英文两个版本的产品描述，以便在亚马逊平台上销售。该产品具有以下特点：可重复充电、噪声消除和多功能按钮。独特卖点：高清晰度录音、通用兼容性和无线便捷性。
> 请确保语言清晰易懂，以吸引客户购买。

ChatGPT可能这样回答：

> 英文产品描述：
> Experience Premium Audio Quality & Wireless Convenience: This handheld wireless microphone delivers high-definition recording, universal compatibility, and wireless convenience, providing a professional audio experience.
> Recharge Anytime, Anywhere: The rechargeable design ensures you can enjoy the convenience of a wireless microphone whenever and wherever you need it.
> Exceptional Noise Reduction: With advanced noise-canceling technology, you'll experience pure, clear sound performance.
> One Button, Multiple Functions: The unique multifunctional button allows for easy recording, playback, and pausing, making it suitable for various occasions.
> Universal Compatibility: Compatible with a wide range of devices, including smartphones, tablets, and computers, allowing you to connect effortlessly wherever you are.
> 中文产品描述：
> 尽享专业音质，体验无线便捷：这款手持式无线麦克风为你提供高清晰度录音、通用兼容性以及无线便捷性，带来专业级音频享受。
> 随心充电，无忧使用：可重复充电设计，让你随时随地都能享受到无线麦克风的便利。

> 高效降噪，纯净音质：采用先进的噪声消除技术，呈现出更纯净、更清晰的声音表现。
>
> 一键多功能，适应场合：独特的多功能按钮，轻松实现录音、播放、暂停等功能，适应各种场合需求。
>
> 广泛兼容，轻松连接：支持各类设备，包括智能手机和计算机，让你无论身处何处都能轻松连接。

得到这份中英文产品描述后，我们应该仔细检查，是否符合我们产品的实际情况和要求，对描述进行修改优化，使其真正适用于市场。同时，我们应该不断向ChatGPT提供修改反馈，使得模型越来越清晰地知道我们想要的答案。

4.2.3　翻译成不同语言版本

为了让你的产品在全球市场中具有更强的竞争力，可以利用ChatGPT将产品描述翻译成多种语言。以下是一些建议。

（1）选择目标语言：根据你的销售目标市场，选择需要翻译的语言。通常，建议选择至少8种主要的语言，例如英语、法语、德语、西班牙语、意大利语、日语、韩语和葡萄牙语。

（2）翻译优化：使用ChatGPT将中英文描述翻译成目标语言。注意，仅依赖模型生成的翻译可能不足以满足高品质的Listing要求，建议进行人工检查和优化。

（3）文化适应：在翻译过程中，需要考虑目标市场的文化差异和消费者习惯。对于涉及尺寸、颜色、习惯等方面的信息，需要进行相应的调整。

（4）多元化展示：将翻译后的产品描述分别应用于不同语言区域的亚马逊平台，以提高产品的全球知名度和市场份额。

（5）评估反馈：定期对Listing在不同语言区域的表现进行评估。对于效果不佳的描述，可以收集用户反馈，了解问题所在，然后再次运用ChatGPT进行优化。

以下是ChatGPT提示命令，为了减少答案的字数，以标题替代描述的生成：

> 你的任务是为以上提供的英文产品标题生成8种不同的语言版本，每种版本都针对特定的文化和语言量身定制。所有版本的语言风格都应相似，但所用的表达方式应反映每个目标受众的文化差异和偏好。
>
> 请提供以下语言的翻译：西班牙语、法语、德语、日语、中文（普通话）、阿拉伯语、葡萄牙语和俄语。每个翻译版本都应准确传达与原始提示相同的信息，同时在文化上适合其目标受众。
>
> 你的回答应该证明你在不同语言之间的翻译能力，同时考虑到语法、句法、词汇和文化规范的差异。

ChatGPT回答如下：

> 西班牙语产品标题：Micrófono Inalámbrico de Mano, Recargable, con Cancelación de Ruido y Botón Multifuncional - Grabación de Alta Definición, Compatibilidad Universal y Comodidad Inalámbrica
>
> 法语产品标题：Microphone sans fil portable, rechargeable, avec réduction de bruit et bouton multifonction - Enregistrement haute définition, compatibilité universelle et commodité sans fil
>
> 德语产品标题：Handmikrofon, wiederaufladbar, mit Geräuschunterdrückung und Multifunktionstaste - High-Definition-Aufnahme, universelle Kompatibilität und kabellose Bequemlichkeit
>
> 日语产品标题：充電式ハンドヘルドワイヤレスマイク、ノイズキャンセリング&マルチファンクションボタン - 高精細録音、汎用性のある互換性、ワイヤレスで便利
>
> 中文（普通话）产品标题：手持式无线麦克风，可充电、降噪、多功能按

钮-高清晰度录音，通用兼容性，无线便捷

阿拉伯语产品标题：ميكروفون لاسلكي محمول، قابل لإعادة الشحن، مع إلغاء الضو وزر متعدد الوظائف - تسجيل عالي الوضوح،توافق عالمي وراحة لاسلكية

葡萄牙语产品标题：Microfone Sem Fio de Mão, Recarregável, com Cancelamento de Ruído e Botão Multifuncional - Gravação em Alta Definição, Compatibilidade Universal e Conveniência Sem Fio

俄语产品标题：Портативный беспроводной микрофон, перезаряжаемый, с шумоподавлением и многофункциональной кнопкой - высококачественная запись, универсальная совместимость и беспроводное удобство

以上提示提供了关于如何根据不同文化和语言定制产品描述的清晰说明。它指定需要翻译哪些语言，并强调每次翻译必须准确传达与原始提示相同的信息，同时在文化上适合其目标受众。总的来说，这使模型更容易理解对他们的翻译期望，并确保最终翻译在各自市场中准确有效。

通过以上三个小节的介绍，你应该对如何利用ChatGPT技术在亚马逊竞品Listing重写中发挥作用有了更清晰的了解。在实践过程中，不断调整优化，让ChatGPT为你的跨境电商事业增添竞争力。

第 5 章
基于 ChatGPT 的广告投放和优化

在亚马逊电商平台上,广告投放和优化是卖家实现产品曝光、提高销量和品牌知名度的重要途径。本章将指导你如何在亚马逊上用广告和 ChatGPT 提升产品销量。本章主要包含以下几个方面:
- 详解广告运作方式,包括各种推广形式和关键指标等。
- 学习如何策划和管理你的广告活动。
- 利用 ChatGPT 工具来优化广告关键词和效果。

通过本章的学习,卖家将能够更好地理解亚马逊广告的运作机制,并掌握如何运用 ChatGPT 来优化广告策略,从而提高广告效果和销售业绩。

5.1 亚马逊广告是如何运作的

在本节中,我们将详细探讨亚马逊广告的基本运作原理,为卖家提供一个广告投放和优化的知识框架。我们将首先介绍亚马逊广告的基本推广形式,以便卖家了解不同类型的广告以及它们的特点。接着,我们将探讨广告投放过程中的重要指标,如点击率、转化率、广告费用销售比等,这些指标将帮助卖家有效评估广告效果并进行优化。

我们还将讨论 PPC(Pay-Per-Click,按点击付费)广告的优缺点,以帮助卖家全面了解这种广告模式的特性和适用场景。之后，我们将深入了解广告结构，包括广告活动、广告组和广告之间的关系，以便卖家能够灵活地管理和调整广告策略。最后，我们将研究关键词和匹配类型的概念，为卖家提供有关如何选择和优化关键词的指导。

通过学习本节内容，卖家将能够建立起一个扎实的亚马逊广告基础，为后续的广告策略制定和优化工作打下良好基础。

5.1.1 亚马逊广告推广形式

亚马逊广告是一种在线推广服务，旨在帮助卖家在亚马逊电商平台上提高产品和品牌的曝光度、销量以及品牌知名度。通过使用不同类型的广告推广形式，卖家可以针对特定的目标客户、关键词和购买意图进行精确的定位和投放。以下是亚马逊广告的主要推广形式介绍及示例。

（1）Sponsored Products（SP，赞助产品）广告：这是亚马逊最常见的广告类型之一，主要针对单个产品进行推广。赞助产品广告根据卖家设定的关键词出现在搜索结果页和产品详情页上。当用户单击广告后，他们将被引导至该产品的详情页。这种广告形式有助于提高产品曝光度和销量，适用于各类卖家。

示例：一位卖家想要推广其狗狗喝水杯产品，可以使用赞助产品广告来提高该产品在搜索结果页的排名，从而吸引更多潜在客户的关注。

（2）Sponsored Brands（SB，赞助品牌）广告：此类广告主要针对品牌进行推广，通常显示在搜索结果页的顶部。赞助品牌广告可以包含一个品牌Logo、一条自定义的广告语以及三个展示产品。当用户单击品牌Logo或广告语时，他们将被引导至品牌主页或一个自定义的品牌产品列表页。这种广告形式有助于提高品牌知名度和忠诚度，适用于已注册品牌的卖家。

示例：一家专注于宠物用品的品牌希望提高其在亚马逊平台的知名度，可以通过赞助品牌广告在搜索结果页顶部展示品牌Logo和广告语，吸引更多关注此品牌的潜在客户。

（3）Sponsored Display（SD，赞助展示）广告：这是一种自动化的广告形式，可以在亚马逊平台内外展示。赞助展示广告可以根据用户的购买意图、浏览历史和兴趣定位出现在搜索结果页、产品详情页、购物车页面以及其他亚马逊网站和合作网站。此类广告旨在吸引潜在客户并促成购买，适用于各类卖家，尤其是那些希望扩大品牌曝光度和吸引更多目标客户的卖家。

示例：一家运动服饰品牌希望在亚马逊平台及其合作网站上吸引更多目标客户，可以通过赞助展示广告根据用户的购买意图和兴趣定位进行精确的广告投放，从而提高品牌的曝光度和销售额。

了解这些不同类型的亚马逊广告推广形式有助于卖家根据自身需求和目标选择合适的广告方式。使用专业术语和示例可以帮助卖家更好地理解各类广告形式的应用场景。

例如，一个刚刚开始在亚马逊平台销售的新手卖家可能会优先考虑使用赞助产品广告来提高单个产品的曝光度和销量，而一个已经在平台上拥有一定知名度的品牌卖家则可能会选择使用赞助品牌广告来进一步提升品牌形象和忠诚度。

总之，在亚马逊广告投放中，了解不同类型的广告推广形式及其特点和优势是关键。卖家可以根据自己的目标和需求进行有针对性的广告投放，从而在亚马逊平台上取得更好的销售业绩和品牌发展。

5.1.2　亚马逊广告重要指标

本小节中，我们将详细介绍亚马逊广告中的一些重要指标：CTR、CR、ACoS、ROAS、CPC、Cost、Impression、Clicks 和 Bid 等。了解和优化这些关键指标对于提高广告效果和降低广告成本至关重要。

（1）CTR（Click-Through Rate，点击率）：

定义：点击率是衡量广告点击效果的重要指标，表示展示广告后实际产生点击的次数与广告展示次数之间的比例。

计算公式：CTR =（点击次数 / 展示次数）×100%。

优化建议：提高点击率可以通过优化广告文案、图片和关键词等元素实现。在实际操作中，可以定期对广告进行A/B测试，对比不同版本广告的表现，找出更具吸引力的广告素材和关键词，从而提高点击率。

（2）CR（Conversion Rate，转化率）：

定义：转化率是衡量广告投放效果的关键指标之一，表示点击广告后实际产生购买的次数与点击次数之间的比例。

计算公式：CR =（购买次数 / 点击次数）×100%。

优化建议：提高转化率需要从产品、定价、评论、图片等方面进行综合优化。针对目标受众进行定位，确保广告触达潜在购买者。此外，可以考虑通过提供优惠券、限时优惠等激励手段来提高转化率。

（3）ACoS（Advertising Cost of Sales，广告销售成本比）：

定义：ACoS是衡量广告效果的关键指标之一，表示广告费用占销售额的比例。

计算公式：ACoS =（广告费用 / 广告产生的销售额）×100%。

优化建议：降低ACoS可以通过提高点击率、转化率、销售额，以及优化竞价等方法实现。同时，可以关注高效的关键词，以降低广告费用。

（4）ROAS（Return on Advertising Spend，广告支出回报）：

定义：ROAS是衡量广告投放效果的另一个关键指标，表示每投入1元广告费用产生的销售额。

计算公式：ROAS =广告产生的销售额 / 广告费用。

优化建议：提高ROAS可以通过提高广告效果、降低广告费用和优化广告投放等手段实现。确保广告投放有针对性，并对低效广告及时进行调整或停止投放。

（5）CPC（Cost Per Click，每次点击成本）：

定义：CPC是指每次广告被点击产生的费用。

计算公式：CPC =广告费用 / 点击次数。

优化建议：降低CPC可以通过调整竞价策略、优化广告质量和关注长尾关键词等方法实现。同时，可以定期评估广告的表现，针对高价值关键词调整竞价。

（6）Cost（广告费用）：

定义：Cost是指广告投放过程中产生的总费用。

优化建议：控制广告费用的方法包括合理分配预算、优化竞价策略和关注高效关键词等。卖家可以根据广告表现和销售数据，对预算进行合理分配和调整。

（7）Impressions（展示次数）：

定义：Impressions是指广告在搜索结果页或其他页面被展示的次数。

优化建议：提高广告展示次数可以通过优化关键词、提高竞价和关注目标受众等方法实现。展示次数越多，广告接触潜在客户的机会就越多。

（8）Clicks（点击次数）：

定义：Clicks是指广告被潜在客户点击的总次数。

优化建议：提高广告点击次数可以通过优化广告文案、图片和关键词等元素实现。同时，可以定期对广告进行A/B测试，以找出更具吸引力的广告素材和关键词，从而提高广告点击次数。

（9）Bid（竞价）：

定义：Bid是指卖家为亚马逊广告关键词出价，以竞争广告展示位置。广告位置通常是基于关键词、竞价金额和广告质量的竞争关系来分配的。

优化建议：合理的竞价策略可以帮助卖家在控制广告费用的同时，获得更高的广告排名。卖家可以根据关键词表现，定期调整竞价。对于表现良好的关键词，可以适当提高竞价，而对于表现较差的关键词，可以降低竞价或停止投放。

卖家应当密切关注这些指标，并根据实际情况进行优化，以提高广告效果、降低广告成本，从而实现更高的投资回报。在实际操作中，可以运用数据分析工具和报告，以及借助ChatGPT等智能工具辅助分析和优化，以提升广告投放的整体效果。

5.1.3　PPC广告优缺点

亚马逊广告采用了按点击付费（PPC）的模式，广告主仅在用户点击广告时才需支付费用。

1. PPC 广告的优点

（1）流量和销售增长：PPC广告可以迅速为我们的商品带来流量，从而提高销售额。通过精心选择高质量的关键词和定向策略，我们可以更容易地吸引潜在客户。

（2）成本效益：与传统广告相比，PPC广告的投资回报率较高。广告主仅需为有效的点击付费，即实际访问我们的产品页面的用户。这样可以确保我们的广告预算集中用于产生实际结果的渠道。

（3）数据驱动：PPC广告提供了丰富的数据，可以让我们更好地了解广告表现和用户行为。这些数据可用于优化广告活动，从而提高广告效果和投资回报。

（4）灵活性：PPC广告允许我们灵活调整预算、关键词、竞价策略等，以适应市场变化。我们还可以针对不同地区、时间段和客户群体进行投放，从而实现更精准的定向。

2. PPC 广告的缺点

（1）竞争激烈：在热门类目和关键词上，PPC广告的竞争可能非常激烈。广告主需要支付更高的点击费用，以在竞争中脱颖而出。

（2）管理和优化要求高：要成功实施PPC广告，广告主需要投入大量时间和精力来管理和优化广告活动。这可能对缺乏经验或资源的卖家构成挑战。

（3）恶意点击：虽然较为罕见，但恶意点击现象仍可能导致广告费用上升。亚马逊等平台会采取措施减少此类现象，但无法完全杜绝。

（4）长期依赖：若卖家长期依赖PPC广告带来流量和销量，可能导致产品在无广告支持的情况下难以自然排名和吸引客户。

PPC广告作为一种高效且灵活的亚马逊广告形式，在提高流量和销量方面具有显著优势。然而，广告主也需要注意其潜在缺点，如竞争激烈、管理和优化要求高、恶意点击和长期依赖问题。为了充分发挥PPC广告的潜力并降低风险，广告主应当制定全面的广告策略，包括关键词选择、竞价策略、预算管理以及广告优化。

5.1.4 广告结构

本节将探讨亚马逊广告结构的三个组成部分：广告活动（Campaign）、广告组（Ad Group）和关键词（Keyword）。了解广告结构的基本组件对于在亚马逊市场上优化广告投放至关重要。

（1）广告活动：广告活动是广告结构的最高层次，用于区分不同的产品线或营销目标。一个广告活动可以包含多个广告组。举例来说，一个卖家可能为其品牌的不同系列分别创建独立的广告活动。广告活动可以分为手动投放和自动投放两种类型。在手动投放广告活动中，卖家需要自行设定关键词、竞价和匹配类型。在自动投放广告活动中，亚马逊会根据产品信息自动为卖家投放广告。

（2）广告组：广告组位于广告活动之下，通常针对特定产品或服务。一个广告组内的广告共享相同的关键词集合。例如，一家运动鞋品牌可以为其跑步鞋系列创建一个广告组，同时为篮球鞋系列创建另一个广告组。广告组可以帮助卖家更有效地管理关键词和竞价策略。

（3）关键词：关键词是广告组内的基本元素，用于触发广告的展示。根据匹配类型的不同，关键词可以分为精确匹配、短语匹配和广泛匹配。例如，对于跑步鞋产品，卖家可以设置关键词"跑步鞋"为精确匹配，以确保广告只在与该关键词完全匹配的搜索查询中展示。卖家还可以将关键词"运动鞋"设为广泛匹配，以捕捉更多相关的搜索查询。

在制定广告结构时，卖家需要注意以下事项：
- 为每个广告活动设定合适的预算和目标，以确保资源得到合理分配。
- 在创建广告组时，应确保产品属性和关键词高度相关，以提高广告的点击率和转化率。
- 合理选择关键词匹配类型，以平衡广告曝光度和成本效益。
- 定期检查关键词表现，并根据需要调整竞价策略和否定关键词。

通过深入了解广告结构的组成部分及其作用，卖家可以更有效地优化亚马逊广告投放,从而实现更高的销售业绩。

5.1.5 关键词匹配类型

关键词匹配类型是亚马逊广告系统中用于确定广告何时展示的规则。亚马逊支持以下三种关键词匹配类型。

(1)精确匹配(Exact Match):广告仅在用户搜索与设定关键词完全相同(允许有细微的拼写错误或复数形式)的查询时才会触发展示。例如,如果关键词是"跑步鞋",那么只有在搜索"跑步鞋"时才会展示广告。优点是可以精确控制广告投放,提高转化率。缺点是可能错过一些相关搜索查询,限制曝光。

(2)短语匹配(Phrase Match):广告会在用户搜索包含设定关键词的短语时触发展示。例如,如果关键词是"跑步鞋",广告可能会在搜索"男士跑步鞋"或"跑步鞋清仓"等查询时展示。优点是扩大广告曝光率,同时保持一定的相关性。缺点是可能捕获到一些不太相关或低质量的流量。

(3)广泛匹配(Broad Match):广告会在用户搜索与设定关键词相关的任何查询时触发展示。例如,如果关键词是"跑步鞋",广告可能会在搜索"运动鞋"或"马拉松鞋"等查询时展示。优点是广告曝光最大化,捕获更多潜在客户。缺点是流量质量可能不稳定,需要持续监控和优化。

综合考虑各种匹配类型的优缺点和适用场景,广告主可以根据自己的需求和预算,灵活地运用这些匹配类型。通常,新手卖家可以从广泛匹配开始,以获取更多的数据和曝光。随着数据的积累,卖家可以逐步调整关键词策略,通过短语匹配和精确匹配来提高广告效果。以下是一些建议,以确保我们的匹配类型策略获得最佳效果:

• 对于核心关键词,请使用精确匹配,以确保广告在这些高相关性查询中始终展示。

• 使用短语匹配来发现新的相关搜索词。结合搜索词报告,我们可以发现更多与产品相关的长尾关键词,进一步优化广告策略。

- 使用广泛匹配来探索新的市场机会。请密切关注广告投放效果,根据搜索词报告筛选出质量较高的流量,适时调整广告预算和关键词策略。
- 对于投放效果较差的关键词,考虑添加否定关键词。通过设置否定关键词,我们可以阻止广告在特定搜索词上展示,从而提高广告效果。

总之,善用关键词匹配类型是提高广告效果的关键。在实际操作中,卖家需要根据自身产品、市场竞争状况以及广告数据,不断调整和优化关键词策略。在这个过程中,ChatGPT 可以帮助广告主分析数据、识别关键词和优化匹配类型,从而实现更好的广告效果。

5.2 卖家应该如何制定广告策略

在 5.1 节中,我们已经讨论了亚马逊广告的基本概念和关键要素。然而,仅了解这些知识还不足以成功运营亚马逊广告。为了取得理想的广告效果,卖家需要制定一套科学合理的广告策略。本节我们将重点讨论如何利用 ChatGPT 为亚马逊广告制定有效的策略。

本节将详细探讨设定广告预算、确定广告活动开始时间、选择自动投放或手动投放广告,以及如何利用卖家精灵进行竞品关键词反查。通过全面了解这些内容,卖家将能够更好地制定针对性的广告策略,最大限度地提高广告投放效果和广告回报率。在这个过程中,ChatGPT 将发挥关键作用,为广告主提供有关策略制定和优化的专业建议。

5.2.1 如何设定广告预算

广告预算是在一定时间内为广告活动分配的总资金。设定合适的广告预算对于确保广告效果和控制成本至关重要。一个合理的广告预算可以帮助卖家在不同广告活动之间合理分配资金,以实现更高的投资回报(Return on Investment,ROI)。

以下是设定广告预算的几个关键步骤。

（1）确定目标：卖家需要明确广告活动的目标，例如提高品牌知名度、提升销售额或者吸引新客户。设定目标有助于为广告预算的分配提供方向。

（2）了解市场：在设定预算之前，卖家需要对市场进行研究，了解竞争对手的广告策略和预算。这将有助于卖家更好地把握市场趋势，制定适当的预算。

（3）分配资金：根据目标和市场研究结果，卖家可以将预算分配给不同类型的广告活动，如赞助产品、赞助品牌等。在分配资金时，应确保每个广告活动都有足够的预算以实现目标。

ChatGPT 在优化广告预算方面可以发挥重要作用。通过利用机器学习技术，ChatGPT 可以更精准地设定广告预算。

以下为 ChatGPT 优化案例。

> **问：** 作为一名亚马逊广告投放优化师，你的目标是提高销售额。你们正在销售一款运动相机，请根据以下产品信息、历史广告数据和竞争对手数据等关键信息来确定你的广告预算，并提供公式和步骤。
>
> 以下是关键信息：
>
> 1. 产品信息：
>
> 产品名称：SuperCam 3000
>
> 销售价格：200 美元
>
> 成本：100 美元
>
> 利润：100 美元
>
> 每月平均销量：200 件
>
> 2. 历史广告数据：
>
> 平均每月广告支出：4000 美元
>
> 广告支出带来的额外销量：80 件
>
> 广告销售成本比(ACoS)：25%
>
> 3. 竞争对手数据：
>
> 主要竞争对手：ActionCam Pro

> 竞争对手每月广告支出：6000 美元
> 竞争对手平均每月销量：300 件

答： 作为一名亚马逊广告投放优化师，我们的目标是提高销售额。根据提供的历史广告数据、竞争对手数据和产品信息，我们可以通过以下步骤确定广告预算：

1. 分析历史数据：

每月平均销量：200 件

平均每月广告支出：4000 美元

广告带来的额外销量：80 件

广告销售成本比(ACoS)：25%

2. 评估竞争对手：

主要竞争对手：ActionCam Pro

竞争对手每月广告支出：6000 美元

竞争对手平均每月销量：300 件

我们需要分析竞争对手的广告支出以了解市场趋势，并确定我们是否需要调整广告预算以保持竞争力。

3. 设定目标销售额：

假设我们希望将销售额提高至与竞争对手相近的水平，即每月 300 件。为实现这一目标，我们需要提高每月销量至少 100 件（从 200 件增至 300 件）。

4. 制定广告预算：

假设我们增加广告预算，以期获得更多销量。为实现每月至少增加 100 件销量的目标，我们可以计算所需的广告支出：

新增销量 = 目标销量 - 当前销量 = 300 件 - 200 件 = 100 件

每美元广告支出带来的销量 = 当前额外销量 / 当前广告支出 = 80 件 / 4000 美元 = 0.02 件/美元

我们需要增加的广告预算 = 新增销量 / 每美元广告支出带来的销量 = 100 件 / 0.02 件/美元 = 5000 件美元

所以，新的广告预算为当前预算加上需要增加的预算，即

> 4000 美元 + 5000 美元 = 9000 美元。
> 　　请注意，这只是一个基本框架，具体情况可能需要进行微调和修改。在执行广告计划时，密切关注广告数据，以便随时调整广告预算和策略。

可以得出，为了增加 100 个销量，我们需要比平时每月多增加 5000 美元的广告预算。接下来我们继续提问如何分配广告预算到不同的广告活动中。

> **问：** 请说明如何根据以上得出的广告预算来分配资金。请提供具体的计算过程，并解释你的决策原因。

> **答：** 分配广告预算：
> 　　在分配广告预算时，我们需要考虑自动投放和手动投放广告的效果，以优化广告投入。我们可以根据历史数据和竞争对手情况为两种广告形式分配预算。
> 　　例如，我们可以将新的广告预算按以下比例分配：
> 　　自动投放广告（40%）= 0.4×9000 美元 = 3600 美元
> 　　手动投放广告（60%）= 0.6×9000 美元 = 5400 美元
> 　　分配广告预算的原因：
> 　　自动投放广告有助于发现新关键词和市场趋势，但可能无法充分利用所有关键词。因此，我们为自动投放广告分配了较小的预算。另外，手动投放广告允许我们更精确地控制关键词和出价，从而在关键领域实现更高的 ROI。因此，我们为手动投放广告分配了较大的预算。
> 　　最后，请注意，在实际执行过程中，密切关注广告数据并根据实际表现调整广告预算分配。适时进行优化有助于提高整体投放效果和 ROI。

通过以上步骤，你可以利用 ChatGPT 来根据历史数据、竞争对手信息和市场情况确定一个合适的广告预算，从而帮助你实现提升销售额的目标。

5.2.2 自动投放广告

在本节中,我们将讨论亚马逊广告中的自动投放广告策略,以及它与手动投放广告的区别。我们还将探讨自动投放广告的优缺点,并提供实际案例来说明其效果。

自动投放广告和手动投放广告的区别:

自动投放广告是一种基于算法和数据分析的广告投放方法。亚马逊根据产品的关键词和其他相关信息自动为我们的广告投放进行竞价。与手动投放广告相比,自动投放广告可以在更短的时间内为广告带来曝光,并帮助我们找到潜在的关键词。

手动投放广告则需要卖家自行确定关键词、设定竞价和监控广告效果。手动投放广告需要投入更多时间和精力来进行优化,但卖家可以更有针对性地选择关键词和设定竞价。

1. 自动投放广告的优点

(1)节省时间和精力:自动投放广告可以减少卖家在广告优化和关键词筛选上所花费的时间。

(2)发现潜在关键词:自动投放广告有助于卖家发现可能被忽视的有价值关键词,从而增加曝光率和销量。

(3)算法优化:亚马逊的广告算法会根据广告表现自动调整广告排名,以获得更好的展示效果。

2. 自动投放广告的缺点

(1)较低的控制力:自动投放广告的关键词和竞价是由亚马逊的算法决定的,卖家对此拥有较低的控制权。

(2)可能导致较高的广告成本:自动投放广告有时可能竞价过高,导致广告成本增加。

某卖家在亚马逊平台上销售手绘画笔。为提高产品的曝光率和销量,该卖家决定运用自动投放广告策略。通过自动投放广告,该卖家在一个月内发现了30个新的高质量关键词,同时销售额提高了25%。虽然广告成本也有所上升,但由于销售额的增加,最终的ROI仍然保持在一个较高水平。

在运用自动投放广告时,否定关键词的使用尤为重要。否定关键词可以帮助我们排除不相关或表现不佳的关键词,从而优化广告效果。例如,假设销售的是一款水性颜料画笔,我们可以将"油性颜料画笔"设置为否定关键词,以避免广告在与我们产品不符的搜索结果中出现,从而降低无效点击和广告成本。

为了获得最佳效果,卖家可以尝试将自动投放广告和手动投放广告结合使用。在运行自动投放广告时,可以收集到关键词和竞价数据,随后将这些数据应用到手动投放广告策略中。这样一来,卖家可以利用自动投放广告快速获得曝光和数据,同时通过手动投放广告实现对关键词和竞价的更精确控制。将自动投放广告与手动投放广告相结合,是实现广告效果最大化的理想策略。

5.2.3 手动投放广告

本节将介绍一些利用不同的 Prompt 帮助亚马逊卖家进行手动广告投放优化的方法。手动投放广告允许卖家自行选择和管理关键词、出价策略和投放时间等因素,从而提高广告效果。以下是一些实用的 Prompt 示例,以帮助你利用 ChatGPT 优化手动投放广告。

1. 关键词挖掘

"请为我找出与我的产品相关的高搜索量、低竞争的关键词。"

通过使用这个 Prompt,我们可以利用 ChatGPT 的强大搜索能力挖掘出与产品相关的关键词,进而优化广告策略。

2. 关键词组合:

"请为我生成一些针对我的产品的关键词组合,以提高广告覆盖率。"

这个 Prompt 将帮助生成一系列针对我们产品的关键词组合,以便提高广告覆盖率和曝光度。

3. 关键词匹配策略

"请为我推荐一种适用于我的产品的关键词匹配策略(精确匹配、短语匹配或广泛匹配)。"

这个Prompt将根据我们的产品特点和市场环境,推荐最合适的关键词匹配策略,提高广告效果。

4. 否定关键词管理

"请帮助我确定一组负面关键词,以避免不相关的点击和浪费广告预算。"

利用这个Prompt,我们可以获取一组负面关键词建议,帮助筛选掉不相关的点击,避免浪费广告预算。

5. 广告预算分配

"请为我提供一个合理的广告预算分配方案,以便在关键词层面实现最佳效果。"

这个Prompt将为我们提供一个合理的广告预算分配方案,以便在关键词层面实现最佳效果。

6. 广告出价策略

"请为我推荐一种适用于我的产品的广告出价策略,以提高广告排名和曝光度。"

通过这个Prompt,我们可以了解如何制定针对自家产品的广告出价策略,从而提高广告排名和曝光度。

7. 广告效果跟踪

"请教我如何跟踪和分析手动广告投放的效果,以便调整策略。"

利用这个Prompt,我们可以学会如何跟踪和分析手动广告投放的效果,从而根据数据调整广告策略。

8. A/B测试广告文案

"请为我设计一个A/B测试方案,以便找出最佳的关键词组合。"

这个Prompt将为我们提供一个A/B测试方案,用以比较不同关键词组合的效果,从而确定最佳的关键词组合以提高广告表现。

9. 地域定位策略

"请为我提供一个地域定位策略,以便更精准地触达目标客户群。"

通过这个 Prompt,我们可以了解如何制定地域定位策略,以便更精准地触达目标客户群。

10. 广告投放时间

"请为我推荐一个适合我的产品的广告投放时间段。"

这个 Prompt 将根据我们的产品特点,推荐最佳的广告投放时间段,提高广告效果。

11. 目标受众分析

"请分析我的产品特点,为我确定最具潜力的目标客户群体。"

利用这个 Prompt,我们可以分析自家产品特点并确定最具潜力的目标客户群体,提高广告覆盖率和转化率。

12. 调整广告策略

"请为我提供一些建议,根据广告投放数据和市场变化调整我的广告策略。"

这个 Prompt 将为我们提供一些建议,根据广告投放数据和市场变化调整广告策略,实现持续优化。

这些提示语可以帮助亚马逊卖家学习和利用 ChatGPT 进行手动广告投放,从关键词选择、定价策略到目标客户定位等方面,全方位优化亚马逊手动广告投放。请结合实时的市场信息和我们的产品特点,灵活运用这些 Prompts,以实现广告效果的最大化。

案例:

张先生运营着一家亚马逊店铺,售卖高端户外露营装备。他想要优化手动广告投放策略,以提高广告 ROI 并降低无效点击成本。他决定使用 ChatGPT 进行这一过程。

> **问:** 请为我分析户外露营装备市场的当前趋势,并根据这些信息帮助我优化我的手动广告投放策略。我需要关键词建议、出价策

略和定位建议。

> 答：　　经过分析，户外露营装备市场目前呈现出对可持续材料和便携性设计的偏好趋势。针对你的产品，我建议采用以下策略。
> 　　关键词建议：结合高搜索量和低竞争的关键词，如"环保露营装备""轻量化露营帐篷"以及"可持续户外装备"。
> 　　出价策略：为上述关键词设置适中的起始出价，并定期监控关键词表现，根据点击率和转化率调整出价。
> 　　定位建议：考虑到可持续产品的受众可能更关注环保问题，建议定位于户外活动和生态旅游相关的兴趣群体。
> 　　负面关键词：添加与"廉价""低端"相关的负面关键词，以避免吸引不是目标市场的点击。
> 　　广告文案：强调产品的环保材料和便携性，以吸引目标顾客。
> 　　时间定位：将广告投放时间集中在户外活动高峰期，如周末或节假日前夕，以及露营季节开始前的几周。
> 　　A/B测试：建议用不同的关键词和广告文案组合进行小规模测试，找到最有效的组合后再扩大规模。

5.2.4　广告何时开始

在进行亚马逊广告活动时，确定正确的启动时间至关重要。本节将和你一起探讨如何根据目标受众、竞争情况、销售季节性变化和预算限制等因素来制定广告活动的最佳启动时间。

首先，让我们看看目标受众。了解客户的活跃时间和购物习惯是非常重要的。比方说，如果你主要的客户群是上班族，那么考虑在工作日的早晨和下午投放广告可能会更有效。

其次，竞争对手的动态也不能忽视。知道他们何时投放广告，以及他们的预算是多少，可以帮助你找到市场上的空白区域。在这些时间或场合下，你可能会以更低的成本获取更高的回报。

再来谈谈季节性。比如，节假日和购物高峰期通常会带动销售，这时开展广告活动通常会更加高效。

当然,所有这些都要在预算的框架内进行。你需要根据自己的财务状况来规划广告的时间和强度,确保不会因为过度投放而导致资金链断裂。

那么,在这些因素中,ChatGPT如何助你一臂之力呢?

(1)市场数据分析:你可以询问ChatGPT关于特定产品在亚马逊上的市场表现,以及竞争对手的相关信息。

(2)季节性销售预测:ChatGPT可以根据历史数据,预测在节假日或购物季节中哪些产品可能会有销售高峰。

(3)实时优化:在广告活动进行的过程中,你也可以用ChatGPT来分析各种实时数据,如点击率和转化率,从而更灵活地调整你的广告策略。

(4)A/B测试建议:ChatGPT还可以帮助你设计A/B测试,通过实验来确定哪个时间段是投放广告的最佳选择。

要结合ChatGPT分析亚马逊某产品的市场数据、竞争对手产品信息,并获取有针对性的广告开启时间段建议。

我们需要从亚马逊平台收集所需的市场数据和竞争对手产品信息。这些数据可能包括产品的销售数据、价格、评分、评论、广告投放情况等。将这些数据整理为易于分析的格式(如电子表格)。

如表 5.1 所示为某瑜伽垫和竞争对手产品一天当中的销售数据。

表 5.1 某瑜伽垫销售数据

时间段	自家瑜伽垫销量(个)	竞争对手瑜伽垫销量(个)
00:00—02:00	3	7
02:00—04:00	2	4
04:00—06:00	5	12
06:00—08:00	8	15
……	……	……

某瑜伽垫和竞争对手产品数据如表 5.2 所示。

表 5.2 某瑜伽垫产品数据

产品名称	类别	价格（美元）	评分	评论数	广告投放情况
自家瑜伽垫	自有产品	24.99	4.7	180	是
瑜伽垫 A	竞争对手	25.99	4.5	120	是
瑜伽垫 B	竞争对手	22.99	4.2	80	是
瑜伽垫 C	竞争对手	29.99	4.8	150	否

我们可以直接把表 5.1 和表 5.2 的内容复制粘贴到 ChatGPT 对话框，或者通过编写与 ChatGPT 交互的代码，将收集到的数据作为输入，向 ChatGPT 提问并获取回答。

> **问：** 请基于以上数据，分析该产品在亚马逊上的销售表现，以及与竞争对手的相对销售情况。同时，根据产品数据分析各个产品的价格、评分、评论和广告投放情况，进而制定有效的广告时段投放策略。

> **答：** 首先，在销售表现方面，你的瑜伽垫在早晨 6 点至 8 点的销量较高，但在其他时间段和整体销量上与竞争对手相比有所不足。这表明需要改进广告策略以提高销售业绩。
>
> 接下来，我们分析各个产品的价格、评分、评论和广告投放情况。
>
> 1.价格：你的瑜伽垫定价为 24.99 美元，位于竞争对手产品之间。要吸引更多潜在客户，可以考虑提供有限期的折扣或捆绑销售等促销活动，以吸引价格敏感的客户。
>
> 2.评分：你的产品评分为 4.7，高于瑜伽垫 A 和瑜伽垫 B，但略低于瑜伽垫 C。这表明你的产品在质量方面具有竞争优势。
>
> 3.评论：你的产品评论数量为 180，较高。这表明你的产品具有较好的口碑。
>
> 基于以上分析，我们建议采取以下广告时段投放策略。
>
> 1.在早晨 6 点至 8 点加大广告投放力度，以充分利用这一时间段的销售潜力。在这个时段，潜在客户可能正在寻找瑜伽垫购买，因此通过增加广告投放可以提高产品曝光率和销量。
>
> 2.在竞争对手广告投放较少的时间段（例如下午 2 点至 4 点

进行广告投放,从而降低竞争激烈程度,提高广告的有效性。

3.为了提高广告投放效果,可以尝试在晚上 8 点至 10 点这个时间段进行广告投放。在这个时间段,潜在客户可能有更多空闲时间来浏览产品和做购买决策。

4.除了关注销售高峰期,还要密切关注产品的实时销售数据,根据销售情况和市场反馈动态调整广告投放时段。例如,如果发现在某一时间段的销量突然增长,可以考虑加大该时间段的广告投放,以便进一步提高销量。

5.针对特定场景和节日,可以选择有针对性的投放广告。例如,在健身和减肥高峰期(如新年伊始人们立下健身目标的时期或夏季来临前准备阶段),可以加大广告投放力度,抓住消费者对瑜伽垫的需求。

总之,结合 ChatGPT 来分析亚马逊某产品的市场数据和竞争对手产品信息,我们可以获取有针对性的广告开启时间段建议。通过与 ChatGPT 的数据交互,我们可以为广告投放策略的制定提供强有力的支持。

5.3 深入了解和分析广告数据

在本节中,我们将详细探讨如何分析亚马逊广告报告,以便更好地了解广告效果并优化广告策略。我们将重点介绍赞助产品中三种主要的广告报告:搜索词报告(Search Term Report)、广告位置报告(Placement Report)和购买产品报告(Purchased Product Report)。我们将为每种报告提供关键数据的解释,并通过具体案例研究和现实世界的例子来阐述如何利用这些报告进行有效的广告优化。此外,我们还将提供一些针对 ChatGPT 的提示示例,以帮助卖家充分利用 ChatGPT 来分析广告报告。

5.3.1 分析搜索词报告

搜索词报告是亚马逊广告中最重要的报告之一,它记录了消费者在搜索商品时输入的实际搜索词。通过对搜索词报告的分析，卖家可以发现哪些关键词表现良好，哪些需要改进，从而优化关键词策略、调整广告预算并提高广告效果。关键数据包括：展示次数（Impressions）、点击次数（Clicks）、点击率（CTR）、每次点击成本（CPC）。

案例：假设卖家发现某关键词的展示次数很高，但点击率较低。这可能意味着广告与搜索词不够相关或者广告创意不够吸引人。卖家可以考虑优化广告文案、图片或者调整目标关键词。相反，如果某关键词的点击率较高，但转化率较低，卖家可能需要检查产品详情页，看看是否有改进的空间。

此外，卖家可以根据 CPC 和广告支出来调整预算。如果某些关键词的 CPC 较高，可能导致过高的广告成本。卖家可以调整出价策略，降低这些关键词的竞争力，从而降低 CPC。

利用 ChatGPT 分析搜索词报告的提示示例有：

1）高表现搜索词挖掘

"请根据我的搜索词报告，为我提供一个包含表现最好的前 10 个关键词的列表。请确保列出每个关键词的性能指标，并解释如何优化我的关键词策略以进一步提高表现。

我的搜索词报告数据如下：

<贴出报告数据>"

2）无效搜索词识别

"请分析我的搜索词报告，帮助我找出需要添加到否定关键词列表的无效搜索词。

我的搜索词报告数据如下：

<贴出报告数据>"

3）搜索词表现分析

"请分析我的搜索词报告中的搜索词表现，并提出针对不佳表现的搜索词的优化建议。请在你的回答中清晰地列出每个不佳表现的搜索词及其原因，然后提供相应的优化建议。

我的搜索词报告数据如下：

<贴出报告数据>"

　　4）搜索词转化率

　　"请分析我的搜索词报告中的搜索词转化率,并提供针对性的策略来帮助我提高转化率。请注意,你应该专注于那些具有较低转化率但潜力较大的关键字,并为这些关键字提出详细和可行的优化建议。

　　我的搜索词报告数据如下:

　　<贴出报告数据>"

　　5）点击率分析

　　"请分析我的搜索词报告中的搜索词点击率,并提供针对性的建议以提高点击率。

　　我的搜索词报告数据如下:

　　<贴出报告数据>"

　　6）广告花费效益分析

　　"请为我分析搜索词报告中的 ACoS 和 ROAS,以便我评估我的广告投资回报。

　　我的搜索词报告数据如下:

　　<贴出报告数据>"

　　注意,在使用提示时,由于 ChatGPT 输入框的长度受限,请在内容中灵活控制报表数据的数量。

　　这些提示可以帮助亚马逊卖家更好地利用 ChatGPT 来分析搜索词报告,从而实现更有效的广告优化。通过挖掘高表现搜索词、识别无效搜索词、分析搜索词表现、点击率和转化率以及评估广告花费效益,卖家可以获得有针对性的建议,以改进关键词策略、调整广告预算和提高广告效果。

　　案例:

　　一名亚马逊卖家注意到其搜索词报告中的一个问题:尽管一个特定的关键词"户外运动相机"有着很高的印象数,但点击率却低得出奇。这个关键词的数据显示,展示次数为 20000 次,但点击数仅为 10 次,点击率为 0.05%，CPC 为 0.75 美元。在仔细分析产品列表页面和广告创意之后，卖家发现广告中使用的图片并不是最吸引人的，也没有突出产品的特色功能。

> **问：** 请根据我的搜索词报告，分析为何"户外运动相机"这个关键词尽管印象数高，点击率却低。报告数据显示，展示次数为 20000，点击数为 10，点击率为 0.05%，CPC 为 0.75 美元。我怀疑是广告内容或者图片不够吸引人。你能提出一些建议来提高我的点击率吗？

> **答：** 根据你提供的数据，关键词"户外运动相机"的高印象数和低点击率确实表明可能存在广告内容相关性或吸引力不足的问题。首先，你应该优化广告中的图像和文案。确保使用高分辨率的图片，并突出显示产品的独特卖点，如防水功能、高清拍摄效果等。同时，你的广告文案应简洁明了，直接点出产品的主要功能和优势。此外，考虑进行 A/B 测试，对比不同的图片和文案组合，以找到最高点击率的方案。一旦点击率提高，同时也要监控转化率和 CPC，以确保流量的质量和成本效益。

5.3.2 分析广告位置报告

广告位置报告是亚马逊卖家用以了解广告在不同位置的表现的关键报告。通过深入分析这些报告，卖家可以确定哪些位置为他们的产品带来最佳的回报，并据此调整广告策略以提高曝光度和点击率。本节将讨论如何解读广告位置报告中的关键数据，以及如何根据这些数据制定有效的出价策略。

了解展示位置是非常重要的。广告位置包括亚马逊搜索结果页面上的"首页面顶部""首页面其他位置"以及"亚马逊网站其他位置"。每个位置的表现可能会因广告活动和产品类型的不同而有所差异。因此，分析这些数据可以帮助我们找到最佳位置以提高广告效果。

广告支出和广告销售成本比(ACoS)是另外两个关键数据。广告支出反映了我们在特定位置上投放广告所产生的费用,而ACoS则表示广告支出占总销售额的百分比。通过对这两个指标的分析,我们可以评估各个位置的投资回报情况,从而调整出价策略以优化广告效果。

举例来说,如果某个位置的广告支出较高,但ACoS较低,说明这个位置为我们带来了较高的投资回报。我们可以考虑提高该位置的出价以进一步提高曝光度和销量。相反,如果某个位置的ACoS较高,表明投资回报不理想,我们应重新评估这个位置的出价策略,或者考虑将预算重新分配到其他表现更好的位置。

以下是一些ChatGPT提示示例,以帮助卖家利用ChatGPT分析广告位置报告:

1)位置表现对比

"请比较该广告位置报告中各个位置的表现,并建议我应该关注哪些位置。在你的回答中,请包括对每个位置的详细分析和评估,如广告展示次数、点击率、转化率等重要数据指标。

我的广告位置报告数据如下:

<贴出报告数据>"

2)ACoS分析

"请分析我在各个广告位置的ACoS数据,并提供一些具体的策略来降低ACoS。你的回应需要清晰地描述每个广告位置的ACoS情况,同时提出适合该广告位置的优化建议。我的广告位置报告数据如下:

<贴出报告数据>"

3)出价策略优化

"根据我的广告位置报告,请为我提供调整出价策略的建议,以提高曝光度和点击率。我的广告位置报告数据如下:

<贴出报告数据>"

通过以上的提示示例,卖家可以利用ChatGPT更深入地分析广告位置报告,找出不同位置的特点,并据此优化广告策略。通过与ChatGPT的互动,卖家可以更好地理解广告位置报告,并制定出更有效的广告优

化策略。

👍 **案例：**

假设你是一名亚马逊卖家，你收到了最新的广告位置报告。这个报告显示了不同广告位置对应的各项指标，包括展示次数、点击数、广告支出等。例如，报告中显示"首页面顶部"位置的点击率最高，但广告支出也相对较大；而"亚马逊网站其他位置"虽然点击率不高，但给出的ACoS却是最优的。面对这些数据，你需要决定如何调整广告策略以优化广告效果。

> 📋 **问：** 我收到了我的广告位置报告，发现"首页面顶部"的点击率是最高的，但同时广告支出也是最大的；另外，"亚马逊网站其他位置"的ACoS表现出色。请根据这些信息，分析并建议我应如何优化我的广告位置策略？

> ⓢ **答：** 基于你提供的数据，"首页面顶部"虽然有较高的点击率，但是其高昂的广告支出可能导致整体利润率下降。我建议你对此位置的出价进行细微调整，以降低广告成本，同时观察点击率是否保持稳定。对于表现出色的ACoS的"亚马逊网站其他位置"，这说明虽然这些位置的点击率不高，但转化率可能较好，即使浏览量少，也能产生销售。建议你可以适当增加在这些位置的广告预算，尝试提高这些位置的展示次数，进而可能会带来更多的销售。同时，你应该持续监控ACoS的变化，以确保广告支出带来的是有效销售而非仅仅是点击。

5.3.3 分析购买产品报告

购买产品报告对于亚马逊卖家来说非常重要，因为它可以帮助卖家了解消费者购买行为以及优化广告策略。在本节中，我们将讨论如何分析购买产品报告中的关键数据，并通过案例研究和现实世界的例子，说明如何根据购买产品报告优化广告策略和提高转化率。

首先，购买产品与搜索词的关系可以帮助卖家了解消费者是如何搜索并找到他们的产品的。这可以帮助卖家优化关键词策略，以便更有效地吸引潜在买家。例如，如果卖家发现某个特定的搜索词与购买量高度相关，他们可以将更多广告预算投入这个搜索词上，以提高产品的可见性。

其次，购买产品与广告词的关系可以帮助卖家了解广告词的有效性。如果某个广告词与购买量关系密切，那么卖家可能需要考虑提高这个广告词的出价，以进一步提高广告效果。相反，如果某个广告词与购买量关系较弱，卖家应重新评估这个广告词的相关性和竞争力。

最后，购买产品与ASIN（Amazon Standard Identification Number，亚马逊标准识别号）的关系可以帮助卖家了解自家产品与竞争对手产品的关联。这可以帮助卖家更好地了解市场竞争格局，以便调整产品策略和广告策略。例如，如果卖家发现购买量较高的ASIN与竞争对手的产品密切相关，他们可以考虑针对这些ASIN优化自己的广告策略，以便在搜索结果中获得更高的排名。

以下是一些ChatGPT提示示例，以帮助卖家利用ChatGPT分析购买产品报告：

1）购买产品关键词关联

"你的任务是分析购买产品报告，并找出与购买量最相关的前10个搜索词。请提供一个清晰、简洁且详细的响应，说明你使用了什么方法来确定这些关键词，并解释每个关键词与购买数量之间的联系。

以下是购买产品报告数据：

<贴出你的购买产品报告数据>"

2）广告词效果分析

"请分析我的购买产品报告，帮助我了解哪些广告词对购买量产生了积极影响，以便我优化广告策略，请提供具体数据和解释以支持你的结论。

以下是购买产品报告数据：

<贴出你的购买产品报告数据>"

3）竞品 ASIN 分析

"请分析我的购买产品报告，为我找出与购买量最相关的竞争对手 ASIN，请提供具体的数据和分析，解释为什么这些竞争对手是最相关的，并提供相应的广告优化建议。

以下是购买产品报告数据：

<贴出你的购买产品报告数据>"

4）购买产品与广告组合优化

"请根据我的购买产品报告，分析我应如何调整广告组合以提高转化率和降低广告成本。

以下是购买产品报告数据：

<贴出你的购买产品报告数据>"

通过以上示例，我们看到 ChatGPT 可以为亚马逊卖家提供有关购买产品报告的深入分析。这些分析可以帮助卖家更好地了解消费者行为和市场趋势，从而优化广告策略、提高转化率并降低广告成本。在今天竞争激烈的电商市场中，有效利用 ChatGPT 分析购买产品报告对于亚马逊卖家的成功至关重要。

📖 案例：

假设我们有一家专卖户外装备的亚马逊店铺，该店铺投放了广告以提升其产品的销量。店主通过亚马逊后台获取了购买产品报告，希望通过分析这些数据来调整广告策略，以增加销量并提升投资回报（ROI）。报告显示，关键词"防水登山鞋"带来了相较于其他关键词更多的购买量，但广告成本也较高。另外，报告还显示了一个竞品 ASIN 频繁地出现在购买产品的同一页面上，并且这些购买都来自广告点击。

> 💻 问： 我想分析我的户外装备店铺的购买产品报告，特别是关键词"防水登山鞋"在报告中表现如何。这个关键词带来了较高的购买量，但是广告成本也相对较高。请使用数据驱动的方法，分析这个关键词的表现，并建议如何调整广告预算以提高 ROI。

答：　　根据你提供的购买产品报告，"防水登山鞋"的关键词确实生成了显著的销量，这表明该关键词和产品匹配度高，用户的搜索意图与你的产品相符。然而，广告成本的增加可能意味着该关键词的竞争非常激烈，或者你的广告出价可能高于平均水平。

为了提高ROI，我建议采取以下措施：

1. 分析更广泛的关键词范围，寻找与"防水登山鞋"相关但竞争度较低的长尾关键词。这样可以减少广告成本，同时保持销量。

2. 优化广告质量，提高广告点击率（CTR）。这可以通过改进广告文案和图像，或者通过A/B测试不同的广告元素来实现。

3. 考虑使用更精准的目标定位，如根据购买历史和消费者行为来定位，从而减少无效点击并提高转化率。

4. 定期审查你的广告报告，评估关键词的表现，及时调整出价策略。

通过这些方法，你应该能够在保持销量的同时减少广告成本，进而提高你的整体ROI。

第 6 章
ChatGPT 在邮件内容生成方面的应用

在本章中,我们将详细探讨如何利用ChatGPT这一人工智能工具在邮件内容生成方面的强大应用,从而帮助你更高效地处理各类问题,并提高客户满意度。本章将重点介绍以下几个方面:
- 运用ChatGPT生成各种售后客服沟通邮件模板。
- 使用ChatGPT编写针对侵权与版权问题的申诉模板。
- 利用ChatGPT生成处理产品与品牌问题的邮件模板。
- 运用ChatGPT编写有关账户绩效与安全的申诉模板。

通过本章的学习,你将全面了解并掌握如何借助ChatGPT的强大功能,在亚马逊跨境电商运营过程中高效地生成各类邮件内容,从而提高运营效率和客户满意度。

6.1 售后客服沟通邮件模板

在亚马逊跨境电商中,售后客服是至关重要的环节,因为它直接影响到客户满意度和品牌声誉。为了提高沟通效率和质量,我们可以利用ChatGPT来生成各类售后客服沟通邮件模板。

以下是利用ChatGPT生成售后客服沟通邮件模板的步骤。

（1）确定邮件类型：根据客户需求确定需要生成的邮件类型，如退货、换货、维修、产品咨询等。

（2）提供关键信息：为 ChatGPT 提供与所需邮件类型相关的关键信息，如订单编号、产品名称、客户姓名等。确保这些信息准确无误，以便生成高质量的邮件内容。

（3）设定邮件风格：为了符合品牌形象和客户期望，设定相应的邮件风格，如正式、友好、亲切等。根据实际需求，为 ChatGPT 提供相应的指引。

（4）生成邮件草稿：通过输入相关信息和指引，让 ChatGPT 为你生成一份邮件草稿。在此过程中，你可以适当调整指令，直至生成满意的邮件内容。

（5）对生成的邮件进行审查：在发送邮件之前，请对生成的邮件内容进行仔细审查。确保其中没有错误或遗漏，并进行必要的修改。

（6）发送邮件：审查无误后，将生成的邮件发送给客户，以便解决他们的问题。

根据亚马逊日常运营中遇到的各类情况，下面介绍各类 ChatGPT 邮件生成指令，方便读者直接使用。

6.1.1 订单物流日常回信

在亚马逊跨境电商中，客服与买家的沟通至关重要。高效且友好的沟通方式可以帮助解决买家的问题，提高客户满意度，同时也有利于提升卖家的信誉。在本节中，我们将分享一些客服与买家沟通的场景，包括回复买家关于发货、退货、缺件、少件等问题。我们还将提供一系列邮件内容生成的 Prompt，帮助你更轻松地撰写客户回复邮件。

以下按大问题分类，再按具体情况拆分小问题，形成不同的提示语：

1. 客户询问订单包裹到哪里

（1）刚发货，没有跟踪号：

"请撰写一封邮件告知客户他们的包裹已发货，但目前还没有跟踪号。

邮件应该礼貌、简洁，并承诺在有跟踪号时及时通知客户。"

（2）已经过去几天，有最新跟踪号：

"请撰写一封邮件提供客户他们包裹的最新跟踪号，并解释目前的物流状态。邮件应当礼貌、简洁且易于理解。"

2. 显示快递已交付，客户说没收到

（1）有签收照片：

"请撰写一封邮件告知客户我们有他们的签收照片作为证据，并提供照片。同时询问客户是否需要进一步的帮助。邮件应当礼貌且清晰。"

（2）无签收照片：

"请撰写一封邮件表示同情客户未收到包裹的情况，并询问他们需要的解决方案。邮件应当礼貌、简洁且关怀满满。"

3. 包裹投递失败问题

（1）到达待取：

"请撰写一封邮件通知客户他们的包裹已经到达待取地点，并提供相关的取货信息。邮件应当详细、简洁且有指导性。"

（2）投递失败：

"请撰写一封邮件告知客户他们的包裹投递失败，并询问他们如何处理此问题。邮件应当礼貌、简洁且包含解决方案。"

4. 包裹在半路，客户要求退货

（1）在我们的规定时间可以到达的情况下：

"请撰写一封邮件告知客户根据我们的预计送达时间，他们的包裹应该会按时到达。邮件应当礼貌、简洁且具有说服力。"

（2）包裹延迟未到达，客户需要退货：

"请撰写一封邮件向客户表示歉意，因包裹延误导致退货请求，并提供详细的退货流程。邮件应当礼貌、详细且关怀满满。"

5. 订单很久没有更新物流信息

(1) 询问客户是否成功签收快递：

"请撰写一封邮件向客户询问他们是否已成功签收快递。邮件应当礼貌、简洁且关注客户需求。"

(2) 如果客户回复没有收到包裹：

"请撰写一封邮件向客户表示同情，并提供可能的解决方案。邮件应当礼貌、简洁且关怀满满。"

(3) 客户在几天后回复还没有收到：

"请撰写一封邮件向客户表示歉意，并根据客户的情况提供解决方案。邮件应当礼貌、详细且关注客户需求。"

6. 客户说发错货或者产品损坏

(1) 请求客户提供照片，确认是否发错：

"请撰写一封邮件向客户表示歉意，并要求他们提供照片以确认是否发错货。邮件应当礼貌、简洁且具有责任感。"

(2) 请求客户提供照片，确认是否损坏：

"请撰写一封邮件向客户表示歉意，并要求他们提供照片以确认产品是否损坏。邮件应当礼貌、简洁且具有责任感。"

(3) 确认损坏，提供解决方案：

"请撰写一封邮件向客户确认产品损坏，并提供解决方案。邮件应当礼貌、详细且关注客户需求。"

(4) 确认发错，提供解决方案：

"请撰写一封邮件向客户确认发错货，并提供解决方案。邮件应当礼貌、详细且关注客户需求。"

(5) 订单完成三个月后说损坏：

"请撰写一封邮件回应客户在订单完成三个月后提出的产品损坏问题，并提供合理的解决方案。邮件应当礼貌、简洁且具有说服力。"

7. 缺货告知客户

(1) 仓库缺货,店铺未发货,主动取消订单:

"请撰写一封邮件告知客户商品缺货,并表示将主动取消订单。邮件应当礼貌、简洁且关怀满满。"

(2) 仓库缺货,店铺已发货,告知客户:

"请撰写一封邮件告知客户商品缺货的情况,并说明已发货的包裹中所包含的商品清单。邮件应当礼貌、简洁且具有责任感。"

(3) 推荐同款不同色的产品:

"请撰写一封邮件向客户推荐同款不同颜色的商品作为缺货商品的替代品。邮件应当礼貌、简洁且具有说服力。"

(4) 推荐另一款风格类似材质一样的产品:

"请撰写一封邮件向客户推荐一款风格类似且材质相同的商品作为缺货商品的替代品。邮件应当礼貌、简洁且具有说服力。"

8. 无理由退货

(1) 询问理由:

"请撰写一封邮件向客户询问他们要求退货的具体原因。邮件应当礼貌、简洁且关注客户需求。"

(2) 争取退还部分款项,让客户保留产品:

"请撰写一封邮件向客户提议退还部分款项以换取他们保留产品。邮件应当礼貌、简洁且具有说服力。"

9. 客户要求多余产品

(1) 跟客户说明产品状况:

"请撰写一封邮件向客户说明他们要求的多余产品非商品本身包含的。邮件应当礼貌、简洁且具有说服力。"

(2) 客户回复要求退货,争取退还部分款项:

"请撰写一封邮件向客户提议退还部分款项以换取他们不退货。邮件应当礼貌、简洁且具有说服力。"

10. 客户购买多件，发信确认产品数量

（1）购买多件：

"请撰写一封邮件向客户确认他们购买的多件商品的数量。邮件应当礼貌、简洁且关注客户需求。"

（2）库存不足：

"请撰写一封邮件向客户说明虽然他们想购买的数量为 8 件，但当前库存仅剩 5 件。邮件中应告知客户这一情况，并询问是否减少订单数量，或是等待库存补充。同时，邮件应提供预计的库存补充时间，并询问客户的偏好以尽力满足他们的需求。邮件应当礼貌、详细，并且具备解决问题的态度。"

11. 少发货

（1）缺少整个货物：

"请撰写一封邮件向客户表示歉意，并解释他们收到的包裹中缺少整个货物的情况。邮件应当礼貌、简洁且关怀满满。"

（2）询问客户具体缺少的部件：

"请撰写一封邮件向客户表示歉意，并询问他们收到的包裹中具体缺少哪些部件。邮件应当礼貌、简洁且关注客户需求。"

（3）定价错误，已经取消订单：

"请撰写一封邮件向客户表示歉意，因定价错误导致订单被取消。邮件应当礼貌、简洁且具有责任感。"

12. 客户要求在某日到达，否则退货

（1）已发货，能在要求的时间到达：

"请撰写一封邮件向客户保证包裹能在要求的时间到达。同时，请在邮件中提供有效的联系方式（如邮件地址或邮编），以便在包裹出现问题时，客户能够及时联系我们并获得解决方案。邮件应当礼貌、简洁且具有指导性。"

（2）已发货，不能在要求的时间到达：

"请撰写一封邮件向客户解释由于物流延误，包裹可能无法在要求的

时间内到达，并询问客户是否愿意接受延期或者考虑退货。邮件应当礼貌、简洁且显示出对客户情况的理解和关怀。"

（3）未发货，能在要求的时间到达：

"请撰写一封邮件向客户确认包裹将很快发货，并将在要求的时间到达。邮件应详述预计的发货时间和到达时间，保持信息的透明度和准确性。"

（4）未发货，不能在要求的时间到达：

"请撰写一封邮件向客户说明包裹无法在要求的时间到达的原因，并询问客户是否选择等待或取消订单。邮件应当礼貌、详细且提供解决方案。"

以上为根据日常碰到的不同亚马逊订单物流情况，用于回复客户的ChatGPT内容生成指令。你可以将这些指令输入ChatGPT中，以便生成针对不同运营情况的邮件内容。请注意，你可以根据需要自由发挥，并在邮件中添加任何其他相关信息或说明。

案例：

当一个客户在订单完成三个月后联系客服表示产品损坏，这可能是一个棘手的情况。客户的满意度是优先考虑的，但同时也需要确保解决方案对双方都是公平的。

> **问：** 请撰写一封邮件回应客户在订单完成三个月后提出的产品损坏问题，并提供合理的解决方案。邮件应当礼貌、简洁且具有说服力。请用英文回答。

> **答：** Subject: Response to Your Inquiry About the Damaged Item
>
> Dear [Customer's Name],
>
> Thank you for reaching out to us. We understand that receiving a damaged item is certainly not the experience we want our customers to have, even if the purchase was made some time ago.

In order to assist you further, could you please provide us with a few photographs of the damaged item? This will help us understand the extent of the damage and facilitate the next steps.

Once we receive the images, we will explore the available options. Our aim is to find a fair resolution that will bring this matter to a satisfactory conclusion for both parties.

Thank you for your cooperation and patience. We look forward to resolving this for you promptly.

Warm regards,
[Your Name]
[Your Position]
[Company's Name] Customer Care Team

6.1.2 索取好评模板

在亚马逊跨境电商中，获得正面评价对于卖家的信誉和排名有很大的帮助。然而，在寻求好评的过程中，卖家需遵循亚马逊的相关规定，确保其行为符合平台政策。本节将介绍如何在退款后邀请客户给予好评，发货后邀请客户给予好评，以及在索取好评过程中应注意的合规问题和注意事项。最后，将分享相关的邮件内容生成的Prompt。

1. 退款后邀好评

在处理客户退款的同时，卖家可以考虑在退款后邀请客户给予好评。在这种情况下，卖家需确保沟通的语气诚恳、真诚，同时注意遵守亚马逊的相关规定。以下是Prompt写法：

"请为客户生成一封回复邮件，在处理退款事宜后邀请客户给予正面评价。邮件应表现出对客户满意度的重视，并强调卖家会提供更好服务的承诺。同时，请注意遵守亚马逊的相关政策。"

2. 发货后邀好评

在商品发货后,卖家可以主动联系客户,了解购买体验,并邀请客户给予正面评价。此时,卖家需注意使用友好、礼貌的语气,避免使客户产生过多压力。以下是 Prompt 写法:

"请为客户生成一封回复邮件,在发货后询问客户对购买体验的满意度,并邀请他们给予正面评价。邮件应表现出对客户意见的关心,并确保与客户保持良好沟通。请遵守亚马逊相关政策。"

在索取好评过程中,卖家需遵守亚马逊的相关政策,以免引起平台的处罚。以下是一些需要注意的事项:

- 切记,一定只能在私人邮件中催评,站内信里禁止向客户催评!!!
- 不要直接或间接提供任何形式的物质回报,以换取客户的正面评价。
- 不要向客户施加过多压力,或使用威胁性的语言。
- 始终保持诚恳、友好的沟通方式,尊重客户的意见和反馈。
- 始终遵守亚马逊的相关政策和规定。

通过遵循上述注意事项,卖家可以在遵守平台规定的同时,尽可能地获得客户的正面评价。

案例:

一位亚马逊卖家在成功解决了消费者的退款请求后,想要寻求这位客户的正面评价。为了确保邮件内容符合亚马逊的政策并且能够提升客户的回复率,卖家需要创建一个既不违反规定又能鼓励客户自愿留下好评的邮件模板。

> **问:** 请为客户生成一封邮件,在处理退款事宜后,以符合亚马逊政策的方式邀请客户留下正面评价。邮件内容需要表现出对客户满意度的重视,同时突出卖家会提供更佳服务的承诺,而且不得给客户造成压力或提供任何回报以换取好评。请用英文回答。

> **答:** Subject: We Hope Your Issue Was Resolved Successfully - Share Your Experience?

Dear [Customer's Name],

  First and foremost, we want to express our sincere apologies for any inconvenience you may have experienced with your recent purchase. We understand that issues can arise, and we're grateful that you brought this to our attention.

  We hope that the refund process was smooth and met your expectations. At [Your Company Name], we are committed to improving our services and ensuring our customers walk away happy.

  If you are satisfied with how we handled your situation, we would be thankful if you could share your positive experience by leaving a review. Your feedback not only helps us to improve but also assists other customers in making informed decisions.

  Please remember, your opinion is of the utmost importance to us and there is absolutely no obligation to provide a review. We just thought your insights might help others.

  Thank you once again for your understanding and for giving us the opportunity to make things right.

Warm regards,
[Your Full Name]
Customer Service Manager
[Your Company Name]

6.1.3 中差评管理和移除差评技巧

  在亚马逊跨境电商中，处理中差评是卖家必须面对的挑战。在本节中，我们将分享如何针对不同类型的差评请求顾客修改，以及在哪些情况下可以向亚马逊客服求助去除差评,并提供亚马逊合规问题和注意事项。我们为每个差评类型设计了一个邮件内容生成的Prompt,以帮助你撰写符合亚马逊政策的邮件。

1. 请求顾客修改差评

(1)客户对产品质量不满意。

"请生成一封针对质量不满意的差评回复邮件,询问具体问题并提供解决方案(如退款或更换),在问题解决后请求客户考虑修改差评。遵守亚马逊政策,避免承诺奖励以换取好评。"

(2)客户认为商品价格太高。

"请生成一封针对价格高的差评回复邮件,强调产品的价值和优点,解释价格与质量的关系,并在客户满意的情况下请求客户考虑修改差评。确保遵守亚马逊政策,避免提供任何形式的奖励。"

(3)客户认为发货运输时间长。

"请生成一封针对运输时间长的差评回复邮件,道歉并解释可能的原因,承诺改进服务,并在客户满意的情况下请求客户考虑修改差评。遵守亚马逊政策,不要提供奖励来换取好评。"

(4)客户认为商品与描述不符。

"请生成一封针对商品与描述不符的差评回复邮件,更正错误并请求客户在满意的情况下考虑修改差评。遵守亚马逊政策,避免提供奖励或利益以换取好评。"

注意事项:
- 始终保持礼貌和专业,避免与客户发生冲突。
- 按照亚马逊政策,不要向客户提供任何形式的奖励以换取好评。
- 在请求修改差评之前,首先要解决客户的问题。
- 保持回复简洁明了,避免使用复杂的语言。
- 定期查看亚马逊政策以确保你的邮件回复始终符合规定。

2. 请求亚马逊客服移除差评

(1)买家在评论中询问产品有没有某个功能,同时只给1星或2星:

"请生成一封向亚马逊客服说明买家在评论中询问产品功能的邮件,指出这类问题应该在QA部分提问,并请求客服将此评论移除。"

(2)买家评论很满意,但是只给1星或2星:

"请生成一封向亚马逊客服说明买家虽然满意但评分错误的邮件,请求客服调查并考虑移除或更正此评价。"

(3)亚马逊配送的产品包装损坏严重,是亚马逊的责任:

"请生成一封向亚马逊客服说明产品在配送过程中损坏的邮件,强调此问题是亚马逊配送方面的责任,并请求客服协助移除此差评。"

(4)买家说收到的产品是二手货,有严重划痕,是FBA仓库的责任:

"请生成一封向亚马逊客服说明买家收到二手产品的邮件,指出这是FBA仓库的责任,并请求客服调查并移除差评。"

(5)差评里带侮辱性的字眼:

"请生成一封向亚马逊客服说明差评中包含侮辱性字眼的邮件,并要求依据亚马逊政策将这一违规评论移除。"

(6)在我们店铺和其他卖家那里留内容同样的差评,而其他卖家处有VP(verified purchased,购买确定),我们没有:

"请生成一封向亚马逊客服说明买家在多个店铺留下相同内容差评的邮件,但我们的店铺没有VP标记,请求客服调查并移除此差评。"

(7)买家因不会使用产品而认为产品有问题:

"请生成一封向亚马逊客服说明买家因不会使用产品而在评论中反映产品存在问题的邮件,指出这类问题应在QA部分提问,并请求客服移除此差评。"

注意事项:

- 保持邮件内容礼貌和专业。
- 提供详细的解释和证据以支持你的请求。
- 确保你的请求符合亚马逊的政策和规定。
- 耐心等待亚马逊客服的回复,避免频繁催促。
- 如果亚马逊客服不能满足你的请求,请尝试采用其他方法解决问题,如联系买家解释情况。

📖 **案例:**

假设你在亚马逊平台上销售厨房用品,一位顾客对一款烤箱手套给出了差评,表达了对产品质量的不满。顾客在评论中指出,尽管手套的隔热性能不错,但在使用过程中发现缝合处有些松脱。这样的差评可能会影响其他潜在买家的购买决策,因此,处理这一评价至关重要。

> 问: 请生成一封针对质量不满意的差评回复邮件,询问具体问题并提供解决方案(如退款或更换),在问题解决后请求客户考虑修改差评。遵守亚马逊政策,避免承诺奖励以换取好评。请用英文回答。

答:
Subject: Your Feedback on Our Oven Gloves - Let's Make It Right!

Dear [Customer's Name],

Thank you for your recent purchase of our [Product Name] oven gloves and for taking the time to share your feedback.

We're really sorry to hear that your experience didn't match your expectations, specifically regarding the stitching of the gloves. Quality is a top priority for us, and we'd love the opportunity to make this right for you.

We have taken note of your comments and are already implementing stricter quality checks to ensure that every pair of gloves meets our high standards. In the meantime, we would like to offer you a replacement pair at no extra cost or a full refund - whichever you prefer.

Your satisfaction is our number one concern, and we would be grateful if you could let us know your preferred resolution. Once we've resolved this issue to your satisfaction, we kindly ask if you would consider updating

> your review to reflect your experience with our customer care.
>
> Please note that it's not our intention to offer this as an incentive for a positive review, but rather to correct the situation and regain your trust in our brand.
>
> You can reply directly to this email, and our customer support team will assist you promptly.
>
> Thank you for giving us the chance to make things right.
>
> Warm regards,
> [Your Name]
> [Your Company's Customer Service Team]

6.2 侵权与版权问题申诉

在开展亚马逊跨境电商业务的过程中，了解并遵循相关的法律法规至关重要。侵权与版权问题是亚马逊卖家需要特别关注的领域，因为这些问题可能导致产品被下架，甚至带来严重的法律责任。本节将围绕商标侵权、专利侵权和版权侵权这三个关键领域进行深入探讨，帮助你了解这些问题的本质以及如何妥善处理它们。

我们将提供关于如何避免侵权行为的实用建议，以及在遇到这些类型的投诉时如何进行申诉。每个小节都将详细讨论可能出现的侵权情况，并提供实际案例作为参考。此外，我们还将强调相关法律条款和规定，帮助你了解如何遵守这些规定以免承担不必要的法律责任。

我们力求使用简洁明了的语言，尽量减少行业术语的使用，以便你能够轻松理解并掌握这些重要知识。

6.2.1 商标侵权

商标侵权是一个常见的法律问题，涉及未经授权而使用他人的商标或标识。在亚马逊跨境电商中，商标侵权可能出现在跟卖、Listing详情内容、产品包装等方面。本节将详细解释如何避免商标侵权，并提供实际案例以供参考。我们还将介绍相关法律条款和规定，以强调遵守这些规定的重要性，以免承担不必要的法律责任。

1. 商标侵权简介

商标侵权是指未经商标持有人许可，使用与其注册商标相同或相似的标志，从而导致消费者混淆的行为。在亚马逊跨境电商中，商标侵权是一种常见的问题，可能导致账户被封禁、赔偿损失等后果。

2. 避免商标侵权的方法

要避免商标侵权，你应当：

（1）在销售他人品牌的商品时，务必获得品牌持有人的正规授权，不要擅自使用对方的商标或Logo。

（2）在Listing详情内容中，尤其是在销售3C配件类产品时，遵循亚马逊的要求。例如，如果我们要卖苹果的手机壳，一定不能写成"iPhone Case"。需要在品牌前加上"for""Fit for""Compatible with"等词语，如将"iPhone Case"改为"Case for iPhone"。但请注意，具体品牌具体分析，并不是每个品牌加了这些词语就不会被判定侵权了。

（3）在制作产品对比图和应用场景图时，避免使用他人的品牌图案和Logo。例如，在拍摄与iPhone手机的对比图时，应将咬了一口的苹果Logo去掉。

（4）了解并遵守亚马逊的商标政策和相关法律法规。

以下是一些商标侵权可能发生的情况及实际案例。

案例一：一位跨境电商卖家在亚马逊上销售了一款与著名品牌相似的运动鞋。尽管他们并未直接使用著名品牌的商标，但鞋子的设计和颜色与该品牌相似，导致消费者混淆。品牌持有人发现后，向亚马逊投诉，要求下架该产品。卖家因商标侵权被迫下架产品，并支付赔偿。

案例二：一位卖家在亚马逊上销售一款手机壳，产品页面使用了著名品牌的Logo作为卖点。尽管该卖家并未在产品上使用该Logo，但在产品页面上使用了该商标。品牌持有人投诉后，亚马逊要求卖家立即下架产品，并对其账户进行警告。

案例三：一位跨境电商卖家在亚马逊上销售一款兼容某品牌笔记本电脑的电池。卖家在Listing详情中直接使用了该品牌名称，未加入"Compatible with"等词语。品牌持有人发现后投诉，导致卖家的产品被下架，账户受到警告。

3. 相关法律条款和规定

在全球范围内，商标权受到严格的法律保护。各国的商标法规定了商标权的保护范围、侵权行为的认定及法律责任等。在亚马逊平台上，商标权受到亚马逊知识产权政策的保护，卖家需要遵守这些政策以免触犯法律。尊重他人的知识产权，不仅有助于你在亚马逊上顺利经营，还可以提升你的品牌形象和信誉。

6.2.2 专利侵权

在本节中，我们将重点关注如何避免专利侵权。在跨境电商领域，专利侵权通常涉及发明专利、外观专利和实用新型专利。为了识别产品是否具有专利，卖家至少需要了解以下三要素之一：专利名、专利人和专利号。在这一节中，我们将提供一些关键建议，以帮助卖家了解如何避免专利侵权。

（1）使用产品关键词在谷歌专利搜索中进行查询。这将帮助你了解产品是否已经受到专利保护。

（2）利用谷歌识图搜索辨别产品是否具有专利保护。这可以帮助你确定产品的外观是否与已知的专利相似。

（3）分析供应商的价格和起订量。价格较高且起订量较大的产品可能存在专利保护。

(4)从市场容量和客户角度去辨别产品是否有专利。跟卖或售卖的人数越少,说明卖家拥有专利的可能性就越高。

使用专利查询网站进行进一步核实。常用的专利查询网站有美国专利及商标局(United States Patent And Trademark Office,USPTO)官网、欧盟知识产权局(European Union Intellectual Property Office,EUIPO)官网、世界知识产权组织(World Intellectual Property Organization,WIPO)官网。

以下是一些专利侵权可能发生的情况及实际案例。

案例一:一位亚马逊卖家销售一款与某知名品牌类似的无线耳机。尽管产品品牌不同,但产品的结构和功能与该知名品牌的专利产品非常相似。知名品牌发现后,向亚马逊投诉,卖家的产品被下架,账户受到警告。

案例二:一位亚马逊卖家销售一款具有独特外观设计的手机保护壳,该设计受到外观设计专利保护。原设计师发现后,向亚马逊投诉,卖家的产品被下架,账户受到警告。

卖家可以通过专利名关键词在专利网站上查询,然后在查询获得的列表中去和自己选定的产品比照,以此来避免侵权行为的发生。另外,建议多向供应商询问核实,并向有经验的卖家请教。虽然这些你所询问的对象未必都对该产品的专利问题把握精准,但你获取的信息多了,对信息的把握就更准了。

最后,请务必遵守各国专利法律法规,以确保你的商业行为符合法律要求。只有这样,你才能在亚马逊跨境电商市场中保持竞争力,实现可持续发展。

6.2.3 版权侵权

在本节中,我们将讨论如何避免在亚马逊跨境电商领域涉及版权侵权。版权侵权是指未经许可擅自使用他人的原创作品,如文学、艺术、音乐、影视等。亚马逊对版权侵权问题管理非常严格,因此了解如何遵守相关法律法规至关重要。

以下是一些关键的说明和指导,以帮助你了解如何避免版权侵权:

(1)销售的产品上印有别人具有版权的图案。例如,印花T恤上的图案。为避免这种情况,请确保你使用的图案经过充分授权,或者使用原创设计。

(2)销售的产品使用了别人拥有版权的版式。例如,卖版画模板的卖家应避免使用未经授权的版权版式。在选择模板时,请确保已获得许可或购买相应的授权。

(3)抄袭了别人的产品描述。这也是侵权行为,可能导致Listing被下架、账号受限等后果。在编写产品描述时,避免复制其他卖家的描述。将多个来源的信息汇总并重新组合以创造独特的描述。

(4)盗用同款产品Listing图片。亚马逊在上传产品图片时不会追究图片来源,但若原创卖家发现并投诉,经查证属实,可能导致警告或直接关店。建议自己拍摄图片,以避免侵权风险并更好地展示产品差异。

以下是一些版权侵权可能发生的情况及实际案例。

案例一:一名亚马逊卖家销售了一系列印有独特设计的T恤。这些设计事实上是另一位艺术家的原创作品,未经艺术家许可。原创艺术家发现后,立即向亚马逊投诉。经过调查,亚马逊确认侵权情况属实,随后下架了涉及侵权的T恤产品,该卖家还需支付赔偿金给原创艺术家。

案例二:一位销售运动鞋的亚马逊卖家直接从竞争对手的Listing中复制了一组产品图片。他认为这样可以节省拍摄成本并快速上架产品。然而,竞争对手发现后向亚马逊提交了侵权投诉。经查证,亚马逊发现该卖家确实未经授权使用了竞争对手的图片,随后对该卖家的店铺进行了关闭处理。

要避免此类情况,你必须确保遵守与版权相关的法律法规。此外,请注意美国《数字千年版权法》(Digital Millennium Copyright Act,DMCA)等法律条款,这些法律可能对亚马逊卖家产生影响。

通过遵循上述指导,亚马逊卖家可以在很大程度上避免版权侵权问题。请务必关注相关法律法规的变化,并确保你的商业行为始终符合法律要求,以免承担不必要的法律风险。

6.2.4 卖家如何进行专利投诉

在亚马逊品牌经营中,专利投诉是一个重要的环节,用于保护创新者的权益。本节将详细介绍如何进行专利投诉,包括通过品牌备案的页面进行专利投诉和直接在亚马逊上找到投诉入口并投诉两种方法。

方法一:通过品牌备案的页面进行专利投诉。

(1)登录账号,选择品牌,进入品牌保护,单击"违规举报"。

(2)选择对应的国家和站点,输入要投诉的ASIN号,在搜索结果中勾选要投诉的产品,并选择投诉类型。

(3)投诉类型选择"专利侵权",跳转到投诉页面后填写好相关信息,单击提交即可。当涉及外观设计专利时,选择设计专利(design patent)进行投诉。提交投诉后,请留意邮件通知或事情(Case)进展情况。

方法二:直接在亚马逊上找到投诉入口并投诉。

(1)进入亚马逊卖家中心后台,选择绩效→账户状况→举报滥用亚马逊政策行为→选择知识产权(版权,商标,专利)违规行为,单击"公示表";或者直接通过举报侵权页面进入公示表。

(2)页面跳转后根据实际情况选择或填写内容。注意:design patent是设计专利,utility patent是发明专利,需正确选择,不然会影响投诉成功率。在Additional information中加入投诉描述模板。后续可以通过Case进展或者亚马逊的邮件通知来关注亚马逊处理投诉的进度。

(3)投诉描述内容,可以利用ChatGPT帮我们完成,以下是撰写投诉信的Prompt示例:

"作为卖家,你需要向亚马逊投诉某个卖家侵犯了你的专利权。请撰写一封专利投诉描述信,并包括以下要点:

1. 指明专利拥有者和相关的专利号。

2. 说明被投诉人如何侵犯了你的专利权。

3. 对比专利申请时间和被投诉产品上架时间,证明被投诉人使用了未经授权的技术。

4. 描述该国/地区对于此项技术所提供的法律保护。

5. 详细描述被投诉产品与专利产品之间的相似性。

6. 强调被投诉人未经授权使用相关专利并违反了知识产权法规。

7. 要求亚马逊立即停止销售涉嫌侵权产品并采取必要措施以防止再次发生类似情况。

8. 表示保留采取进一步法律行动的权利。

请注意，在撰写信件时，请确保语言简洁、清晰易懂，并附上任何支持材料以加强你的主张。"

若提交投诉后，收到亚马逊的回复邮件说投诉不成功，可以采取以下方法：

（1）购买对方的产品，并且将对方的产品和专利以同一角度进行拍照比对，证明两者产品一样。

（2）进入举报违规行为界面，找到投诉历史。

（3）找到之前投诉的编号，打开详细信息。

（4）进入详细信息后，单击"升级投诉"。

（5）针对专利权产品和被投诉产品的七视图对比分析，表明两者产品一样，再附上双方的包装比对，证明两者生产商不同，在附件中提供分析对比文件和专利证书。

（6）对于升级投诉的描述，我们可以让 ChatGPT 帮我们写，以下是案例展示。

📙 案例：

假设你是 ABC 品牌的所有者，该品牌在美国拥有一个外观设计专利，编号为 US D800,000 S。近日，你在亚马逊上发现了一个卖家的产品，其设计与你的专利产品惊人相似，明显构成了侵权行为。你决定采取行动对该卖家进行专利投诉。

> 📋 问： 作为拥有注册外观设计专利 US D800,000 S 的 ABC 品牌所有者，我需要向亚马逊提交一份关于有卖家似乎侵犯了我的专利权的投诉。请帮助我起草一封专利侵权投诉信，涵盖下面的所有要点描述：

1. 提及你已购买并比较了双方的产品。

2. 提供测试订单编号。

3. 强调侵权产品在Amazon.com上销售侵犯了你的专利。

4. 指出专利涵盖了特定形状和设计,并附上专利证书副本。

5. 引述美国设计专利侵权判断的法律依据和相关案例。

6. 介绍普通观察者测试原则,并阐述两个设计之间的相似性。

7. 将上述产品与专利设计进行对比,指出形状和设计相同或极为相似。

8. 表明普通观察者在查看产品设计和专利设计时,会认为两者极为相似。

请注意,在撰写投诉描述时,请确保语言简洁、清晰易懂,并附上任何支持材料以加强你的主张。

答:

Subject: Urgent Patent Infringement Complaint – Immediate Action Required

Dear Amazon Seller Performance Team,

I am writing to you as the owner of the ABC brand, which holds a valid and enforceable United States design patent (US D800,000 S). It has come to our attention that a product listed on Amazon (ASIN: B00XXXXXXX) is infringing upon our patent rights.

Here are the details for your review and immediate action:

1. Patent Holder: ABC brand

2. Patent Number: US D800,000 S

The product in question is being sold by [Seller's Name], and it closely mimics the design that is explicitly protected under our patent, which was granted prior to the listing date of the alleged infringing product.

Upon a detailed comparison, it is evident that the

design of the infringing product and our patented design are substantially the same. This not only misleads customers but also infringes upon our legal rights granted under U.S. design patent law.

The legal protection for our technology in this jurisdiction is robust, and as per the patent laws, our design is not to be used without explicit permission - which has not been granted to any third party.

We request that Amazon take immediate action to remove the infringing product from sale and implement measures to prevent further infringements. Please find attached the patent certificate and the comparison images substantiating our claim.

We reserve the right to take further legal action if necessary, but we believe Amazon will adhere to its policies regarding intellectual property rights and take prompt and decisive action in this matter.

Thank you for your understanding and cooperation.

Sincerely,
[Your Full Name]
[Your Contact Information]
[ABC Brand Legal Department]

在进行专利投诉时,我们应该注意以下几点问题:

(1)投诉时,不要一次性投诉太多,投诉也不能太频繁。历史投诉成功率越高,亚马逊受理的概率越大。为了提高专利投诉成功率,专利的申请日应早于被投诉产品的上架日期。

(2)有品牌备案的店铺投诉成功率会高于没有品牌备案的店铺。

(3)若有付费的招商经理,则可委托招商经理升级Case进行人工审核,这样成功率会增加。

(4)由于审核人员并非知识产权专业人士,因此有些产品即使看着很像,但亚马逊也可能不接受,这是亚马逊目前审核机制的问题。当然,对于这类问题,亚马逊也提供了解决方案,可以进入亚马逊中立评估程序,让专业的美国知识产权律师来调解纠纷。在这种情况下,投诉可以得到更好的效果。

总之,亚马逊卖家进行专利投诉的过程涉及多个步骤和注意事项。通过了解和遵循这些指南,卖家可以更有效地保护自己的知识产权,维护公平竞争的市场环境。在遇到问题时,及时与亚马逊或专业人士沟通,以确保投诉的成功处理。

6.2.5 收到侵权投诉如何处理和申诉

在亚马逊跨境电商中,处理侵权问题和申诉是非常关键的。当真正面临侵权投诉时,卖家需要迅速、准确地回应,以避免进一步损失。以下是一些建议,帮助你应对不同类型的投诉并撰写申诉信。

(1)第一时间下架侵权产品:一旦收到侵权投诉,立即下架相关产品。同时,检查店铺内是否有类似产品,一并下架。不要抱有侥幸心理。

(2)联系投诉方:通过亚马逊提供的投诉人联系方式,主动与投诉方沟通。承认错误,表示无心之失,并告知已下架产品。承诺不再销售他们品牌的产品,并将该沟通抄送给亚马逊官方邮箱。

(3)使用ChatGPT帮我们撰写申诉信。以下是案例参考。

📖 案例:

设想你的亚马逊店铺销售的一款流行手机壳收到了侵权投诉,声称你的产品侵犯了他们的设计专利。尽管你认为这是一个误解,但亚马逊已经按照标准程序下架了你的产品,并要求你提交申诉。

> 📋 问: 请撰写一份针对亚马逊卖家的侵权申诉信,其中需要详细说明侵权情况,并提供已采取和计划采取的措施。请按以下要点组织你的回复,并用英文回答:
> 1. 请明确描述侵权情况并表达歉意。

2. 说明在第一时间删除了产品,并保证不再销售。

3. 提交进货发票以及其他有效证明文件作为辅助材料。

4. 详细阐述将加大产品品牌/专利/真伪方面的检测力度,确保100%无问题才上架。

5. 建立专人团队负责核查产品信息,如外观、品牌、工厂资质等。

6. 提供供应商的联系信息、官网等证明,以展示正规的进货渠道。

7. 最后,请强调我们将严格遵守相关法律法规,保证不再犯错。

请注意,在回复中要清晰地陈述以上各项内容,并尽可能提供具体细节和凭据来支持你所做出的承诺。此外,请使用礼貌而客观的语气进行撰写。

答: Subject: Infringement Complaint Appeal for ASIN B0XXXXX123 - Immediate Action Taken and Future Preventive Measures

Dear Amazon Seller Performance Team,

I am writing to address the recent infringement claim received for our mobile case with ASIN B0XXXXX123. We take such matters very seriously and would like to offer our sincerest apologies for any inadvertent infringement that may have occurred.

Upon notification, we immediately removed the said product from our listings and have ceased all sales of the item in question. We have also conducted a thorough review of our inventory to prevent any future incidents.

As part of our appeal, we are prepared to submit purchase invoices and detailed photographs of the product to substantiate its authenticity and ensure that it does not infringe upon any existing patents. We have engaged with our suppliers to reaffirm the legitimacy of our products and can provide supplier contact details and their official website to confirm our lawful sourcing channels.

We are committed to upholding the highest standards of compliance and have implemented a rigorous internal process to scrutinize our products for any brand, patent, or authenticity issues before they are listed. A specialized team will be established to oversee this verification process, focusing on product appearance, branding, and manufacturer credentials.

We value our relationship with Amazon and its customers, and we intend to adhere strictly to all applicable laws and Amazon's policies to maintain the integrity of our storefront.

Thank you for considering our appeal. We are eager to resolve this matter and continue our partnership with Amazon.

Warm regards,
[Your Full Name]
[Your Amazon Seller ID]
[Your Contact Information]

（4）注意检查申诉邮件的语言表述：在回复亚马逊的邮件时，要确保内容准确且全面。不要过于啰唆，也不要漏掉关键信息。

总之，在处理侵权问题和申诉时，卖家需要迅速采取措施，与投诉方沟通，用ChatGPT撰写申诉信，并注意检查回复邮件的内容是否恰当、简洁。遵循上述建议，有助于提高申诉成功率，降低亚马逊账户受限的风险。

6.3 产品与品牌问题处理

在本节中，我们将重点讲解如何有效地增加类目节点以优化产品展示，同时还将详细指导卖家如何撰写解封申诉，以应对因变体滥用导致的账户受限问题。通过学习本节的内容，你将掌握关键技巧，提高产品管理效率，并确保你的销售业务在遵循平台规则的前提下稳步发展。

6.3.1 增加类目节点的方法

在亚马逊跨境电商领域，为产品增加类目节点是一种常见的策略，有助于提高产品在搜索结果中的曝光度。本节将详细介绍为什么要增加类目节点、增加类目节点的好处、如何开启 Case 沟通以及邮件撰写技巧。

类目节点是亚马逊搜索引擎用于区分和归类产品的标签。一个产品可以属于多个类目，增加类目节点可以让潜在客户在不同的类目下更容易找到该产品。通过为产品增加适当的类目节点，卖家可以提高产品在搜索结果中的排名，从而提高产品的曝光度和销量。

增加类目节点的好处有以下几点。

（1）提高搜索曝光度：增加类目节点可以让产品在更多相关类目下出现，从而提高在搜索结果中的曝光度。

（2）增加销售机会：当潜在客户在多个类目下都能找到同一产品时，销售机会将大大增加。

（3）更好地满足客户需求：通过将产品放在多个类目下，卖家可以更好地满足不同客户的需求。

开启 Case 沟通的关键是与亚马逊客服取得联系，提出增加类目节点的请求。卖家可以通过以下途径与客服沟通：

（1）通过亚马逊卖家后台的"帮助"或"联系我们"功能开启 Case。

（2）通过亚马逊官方的客服邮箱或电话渠道联系客服。

（3）如果是品牌旗舰店，可以在品牌注册界面寻求客服支持。

在撰写与亚马逊客服沟通的邮件时，我们可以使用ChatGPT来辅助，以下是撰写Prompt示例：

"请用以下要点撰写一封请求亚马逊客服增加类目节点的Case邮件：

1. 表达感谢，并明确你正在就ASIN的分类问题联系他们。

2. 提供当前ASIN所在的类目以及你希望添加的新类目（包括推荐编码）。

3. 简要介绍产品特点，并解释为什么该产品适合两个类目。同时，请说明将产品放在这些类目中对客户有何好处。

4. 提供其他卖家ASIN作为参考，其中这些商品已经位于两个类别下。可以附上截图以便客服查看。

5. 请礼貌地请求亚马逊客服将你的ASIN添加到新类别中，并提前表示感谢。

请注意，使用清晰、简洁和礼貌的语言来书写此邮件。"

总之，为产品增加类目节点是提高产品曝光度和销量的有效策略。通过与亚马逊客服沟通并遵循上述邮件撰写技巧，你可以提高成功添加类目节点的机会。

📖 案例：

假设我们有一个ASIN B0XXXXX123，这是一款多功能厨房切菜器，当前只在"厨房用品"这一类目下。为了增加曝光度和销售机会，我们想要将其同时加入"家庭生活"类目中。

> 问： 请用以下要点撰写一封邮件，请求亚马逊客服为ASIN B0XXXXX123 增加类目节点：
>
> 开始时对亚马逊团队表示感谢，并说明你就ASIN B0XXXXX123 的类目分类问题进行沟通。
>
> 提供ASIN当前所在的类目"厨房用品"以及希望添加的新类目"家庭生活"（附上类目推荐编码，如果有的话）。
>
> 简述产品的多功能特点，解释为什么这个切菜器适合被放在上述两个类目中，并阐述客户如何从中受益。

给出其他ASIN示例，说明这些产品已经成功放置在这两个类目中，可以附上截图帮助客服了解情况。

结尾请礼貌地请求亚马逊客服考虑你的请求，并将ASIN B0XXXXX123添加到"家庭生活"类目，提前表达感谢。

确保邮件措辞清晰、简洁且有礼貌。

答：　　Subject: Request to Add Additional Category Node for ASIN B0XXXXX123

Dear Amazon Seller Support Team,

　　I hope this message finds you well. I am reaching out regarding a category listing for our product with ASIN B0XXXXX123.

　　Currently, our multifunctional vegetable cutter is listed under the "Kitchen Utensils" category. We believe that it would also fit perfectly in the "Home Living" section due to its versatile use in home life. Adding this additional category will help customers who are seeking innovative home gadgets to discover our product more easily, thereby enhancing their shopping experience.

　　The current category is:

Kitchen Utensils

We are looking to add the following category:

Home Living

　　This product stands out due to its ability to streamline multiple food preparation processes, making it a valuable addition to any kitchen or home setting. We have observed similar products with ASIN Y0XXXXX789 that are listed under both categories and have attached screenshots for your reference.

　　We kindly request that our ASIN B0XXXXX123 be

considered for inclusion under the "Home Living" category. We appreciate your attention to this matter and thank you in advance for your assistance.

Warm regards,
[Your Full Name]
[Your Amazon Seller ID]
[Your Contact Information]

6.3.2 变体滥用申诉

在跨境电商领域，亚马逊对滥用变体行为有着严格的监管。本节将介绍亚马逊有关滥用变体的政策规则、如何规避风险的建议，以及卖家如何通过申诉来解封账户。

（1）亚马逊要求卖家遵守其 ASIN 变体政策，以确保购买者能够准确、快速地找到他们想要购买的商品。以下是亚马逊有关滥用变体的一些政策规则：

- 不要添加与父产品无关的子产品。
- 不要更改父产品的详细信息页面，使其与子产品不符。
- 不要通过捆绑相同制造商的多个产品来添加多包装子产品，例如，不要通过捆绑两组有三个包装产品在一起来形成看似有六个包装的产品。多包装子产品必须由制造商包装。

（2）为避免因滥用变体行为导致账户被封锁或限制销售权利，卖家应采取以下措施：

- 了解亚马逊 ASIN 创建政策，确保员工熟悉并遵守政策。
- 在上传新产品前，确保正确的父子关系，并检查目录是否支持变体。如果不支持变体，应分别上传产品，而不是添加与父产品无关的子产品。
- 在创建父子关系时使用正确的相同变体。定期检查在线产品以确保没有违规操作。
- 定期培训员工，让他们了解亚马逊政策，并进行测试以确保不再出现类似问题。

（3）如果卖家因滥用变体行为而导致账户被封锁或限制销售权利，以下是申诉的一些建议：

- 诚实、直接地承认错误。在申诉中，明确承认你的错误，并解释问题的原因。
- 描述采取的纠正措施。详细说明你已经采取的措施，例如删除违规ASIN、重新学习政策等。
- 制订预防未来问题的计划。阐述你将采取的措施来防止未来出现类似问题，如定期培训员工、确保正确的父子关系等。
- 承诺改进。向亚马逊承诺，你会遵循其政策，并确保将来不会再出现类似问题。这表明你对合规性的重视，并有利于恢复账户的正常使用。
- 及时跟进。提交申诉后，保持与亚马逊的沟通。回复他们提出的问题，并提供所需的补充材料。及时跟进表明你的诚意和解决问题的决心。
- 保持礼貌和专业。在与亚马逊沟通时，保持礼貌和专业。表现出你对合作的尊重，以及解决问题的积极态度。

总之，遵循亚马逊的政策是卖家取得成功的关键。在遇到问题时，及时、正确地提交申诉并采取纠正措施，是恢复账户正常运作的有效途径。

📖 案例：

假设你在亚马逊上销售多种颜色的智能手表。但在创建产品列表时，新加入的员工错误地将一款特定颜色的手表作为服装类别的变体上传，而非在原有智能手表产品下创建颜色变体。这导致亚马逊系统识别出滥用变体的行为，并对你的账户进行了封锁。

> 💬 问： 你的账户因滥用ASIN变体而被封店。请用英文撰写一份解封申诉邮件，包括以下要点：
> 　　1. 说明你已收到亚马逊关于滥用ASIN变体的通知，并承认自己犯了错误。

2. 具体描述导致问题的原因，例如新员工将手机配件上传至服装类别时出错，无法选择颜色变体等。

3. 详细说明为解决问题所采取的措施，如检查在线商品、删除违规 ASIN、学习亚马逊 ASIN 创建政策等。

4. 描述为避免再次发生类似问题而制定的预防措施，如对员工进行培训以确保他们熟悉亚马逊政策；在上传新产品前经过销售经理审核；定期检查在线商品以确保符合亚马逊政策等。

5. 承诺严格遵守亚马逊政策并保证未来不会再出现类似问题。

6. 请求考虑恢复你的账户销售权限，并表示感谢。

撰写申诉信时，请注意内容清晰、准确、有条理，以便亚马逊能全面了解情况并作出合理判断。

答： Subject: Appeal for the Reinstatement of Selling Privileges - ASIN Variations Policy Violation

Dear Amazon Seller Performance Team,

I am writing to you regarding the recent notification of the suspension of our selling privileges due to the misuse of ASIN variations. We acknowledge that we made a mistake and sincerely apologize for the confusion and inconvenience caused to the Amazon community and our customers.

The issue arose when one of our new team members, unfamiliar with the Amazon policies, incorrectly uploaded a smartwatch variant under the clothing category instead of adding it as a color variation within the existing product family. This was an honest mistake due to a lack of experience and understanding of the category-specific variation guidelines.

To resolve this issue, we have taken the following corrective actions:

Conducted a thorough review of all our ASINs to ensure they comply with Amazon's variation policies.

Removed the incorrectly listed ASIN and re-listed it under the correct parent ASIN as a color variant.

Re-trained our entire staff on Amazon's ASIN creation policies, emphasizing the importance of accurate category and variation listings.

Implemented a new protocol where every listing created by a new employee will be reviewed by a senior sales manager before being uploaded.

Scheduled regular audits to monitor our listings for compliance with all of Amazon's policies.

We have formulated the following preventive measures to avoid similar incidents in the future:

Monthly training sessions will be conducted for all staff, focusing on policy updates and compliance.

Introducing a mandatory checklist for product listings that aligns with Amazon's policies.

Assigning a dedicated team member to oversee the compliance of product variations.

We are committed to upholding Amazon's high standards and ensuring the accuracy of our product listings. We respectfully request that you consider reinstating our selling privileges. We appreciate the opportunity to rectify our mistake and pledge to maintain the utmost level of compliance moving forward.

Thank you for your time and understanding.

Sincerely,
[Your Name]
[Your Company Name]

6.3.3 品牌滥用申诉

在亚马逊平台上，卖家在申请品牌备案或品牌授权时可能会遇到显示品牌滥用的问题。本节将介绍品牌滥用的原因，以及如何解决这一问题。

1. 品牌滥用的原因

显示品牌滥用行为的原因主要有四个：
（1）店铺状况不佳，存在异常（如侵权、二手投诉等）。
（2）该品牌已授权超过 5 家店铺（如购买了服务商提供的注册商标）。
（3）店铺是新注册的店铺。
（4）店铺之前被关联了，解封后再次备案，导致品牌申请被拒绝。

2. 解决品牌滥用问题的方法

若遇到品牌滥用问题，卖家可以采取以下措施：

第一步，核实备案店铺的绩效通知，查看是否有侵权、欺诈等违规信息未处理。

第二步，确认同一主体注册的其他站点是否存在违规行为，确保所有站点正常销售。

第三步，了解该品牌是否已授权给多个其他店铺。

第四步，若以上三点都没有问题，可以进行申诉。

同时，请注意以下情况：

- 自有品牌提供商标受理通知书、商标证书等。若商标所有人与亚马逊店铺不一致，需提供商标授权书。
- 提供自身品牌官网销售链接，此举在处理滥用问题上非常有效。
- 提供能清晰展示商标 Logo 的产品图片和包装图片。
- 提供真实的采购增值税发票（过去 6 个月内任何最近的销售/采购/制造发票副本，包括一个或多个产品名称）。
- 提供生产证明，如与供应商的合同或供货协议，需体现品牌名。
- 提供店铺营业执照。

- 提供店铺截图。

提交申诉资料后，亚马逊会发来邮件，要求预约视频认证时间。预约后，按照正常的视频认证流程进行。若申诉者是品牌所有者，通过认证的概率较高。

以下是可能需要用到的一些提示语。

（1）撰写商标使用授权书：

"请撰写一份商标使用授权书，包括以下要点：授权人和被授权人的详细信息、商标名称及注册号码、授权期限、使用范围与方式等。请确保文档内容清晰明了，符合相关法律规定，并且能够有效地保护双方权益。"

（2）撰写供货协议：

"请撰写一份供货协议，其中需要明确体现品牌名称，并用于生产证明。该协议应包括以下内容：双方的基本信息、产品名称和规格、交付方式和时间、价格及支付条款、质量保证等细节。你所撰写的供货协议应具有法律效力并能够为双方提供充分的保障。"

请注意，由提示语生成的模板内容，请根据具体情况进行调整和修改，以满足特定需求。

6.4 账户绩效与安全问题申诉

在本节中，我们将详细讨论亚马逊跨境电商中关于账户绩效与安全问题申诉的内容。账户问题可能会对卖家的业务造成重大影响，所以了解如何应对这些问题至关重要。我们将从五个方面展开讨论：通用账户申诉、新账户被封申诉、关联误判被封申诉、绩效指标不达标被封申诉。这些内容将帮助卖家们更好地理解亚马逊的账户操作规则，为遇到问题时的申诉提供有效的策略。

6.4.1 通用账户申诉

在亚马逊跨境电商过程中，卖家可能会遇到账户暂停、被封、链接被锁等问题，这些问题往往源于产品不符合亚马逊相关规定、绩效指标差、侵犯知识产权等因素。为了解决这些问题，卖家需要提交一份行动计划书（Plan of Action，POA）及相关证据给亚马逊，以便申诉解封。本节将详细介绍什么是POA、如何撰写POA、撰写技巧以及注意事项。

亚马逊行动计划书是当卖家账号因为账号表现差、违反销售政策或侵权而被暂停时，卖家需要提交的申诉信。通常，卖家还需要一起提交一份盖公章的保证书以确认在FBA仓库存储的库存具有与POA中所述相同的更新。

行动计划书需要包括以下内容：

（1）解释问题的根本原因。

（2）描述将采取的措施来解决该问题。

（3）说明将采取的措施来避免将来问题再次发生。

保证书应包括以下内容：

（1）确认存储在亚马逊配送中心的特定ASIN具有与提供的POA中相同的更新。

（2）以上声明是真实正确的，否则我们将承担全部责任。

（3）公司署名、法人签名、盖公章和日期。

触发POA的原因有很多，包括但不限于：产品不符合亚马逊相关规定；亚马逊绩效指标差；侵犯知识产权；刷单、刷评论、刷爆款；单账号和关联账号限制；产品与描述的问题；销售假货；以及KYC（Know Your Customer，了解您的客户）审核不过关等。

撰写POA应态度诚恳、保持简单、专业客观并呈现事实，以下是相关撰写技巧：

（1）使用项目符号、数字或颜色来标识，以代替段落形式，清晰地列出问题原因以及相应的纠正措施。

（2）一个简短的介绍段落，快速向亚马逊描述你所遇到的问题以及已经解决的部分。

（3）专注于展示已经解决相关问题，避免账号审核流程或亚马逊的无关信息或评论。

（4）如果收到政策警告，不要责怪买家。投诉背后总是有合理的原因，卖家需要了解并进行改进。

（5）确保行动计划包含所有导致账号冻结因素的具体处理方法。

注意事项有以下几点：

（1）从自己的具体案例中收集详细信息，强调已经发现问题，并解释如何避免将来再次发生。

（2）除非能提供有力证据或证明亚马逊业务完全合规，否则不要将原因归咎于竞争对手或责怪买家恶意举报。这可能会被亚马逊视为认错态度不端正。

（3）把吐槽或批判威胁的话语写在文案里毫无作用。亚马逊关店或锁链接有自己的判断标准和触发机制，往往是基于掌握的证据。

（4）如果亚马逊要求提供资料，如发票、授权书、公司执照、公证书等，请确保提供真实有效的文件。

遵循以上撰写技巧和注意事项，你将能够编写出一个高质量的POA，以便顺利解决账号问题，恢复正常销售。

6.4.2 新账户被封申诉

亚马逊跨境电商新卖家可能会面临账户被封禁的问题。这主要是由于亚马逊对新账户的审核更加严格，以确保遵守平台政策并维护其声誉。本节将详细介绍新账户被封后如何进行申诉，并提供一些关键提示和建议。

1）了解封禁原因

新账户被封禁的原因可能包括但不限于：

（1）提供虚假或不完整的个人/公司信息。

（2）刊登侵权产品。

（3）违反亚马逊平台政策和规定。

(4)涉嫌欺诈行为。

了解封禁原因有助于为申诉做好充分准备。

2）准备申诉材料

针对封禁原因，准备相关材料。这可能包括：

(1)个人/公司身份证明文件（如身份证、护照、营业执照等）。

(2)银行账户和税务信息证明。

(3)相关发票或供应商信息，以证明商品来源合法。

(4)具体的改进措施计划（针对违反平台规定的情况）。

3）撰写申诉信

根据 6.4.1 节提到的 POA 撰写技巧，为新账户封禁问题撰写一封具体、清晰的申诉信。注意突出问题的解决方案，并承诺遵守亚马逊平台规定。

以下是一条帮助生成新账户被封申诉邮件的 Prompt：

"请撰写一封申诉邮件，解释你的亚马逊新账户被封禁的原因，并请求恢复你的账户。请在邮件中提供详细信息和证据，以支持你的申诉。

邮件应该包括以下内容：首先，请明确说明你的账户已经被封禁，并列出任何可能导致此结果的原因。然后，请提供相关证据来支持你对这些指控的反驳。例如，如果亚马逊指责你违反了其服务条款，那么请详细描述你如何遵守这些条款并提供相应证据。

接下来，请表达账户被封禁给你带来的困扰和诸多不便，并强调重获使用权将会给你带来多大好处。最后，请礼貌地请求他们重新审查并恢复你的账户访问权限。

请注意，在撰写邮件时要保持客观、真实、清晰和有条理性。同时也需要友善和谦虚。"

4）提交申诉

将申诉信及相关材料发送至亚马逊卖家支持邮箱（通常为 seller-performance@amazon.com），或通过卖家后台提交。耐心等待亚马逊的回复，跟进进度。

5）注意事项及建议

为避免新账户被封禁，卖家可以采取以下措施：

（1）在注册时提供真实、完整的个人/公司信息。

（2）遵守亚马逊的产品刊登规则，避免出售侵权或违规商品。

（3）学习并遵守亚马逊平台政策，避免违规操作。

通过遵循上述步骤和建议，新亚马逊卖家可以更好地管理账户并避免被封禁。在面临账户封禁问题时，积极与亚马逊沟通并按照其要求改进也是解决问题的关键。

案例：

张先生是一位亚马逊跨境电商新的卖家，最近他的账户突然被封禁。在仔细阅读亚马逊发来的通知邮件后，他意识到封禁可能与他最近添加的一个产品有关，这个产品虽然热销，但可能涉嫌侵犯了某个知名品牌的设计专利。为了尽快恢复账户，张先生决定采取以下措施来申诉。

> **问：** 请撰写一封申诉邮件，解释你的亚马逊新账号被封禁的原因，并请求恢复你的账户。在邮件中提供详细信息和证据，来支持你的申诉。邮件中应明确说明账户被封的情况、澄清误会并提供相应的解决措施。请用英文回答。

答： Subject: Appeal for Amazon Account Suspension - [Your Account Name]

Dear Amazon Seller Performance Team,

　　I am writing to appeal the suspension of my Amazon seller account. I understand the importance of complying with Amazon's policies, and I am committed to resolving the issues that led to this action.

　　My account was suspended due to allegations of selling products that infringe on intellectual property rights. Upon receiving the suspension notice, I reviewed my listings and identified the product in question, which may have inadvertently violated a design patent.

　　To address this, I have taken the following steps:

　　1. Removed the listing of the product in question from my Amazon store.

　　2. Contacted the supplier to confirm the origin and authenticity of the product to ensure it does not infringe on any patents or trademarks.

　　3. Prepared a detailed plan of action that includes stricter vetting processes for product selection and a commitment to ongoing compliance training.

　　I have attached documents that support my appeal, including communication with my supplier and proof of product removal.

　　I understand the inconvenience and impact of this suspension on customers and Amazon's platform. I assure you that I have taken every measure to resolve this issue and prevent future occurrences.

　　I respectfully request that you review my appeal and consider reinstating my Amazon seller account.

　　Thank you for your time and understanding.

Sincerely,
[Your Full Name]
[Your Seller ID]
[Contact Information]

6.4.3　关联误判被封申诉

　　在本节中，我们将探讨亚马逊跨境电商中的关联问题，包括什么是关联、关联的后果以及关联的网络因素、硬件因素和信息因素。

1)什么是"关联"

亚马逊规定,一个卖家只能拥有一个店铺。关联是指亚马逊通过技术手段,获取卖家相关信息,通过匹配关联因素,判断多个店铺账号是否属于同一卖家。

2)关联的后果

关联的后果包括以下几种情况:

(1)如果多个账户在同一站点销售相同或类似的产品,新建账户的全部Listing可能会被强制下架。

(2)如果多个账户在同一站点销售不同品类的产品且账户表现良好,这些账户可能会继续存活。

(3)如果一个账户关联到已经被关闭的账户,该账户一定会被关闭。

3)关联的网络因素

关联的网络因素包括IP地址、浏览器指纹、邮件图片动画、远程访问等。卖家应注意避免使用相同的网络环境、设备、浏览器设置和邮件处理方式来操作不同的亚马逊账户。

4)关联的硬件因素

关联的硬件因素包括网卡和路由器的MAC(Media Access Control,媒体访问控制)地址。卖家应更换网卡或路由器,或修改网络适配器的属性以防止关联。

5)关联的信息因素

关联的信息因素包括账户信息(如登录邮箱、地址、电话号码、信用卡号码、密码)、收款账户、上架产品、域名注册人、品牌注册人、营业执照法人等。卖家应在不同账户之间尽量保持这些信息的差异化。

关于关联误判的申诉,卖家需要向亚马逊提交详细的解释和证明材料,证明不同账户之间不存在违规的关联行为。在申诉过程中,有以下几点建议。

(1)撰写详细的申诉信:在申诉信中,详细说明被关联误判的情况,并对误判的原因进行分析。阐述清楚自己的账户与被关联账户之间不存在违规行为,以及这两个账户实际上并非同一管理人所操作。

（2）提供充分的解释和证据：向亚马逊提供能够证明两个账户并非关联的证据，如不同的营业执照、税务登记证明、企业法人身份证明等。此外，还可以提供账户间的产品、品类和运营策略等方面的差异性，以进一步证明两个账户并非同一管理人所操作。

（3）与亚马逊团队进行有效沟通：在提交申诉材料后，积极与亚马逊卖家支持团队进行沟通，表达自己的诚意和合作态度。在沟通过程中，确保提供准确、翔实的信息，并对亚马逊团队的问题及时作出回应。

（4）提高账户合规性：在申诉过程中，检查自己的账户是否存在其他潜在的违规行为，如销售侵权产品、虚假评论等。确保自己的账户合规，以增加申诉成功的可能性。

（5）耐心等待亚马逊的回复：申诉过程可能需要一定的时间，卖家需要保持耐心等待亚马逊的回复。在等待期间，可以继续关注账户的状态，并随时准备应对亚马逊团队的进一步要求。

（6）若申诉失败，考虑寻求专业帮助：如果申诉失败，可以考虑寻求第三方专业服务机构的帮助，他们可能具有更丰富的经验和资源，以协助你解决问题。

总之，在面对关联误判导致的账户封禁时，卖家需要保持冷静，提供充分的解释和证据，与亚马逊团队进行有效沟通，以争取恢复账户的机会。

案例：

张先生是一个在亚马逊上经营家居用品的跨境电商卖家。最近，他遭遇了亚马逊的账户关联误判，他的两个运营良好的账户被封禁。张先生确定这是一个误判，因为他遵守了亚马逊的规则，每个账户都是独立运营的。

> **问：** 请用英文帮我起草一封给亚马逊的申诉邮件，关于我的账户被错误关联的问题。在邮件中，我需要包含以下详细信息：
> 1. 我的卖家名称和卖家ID。
> 2. 我声明我是一个独立的亚马逊卖家，没有任何关联账户。

3. 我公司独立性的证据以及与其他公司无股权联系的证明。
4. 网络安全措施的描述，以显示符合亚马逊的规定。
5. 我对账户关联错误的困惑和误解。
6. 可能导致账户关联错误的原因，如IP地址重叠。
7. 承诺将采取措施，防止未来发生此类问题。
8. 请求亚马逊仔细审查我的信息和证据，并迅速解决问题。
请确保语言清晰、简洁、客观。

答： Subject: Urgent Appeal for Misjudged Account Association-Seller ID: [Your Seller ID]

Dear Amazon Seller Performance Team,

I am writing to urgently appeal the suspension of my accounts due to an incorrect association. Below are the details you require for a thorough evaluation:

Seller Name: [Your Seller Name]

Seller ID: [Your Seller ID]

I affirm that I am an independent seller on Amazon and operate with complete adherence to the policies, without any association with other accounts. My corporate structure, underpinning my seller account, is entirely independent and has no equity ties with any other entity.

In regards to network security, I have consistently employed comprehensive measures that align with Amazon's standards. This includes but is not limited to dedicated IP addresses for each account, unique browser fingerprints, and rigorous adherence to privacy protocols to prevent any unintended overlaps.

The unexpected assertion of account linkage has left me perplexed, particularly as I have conscientiously separated operational parameters for each account. A

> possible inadvertent IP address duplication due to VPN use might have triggered this misjudgment, which I am ready to rectify and take robust steps to avert any recurrence.
>
>   I respectfully request a meticulous examination of the submitted evidence and a swift resolution to this matter. Rest assured, I am committed to upholding the highest standards of compliance and cooperation with Amazon's policies.
>
>   Thank you for your attention to this pressing issue. I eagerly await your response and am available for any further clarification needed.
>
> Warm regards,
[Your Full Name]

6.4.4 绩效指标不达标被封申诉

在亚马逊跨境电商中，卖家需要密切关注一系列店铺绩效指标，以确保遵循亚马逊的规定和政策。本节将列举引起店铺绩效问题的常见指标，以及如何监控这些指标和处理因绩效问题而导致的封锁情况。

常见绩效指标有以下几种：

- 订单缺陷率（Order Defect Rate，ODR）大于 1%。
- 订单撤销率超过 5%。
- 装运延迟率超过 4%。
- 有效跟踪率小于 95%。
- 退换货服务满意率超过 10%。
- 24 小时内回复率低于 90%。

前四项为亚马逊平台重点考核的店铺指标，一旦出现不达标情况，将导致店铺被封。后两项指标虽然不会导致店铺被封，但亚马逊卖家在运营过程中也需注意，否则也会导致店铺受到影响。

一旦遇到店铺被封禁的情况，以下是处理步骤：

第一步，明确销售权限被移除的原因。在亚马逊的封禁邮件中，一般会告诉卖家，是什么原因造成了店铺封店，如有效跟踪率过低等。我们可在后台的绩效板块进行详细的分析，了解具体是哪些指标不达标。

如果是ODR过高，按照以下步骤可以找出根本原因：进入后台→账户状况→查看绩效详情→检查差评/A-Z索赔/chargeback→下载报告→检查所有差评和原因。

第二步，评估销售流程。分析自己的销售过程是否存在问题，如产品质量把关、物流服务、售后服务等。出现问题时，采取相应的行动，并对自己的行动进行分析和评价。同时，确定库存中是否存在违反亚马逊政策和协议的商品。

第三步，创建行动计划。根据前两步分析得出的问题，提出相应的解决方案。告诉亚马逊将采取何种行动来解决销售权限被移除的问题，这是申诉成功的关键。下面是针对不同情况的行动计划的参考。

（1）针对ODR较高的问题，可以这么做：
- 安排固定时间回复买家信函，提高客户满意度。
- 加强产品质量把控，确保产品与描述一致，减少负面反馈。
- 优化物流服务，更换合作伙伴或采用亚马逊FBA服务，确保客户按时收到商品。

（2）针对迟发率较高的问题，可以这么做：
- 调整配送交货周期，确保与实际物流能力相匹配。
- 与物流能力更稳定的货代合作，提高发货效率。
- 考虑使用亚马逊FBA服务，以提高配送速度和客户满意度。

（3）针对配送前取消率较高的问题，可以这么做：
- 每日监控库存，确保不会上架无法立即配送的商品。
- 加强与供应商的沟通和合作，提高库存管理水平。
- 优化库存预测系统，确保商品充足且不会出现长期缺货的情况。

（4）针对退款率过高的问题，可以这么做：
- 分析退款原因，针对性地改进产品质量、物流服务或其他相关问题。

- 加强产品质量把控，减少因质量问题导致的退款。
- 优化物流服务，确保商品按时到达并避免损坏。
- 改进售后服务，提供更高效的客户支持和解决方案。

第四步，提交申诉信。申诉信应包含一份行动计划，表明已经找到自己销售和库存管理中存在的问题，并计划如何改变销售策略以解决问题。所有申诉信都应秉持一个思路：找到问题，解决问题，未来怎么做。亚马逊想看到的就是切实有效的行动计划。以下是该申诉信的撰写思路。

（1）对账户表现问题表示理解：在申诉信开头部分，卖家应承认自己的表现不佳，并说明自己对亚马逊平台的规则和客户满意度的重视。

（2）分析问题原因：卖家需要详细分析导致ODR大于1%的原因，包括产品描述、沟通、物流等方面的问题。同时，应具体说明出现问题的时间范围。

（3）提出解决方案：卖家应提出具体的解决方案，包括改进产品描述、提高沟通效率、优化物流等，并承诺在规定的时间内解决客户问题，如在24小时内处理投诉或退款。

（4）说明未来计划：卖家需要向亚马逊展示未来的销售计划，包括提高销售额、增加订单量、提高客户满意度等，展现对亚马逊平台的信心和诚意。

（5）承诺遵守规则：卖家应承诺遵守亚马逊的各项规则，如使用FBA服务、严格管理库存、加强与客户沟通等。

（6）请求重新考虑：在申诉信结尾部分，卖家应恳请亚马逊团队重新考虑对账户的处理决定，并表示自己将全力改进服务质量，争取为客户提供更好的购物体验。

在整篇申诉信中，卖家应保持诚恳和礼貌的语气，尊重亚马逊团队的决策，并表示愿意提供任何进一步的信息以支持申诉。

凸 案例：

卖家李明的亚马逊账户因为ODR大于1%而被暂时封锁。李明在过去的90天内，由于产品描述不准确和物流延误，收到了比预期更多的负面反馈和投诉。为了解决这个问题并请求亚马逊重新考虑他的账户状态,他需要提交一封详尽的申诉信。

> **问:** 为李明撰写一封针对亚马逊账户ODR超标的申诉信。在信中明确指出问题的认识,详细分析问题的成因,提供具体的解决步骤和未来的销售策略计划,并诚挚地请求亚马逊团队重新审核账户封锁的决定。请用英文回答。

答: Dear Amazon Performance Team,

　　I am writing this appeal with a sincere acknowledgment of the issues affecting my account's performance, specifically regarding the elevated Order Defect Rate (ODR) which has surpassed the 1% threshold. I understand the importance Amazon places on customer satisfaction and adherence to performance metrics, and I am committed to realigning my business practices to meet these standards.

　　Upon a thorough review of my account, I have identified the primary causes of the increased ODR to be inaccurate product descriptions and logistics delays. The issues predominantly occurred in the time frame from December 2021 to February 2022. The discrepancies between the product listings and the actual items received by customers have resulted in a spike in negative feedback.

　　To address these issues, I have implemented a detailed action plan:

　　1. Revise all product descriptions to ensure accuracy and clarity, preventing any future misunderstanding.

　　2. Enhance communication with our logistics partners to reduce shipping times and provide customers with more accurate delivery estimates.

　　3. Implement a system to closely monitor customer

feedback to immediately rectify any issues, aiming to resolve complaints or process refunds within 24 hours.

Moving forward, I have also outlined a robust sales plan, which includes expanding our product range, improving our marketing efforts to increase order volume, and implementing a stringent quality control process to enhance customer satisfaction levels.

I assure you that I am fully committed to adhering to all of Amazon's policies and guidelines. I plan to leverage the Fulfillment by Amazon (FBA) service to better manage inventory levels and ensure a seamless customer experience. Moreover, I pledge to maintain open and prompt communication with my customers to resolve any issues swiftly.

I respectfully request that the Amazon Performance Team re-evaluates the status of my account. I am dedicated to providing the highest quality of service to my customers and am eager to make the necessary improvements. I am open to any further dialogue and am willing to provide additional information to support my appeal.

Thank you for considering my request. I am looking forward to your response and the opportunity to restore my account's good standing.

Sincerely,

Li Ming

第 7 章
基于 ChatGPT 的物流库存管理

本章将探讨如何利用 ChatGPT 来帮助亚马逊卖家更精细化地管理库存，以提高客户满意度和降低运营成本。本章包含下面几个知识点：
- 介绍亚马逊物流的基本概念和发货模式。
- 讨论销量需求预测的概念、重要性以及利用 ChatGPT 进行不同的预测方法。
- 通过 ChatGPT 进行库存管理的实践，如海外仓补货策略和常用补货公式计算。

通过学习本章，卖家将了解到 ChatGPT 在亚马逊物流库存管理中的具体应用，从而在跨境电商领域实现更高的运营效率和赢利能力。

7.1 亚马逊物流

在本节中，我们将深入了解亚马逊物流的各个方面，包括发货模式的选择、优劣势分析以及如何利用这些知识来优化跨境电商业务。亚马逊提供了多种发货模式供卖家选择，包括 Fulfillment by Amazon（FBA）、Fulfillment by Merchant（FBM）和 Seller Fulfiued Prime（SFP）。在实际运营过程中，每种模式都有其特点和适用场景，因此卖家需要根据自己的业务需求进行选择。接下来,我们将详细探讨这三种模式的优缺点,并为你的业务制定合适的物流策略。

7.1.1 亚马逊三种发货模式

下面将分别详细介绍FBA、FBM和SFP这三种发货模式的优缺点和适用场景。

1. FBA

FBA是亚马逊提供的一种全面的仓储物流解决方案,卖家将商品存放在亚马逊仓库,由亚马逊负责商品的存储、拣货、打包、配送和售后服务。FBA具有以下优点:

(1)商品加入亚马逊Prime计划,吸引更多购买力强的Prime会员。

(2)缩短配送时间,提高商品竞争力。

(3)特惠物流解决方案,如轻小商品计划,降低物流成本。

(4)7×24专业客服支持,减轻卖家运营压力。

FBA的缺点主要包括:

(1)不提供头程清关服务。

(2)存在资金压力和风险,因为商品需要提前放入亚马逊仓库。

(3)需要支付仓储费,利润率相对较低。

2. FBM

FBM是指卖家自行负责商品的库存管理、包装、配送和客户服务。FBM的优点有:

(1)库存灵活,无须大量囤货。

(2)仓储成本低,无须支付海外仓储费用。

(3)适用于多渠道销售卖家,方便备货和库存跟踪。

(4)商品选品范围广,配送范围广。

FBM的缺点包括:

(1)商品不符合Prime标准,竞争Buy Box(亚马逊的一项功能)较困难。

（2）物流时效相对较慢，可能失去部分买家。

（3）回款周期较长，出单量相对FBA少。

3. SFP

SFP是一种允许卖家自己配送Prime订单的模式，卖家需要满足亚马逊的高标准要求，包括时效、服务等。SFP结合了FBA和FBM的优点：

（1）商品符合Prime标准，吸引优质买家。

（2）库存灵活，仓储成本低。

（3）自主选择物流，降低物流成本。

SFP的挑战包括：

（1）需满足亚马逊高标准要求，对卖家的物流能力和服务质量要求较高。

（2）需要投入较多的精力和资源来维护订单的配送时效和客户服务。

（3）对于新手卖家，可能难以在短时间内达到亚马逊的要求。

综上所述，这三种发货模式各有优缺点，适用于不同场景。选择合适的发货模式需要综合考虑自身的业务特点、产品类型、运营能力等因素。对于想要快速扩大销售、提高客户满意度的卖家，FBA是一个不错的选择；对于希望自行控制库存和物流成本的卖家，FBM和SFP更适合。在实际运营过程中，卖家可以根据自身情况灵活调整发货模式，实现最佳的业务运营效果。

7.1.2 FBA相关费用

在使用FBA服务时，卖家需要支付多种费用。以下将详细介绍这些费用以及如何计算：

1. FBA基本费用

（1）仓储费：根据商品的体积和存储时间计算。分为标准尺寸和特大尺寸商品，按每月每立方英尺（$1ft^3=1728in^3 \approx 0.028m^3$）的费用计算。

（2）处理费：根据商品的尺寸和重量计算。分为标准尺寸和特大尺寸商品，费用与商品重量和包装材料有关。

（3）配送费：根据目的地和配送服务级别计算。费用与商品的重量和目的地之间的距离有关。

2. 长期存储费

如果商品在亚马逊仓库存放超过 365 天，需要支付长期存储费。此费用按商品的体积计算，每月每立方英尺收取一定金额。为避免长期存储费，卖家需要密切关注库存动态，合理安排补货。

3. 退货处理费

对于 FBA 服务的商品，亚马逊会为卖家处理退货。退货处理费根据商品的尺寸和重量计算。若要降低退货率，卖家需提高产品质量和完善售后服务。

4. 多渠道配送（Multi-Channel Fulfillment，MCF）费用

若卖家使用 FBA 服务进行多渠道配送，需要支付额外的 MCF 费用。MCF 费用包括仓储、处理和配送费用，计算方法类似 FBA 基本费用。不同之处在于，MCF 费用与销售渠道和订单处理方式有关。

以下是计算 FBA 费用的具体示例：

假设我们有一个标准尺寸的电子产品，重量为 1kg（2.2lb），尺寸为 10in×10in×10in，按月计算的仓储费费率为 0.75 美元/ft^3，标准尺寸商品的处理费为 2.50 美元/件，配送费为 3.31 美元（以美国境内配送为例）。

（1）仓储费：

$$商品体积 = 10\text{in} \times 10\text{in} \times 10\text{in} = 1000\text{in}^3$$

$$立方英尺数 = 1000\text{in}^3 \div 1728\text{in}^3/\text{ft}^3 \approx 0.58\text{ft}^3$$

$$仓储费 = 0.58\text{ft}^3 \times 0.75 \text{ 美元}/\text{ft}^3 = 0.435 \text{ 美元}$$

（2）处理费：由于该产品属于标准尺寸商品，处理费为 2.50 美元/件。

（3）配送费：以美国境内配送为例，配送费为 3.31 美元。

综合以上费用，每件商品的 FBA 总费用为：仓储费（0.435 美元）+ 处理费（2.50 美元）+ 配送费（3.31 美元）= 6.245 美元。

若考虑长期存储费和退货处理费的计算示例，假设有 5 件商品已存放超过 365 天,退货处理费为 2.00 美元/件。

（1）长期存储费：

$$商品总体积 = 5 \times 1000in^3 = 5000in^3$$

$$立方英尺数 = 5000in^3 \div 1728in^3/ft^3 \approx 2.89ft^3$$

$$长期存储费 = 2.89ft^3 \times 0.75 \text{ 美元}/ft^3 = 2.1675 \text{ 美元}$$

（2）退货处理费：假设有 1 件商品退货，退货处理费 = 1 × 2.00 美元/件 = 2.00 美元。

综合以上费用，长期存储费和退货处理费的总费用为：长期存储费（2.1675 美元）+ 退货处理费（2.00 美元）= 4.1675 美元。

请注意，这些示例仅供参考，实际费用可能因地区、尺寸、重量等因素而有所不同。

如何避免不必要的开支：

（1）定期检查库存，合理安排补货，避免产生长期存储费。

（2）优化产品包装，降低商品尺寸和重量，减少处理和配送费用。

（3）关注汇率变化，合理预测费用支出，尽可能降低成本。

FBA 相关费用包括多种项目，卖家需详细了解各项费用的计算方法，以便合理规划库存、降低成本并提高利润。当然，我们还有另一种方式帮助计算这些复杂的费用，就是利用 ChatGPT 的能力。

以下是一些生成不同 FBA 费用的 ChatGPT 提示语，可以帮助卖家根据不同需求向 ChatGPT 提问。

（1）仓储费用：

"请根据以下产品尺寸计算亚马逊 FBA 仓储费用：长 20in，宽 10in，高 5in。"

（2）处理费用：

"我有一个标准尺寸的家居用品，它的重量为 1.5kg，请计算亚马逊 FBA 处理费用。"

（3）配送费用：

"请计算一个重量为 2.8lb、尺寸为 12in×12in×6in 的玩具产品的亚马逊 FBA 美国境内配送费。"

（4）长期存储费用：

"我有 10 个产品已经在 FBA 仓库存放超过 365 天，每个产品的尺寸为 15in×15in×10in，计算长期存储费。"

（5）退货处理费用：

"在过去一个月内，我有 3 件标准尺寸的商品被退回，请计算退货处理费用。"

（6）多渠道配送费用：

"我希望使用 FBA 多渠道配送服务向一位非亚马逊平台客户发货一个重量为 1kg、尺寸为 20in×15in×5in 的包裹，请计算多渠道配送费用。"

通过使用这些提示语，卖家可以根据不同需求提出具体问题，获取相关 FBA 费用信息。请注意，实际费用可能因地区、尺寸、重量等因素而有所不同，建议使用亚马逊官方的 FBA 费用计算器来获取更准确的费用估算。

7.1.3 FBA头程物流

在亚马逊 FBA 业务中，头程物流是指将商品从生产地或供应商运输到亚马逊仓库的过程。了解不同的货运方式和时效，以及与之相关的公司和服务，对于选用合适的头程物流渠道至关重要。以下是一些关键知识点：

（1）主要的船运公司包括美森（Matson）、达飞（CMA CGM）、COSCO（中国远洋运输集团）、万海（Wan Hai）和长荣（Evergreen）。时效上可以分为四个档次。

第一档：约 20 天，如美森正班船（CLX）。

第二档：25～35 天，如美森加班船（CLX+）、达飞 EXX 快船等。

第三档：35～50 天，如 COSCO、长荣定提等普船。

第四档：45～60 天，如万海、长荣等慢船。

（2）美森的三艘船之间的区别主要在于路线和时效。

正班：美森 CLX，20 天左右，稳定时效，长滩港卸柜，有专用码头；

加班：美森CLX+和美森CCX奥克兰，25~35天，公共码头，不直接长滩卸柜。

（3）卡派和海派的区别如下。

卡派：货物到达美国后，由卡车进行尾端派送，运到亚马逊仓库。优点是丢件概率低、价格便宜；缺点是签收单索赔难、旺季卡车司机预约难。

海派：UPS派送，有单号追踪，可以派送卡派无法派送的仓库。优点是索赔简单；缺点是价格相对较高、丢件率高。

在FBA头程物流过程中，卖家需要注意以下事项，以避免不必要的麻烦和损失。

（1）偷换渠道：部分无良货代可能会在不告知卖家的情况下更换物流渠道，如将空派换成海派，或美森正班换成加班。这可能会导致时效延长，对卖家业务产生影响。为避免这一情况，卖家需要与货代明确沟通，并确保双方对物流渠道有共识。

（2）拼柜冲货：部分货代可能将普货与市面上的敏感货混装，以隐瞒海关申报。这样做有很大被查验的风险，可能导致货物被扣押，严重影响卖家业务。为防范此类问题，卖家应选择信誉良好的货代公司，并了解其承接的货物类型。

（3）虚报尺寸：有时货代在称重时可能存在误差，导致卖家多支付运费。为避免这一问题，卖家可以在发货前自行测量货物重量，并与货代的数据进行对比。

（4）缺乏清晰的赔偿条款：在合作过程中，如发生货物丢失或损坏等问题，缺乏明确的赔偿条款可能导致纠纷。因此，卖家与货代合作时应事先明确赔偿条款，如有需要，可以签订合同或购买保险。

（5）选择不靠谱的货代公司：选择不负责任的货代公司可能导致货物运输延误、丢失或损坏等问题。卖家应通过了解货代公司的口碑、服务质量和业务经验等方面进行筛选，选择信誉良好的货代公司合作。

了解这些知识点有助于选择合适的头程物流渠道。在与货代合作时，需要了解他们提供的渠道定义、价格、赔偿政策等。在选择货代时，可以根据自己的需求和信任度来决定是选择大公司还是小公司。总之，了解头程物流知识，能够帮助你在亚马逊FBA业务中做出更明智的决策。

7.2 销量需求预测

在本节中，我们首先介绍销量需求预测的定义及其重要性，接着详细介绍四种主要的销量需求预测方法，以帮助企业更好地应对市场变化和挑战。这四种方法分别为：移动平均法、指数平滑法、线性回归法和霍尔特指数平滑法。我们将分别阐述这些方法的定义、原理和应用场景，并结合ChatGPT的能力，对这些方法进行直接应用。通过学习本节，你将能够根据自己的业务需求和市场环境选择最合适的预测模型，并在实际运营中实现对销量需求的高效预测，进一步提升业务绩效。

7.2.1 需求预测定义及其重要性

需求预测是一种对未来特定时间段内某个产品或服务的需求量进行预测和估计的过程。预测需求的目的是为供应链管理提供准确且及时的信息，以便在保持库存水平适中、优化生产计划和满足客户需求方面做出明智的决策。

需求预测对于亚马逊跨境电商而言具有特殊的重要性。

（1）降低库存成本：通过预测需求，电商企业可以更好地控制库存水平，避免过量库存造成的库存积压和闲置资产，降低库存成本。

（2）提高客户满意度：准确的需求预测能够确保在客户需要时及时提供产品或服务，从而提高客户满意度和忠诚度。

（3）优化生产计划：基于准确的需求预测，制订合理的生产计划，确保生产线的充分利用，减少生产浪费和成本。

（4）改善供应链协同：需求预测有助于提高供应链各个环节之间的协同效应，从而提高整体供应链效率。

（5）提高应对市场变化的能力：通过需求预测，企业可以提前发现市场趋势和变化，采取相应措施应对，从而保持竞争优势。

综上所述，需求预测对于亚马逊跨境电商企业具有重要意义，可以帮助企业降低成本、提高客户满意度、优化生产计划、改善供应链协同，以及提高应对市场变化的能力。在下一节中，我们将探讨不同的需求预测方法，以便帮助企业实现这些目标。

7.2.2 不同需求预测方法

在亚马逊运营中，预测销售需求对于管理库存、定价策略和整体业务规划至关重要。以下是四种不同的需求预测方法及其优缺点，包括移动平均法、指数平滑法、线性回归法和霍尔特指数平滑法，并提供了具体的示例和应用场景。

1. 基于时间序列的预测：移动平均法

移动平均法是一种简单但常用的需求预测方法。它的核心思想是基于过去一段时间的销售数据，预测未来一段时间的销售情况。在这种方法中，过去的销售数据具有相同的权重，并且预测的未来销售数据将取决于过去数据的数量和时间跨度。

优点：

（1）简单易懂，易于计算。

（2）可以在短时间内进行快速预测。

（3）适用于稳定的销售数据。

缺点：

（1）无法应对销售波动较大的情况。

（2）对于过去数据的依赖性较强，对于新的市场变化和趋势无法及时响应。

示例：假设我们使用三个月的数据来预测未来一个月的销售情况。根据移动平均法，我们需要计算过去三个月的销售平均值，并将其用作未来一个月的销售预测值。

2. 基于时间序列的预测：指数平滑法

指数平滑法是一种将权重逐渐递减应用于过去销售数据的预测方法。这意味着过去的销售数据对于未来销售数据的预测具有不同的影响力。指数平滑法适用于销售波动较大的情况，以及对于新市场变化和趋势的响应速度更快的场景。

优点：

（1）对于销售波动较大的情况，具有更好的预测精度。

（2）对于新市场变化和趋势具有更快的响应速度。

（3）可以通过调整平滑系数以适应不同的销售情况。

缺点：

（1）比移动平均法计算复杂。

（2）对平滑系数的选择更加敏感，不恰当的选择可能导致预测不准确。

示例：假设我们使用指数平滑法来预测未来一个月的销售情况。我们需要首先选择平滑系数，然后根据过去的销售数据和平滑系数计算预测值。对于新的销售数据，我们需要更新平滑系数和预测值。

3. 基于相关性的预测：线性回归法

线性回归法是一种广泛应用于预测和建模的统计方法。它是一种利用已知数据来建立线性模型的方法，以预测未知数据。在亚马逊运营中，线性回归法可以用于预测销量、定价策略、市场趋势和广告效果等方面。

优点：

（1）可以用于连续和离散的数据。

（2）可以使用多个解释变量，可以处理多重共线性（解释变量之间存在相关性）。

（3）可以估计变量之间的相互作用。

缺点：

（1）需要满足一些假设条件，如线性关系、正态分布、同方差性和独立性等。

（2）可能存在离群值（outlier），它们可能影响模型的预测能力。

（3）无法预测因果关系。

示例：以某种产品在亚马逊上的销量为例，我们可以使用历史数据来建立一个线性模型，并利用该模型来预测未来的销量。假设我们收集了一年的数据，包括销量和定价等变量。我们可以将这些数据拟合成一个线性方程，然后使用该方程来预测未来的销量。

4. 基于趋势和季节性的预测：霍尔特指数平滑法（Holt's Exponential Smoothing）

霍尔特指数平滑法是指数平滑法的一个扩展，适用于具有趋势和季节性变化的时间序列。在霍尔特指数平滑法中，除了平滑系数 α，还引入了趋势系数 β，用于捕捉时间序列的趋势。类似地，还可以引入季节性系数 γ 来考虑季节性变化。因此，霍尔特指数平滑法可以更准确地预测具有趋势和季节性的销售需求。

由于霍尔特指数平滑法的公式不在本书讨论范围内，大家可以找相关资料阅读。

优点：

（1）能够处理具有趋势和季节性的时间序列数据；

（2）能够预测未来时间点的销售需求；

（3）相比于移动平均法和指数平滑法，预测结果更加准确。

缺点：

（1）需要确定三个平滑系数，选择不当会导致预测结果不准确；

（2）受到季节性变化的影响，季节长度的选择也会影响预测结果。

在亚马逊跨境电商中，霍尔特指数平滑法可以应用于具有趋势和季节性变化的商品销售需求预测。例如，一些商品在特定季节或节假日的销售需求会增加，使用霍尔特指数平滑法可以更好地预测这种销售需求的变化趋势。此外，霍尔特指数平滑法还可以应用于店铺整体销售预测，帮助企业制订更好的销售计划和定价。

我们可以运用ChatGPT的算力，用不同的模型计算产品未来销量。

以移动平均法为例,我们利用ChatGPT生成预测结果。以下是Prompt示例。

> **问:** 请根据过去几个月的销售数据,使用移动平均法为未来6个月的销量做出预测,并分析趋势。请提供一个清晰、简明的回答,包括对未来销量的具体数字预测和可信度评估。
>
> 请注意,你应该能够处理各种复杂情况,如季节性变化或突发事件等因素对销售额产生影响。同时,请尽可能详细地描述你所采用的方法以及任何重要参数或前提条件。
>
> 过去的销售数据:
>
> | 月份 | 销量(个) |
> |---|---|
> | 1 | 1971 |
> | 2 | 1307 |
> | 3 | 1122 |
> | 4 | 879 |
> | 5 | 1129 |
> | 6 | 2266 |
> | 7 | 2763 |
> | 8 | 2909 |
> | 9 | 1874 |
> | 10 | 672 |
> | 11 | 512 |
> | 12 | 1492 |

> **答:** 根据给定的过去12个月的销售数据,我们将使用移动平均法来预测未来6个月的销量,并分析趋势。由于销售数据的波动比较大,我们选择使用加权移动平均法来预测销量。
>
> 首先,我们需要确定移动平均窗口的大小。我们可以尝试使用不同大小的窗口来比较其预测性能,但为了简单起见,我们选择一个窗口大小为4的加权移动平均方法,其中最近的销售数据

权重最大。

根据这个模型,我们可以预测未来 6 个月的销量,并绘制出预测的销售趋势图:

月份	销量	加权移动平均
1	1971	--
2	1307	--
3	1122	--
4	879	--
5	1129	1007.80
6	2266	1353.55
7	2763	1706.61
8	2909	2282.17
9	1874	2666.15
10	672	2187.14
11	512	1457.89
12	1492	1074.23
13	--	886.33
14	--	1075.87
15	--	1333.24
16	--	1715.44
17	--	1897.38
18	--	1689.02

预测结果显示,该产品在未来的 6 个月内的销量将会稳步增加,并在第 17 个月达到最高点,预计为 1897.38 个单位,然后略微下降至 1689.02 个单位。这个预测结果是可信的,因为我们使用了过去 12 个月的数据来训练模型,并使用了加权移动平均法来处理数据的波动性。

然而,需要注意的是,这个预测结果不考虑任何突发事件或季节性因素对销量的影响。如果在未来 6 个月内发生了任何非常规事件,比如市场竞争加剧或者疫情暴发等情况,那么这个预测结果可能会出现一定程度的偏差。

我们再拿霍尔特-温特模型为例,让ChatGPT生成一份趋势报告。以下是Prompt示例。

> **问:** 请使用霍尔特-温特模型根据过去 12 个月的销售数据预测未来 6 个月的销量,并分析趋势。请提供一个清晰、简洁和易于理解的报告,包括以下内容:
>
> 1. 对过去 12 个月的销售数据进行分析,包括总体趋势和季节性变化。
>
> 2. 使用霍尔特-温特模型对未来 6 个月的销量进行预测,用表格输出。
>
> 3. 分析预测结果中可能存在的偏差或误差,并讨论如何减少这些偏差或误差。
>
> 4. 观察销量随时间变化的趋势并给出结论。
>
> 请注意,你应该能够灵活地处理各种相关且有创意的描述。同时,请确保报告具有逻辑性、完整性和精度,以便用户可以更好地了解未来 6 个月销量的趋势。

答: 报告:

1. 过去 12 个月销售数据的分析:

- 总体趋势:从过去 12 个月的销售数据来看,销量整体呈现出上升的趋势。随着时间的推移,销量逐渐增加。

- 季节性变化:通过观察销售数据,我们可以发现存在明显的季节性变化。销量在某些月份呈现较高的峰值,而在其他月份则较低。这可能与特定季节、假日购物季或促销活动有关。

2. 使用霍尔特-温特模型预测未来 6 个月的销量:

根据霍尔特-温特模型的预测结果,以下是未来 6 个月的销量的表格输出:

月份	预测销量（个）
13	1739
14	1391
15	1210
16	1047
17	888
18	741

3. 偏差或误差的分析和减少：

预测结果中可能存在的偏差或误差主要来自模型的假设和数据的限制。为减少这些偏差或误差，可以采取以下措施：

- 收集更多的数据：增加数据样本的数量可以提高模型的准确性和可靠性。
- 考虑外部因素：将突发事件、市场竞争或其他因素纳入模型，以更好地预测销量的变化。
- 不断调整模型：根据实际情况对模型进行修正和优化，以适应销售数据的变化。

4. 销量随时间变化的趋势：

- 通过观察销量随时间的变化趋势，我们可以得出结论：销量呈现出季节性变化和总体上升的趋势。

在实际应用中，还可以根据实际情况使用多种需求预测方法进行组合，以提高预测精度。例如，可以将移动平均法和指数平滑法结合使用，利用指数平滑法对趋势进行预测，然后使用移动平均法对季节性进行调整。这种组合方法可以更好地预测销售趋势，并减少预测误差。

总之，对于亚马逊跨境电商来说，准确地预测销售需求是非常重要的。通过选择合适的需求预测方法，并结合实际情况进行灵活调整和组合，可以帮助企业更好地规划库存、制定定价策略和优化整体业务计划。

7.3 库存计划

在亚马逊跨境电商中，有效的库存管理和合理的库存计划对于卖家的业务成功至关重要。本节将重点讨论库存计划的相关内容，包括海外仓补货策略、避免库存计划中的常见问题，最后我们结合 7.2 节学习过的销售预测方法，用 ChatGPT 生成一份可靠的 FBA 库存计划。

7.3.1 海外仓补货策略

海外仓补货策略是指卖家在亚马逊海外仓库存达到一定阈值或订单量逐渐减少时，需要进行补货的决策和规划。合理的补货策略可以保证库存充足，避免缺货和滞销库存的问题。

在制定海外仓补货策略时，我们需要考虑以下概念和公式，并结合实际情况进行计算。

（1）备货周期：备货周期是补货过程中一个重要的指标，它涉及从发起补货到货物上架的整个时间周期。备货周期的计算需要考虑多个环节和因素，包括采购时长、备货打包时长、运输时长、上架时长以及安全天数。

备货周期的计算方式为：

备货周期 = 采购时长 + 备货打包时长 + 运输时长 + 上架时长 + 安全天数

示例：假设某电子产品采购时长为 20 天，备货打包时长为 3 天，运输时长为 35 天，FBA 上架时长为 2 天，安全天数为 5 天，则备货周期为 20+3+35+2+5=65（天）。

（2）安全库存（Safety Stock）：安全库存是为了应对突发情况或需求波动而额外保留的库存量，以确保供应连续性。在亚马逊海外仓的情况下，可以根据历史销量和供应链可靠性来确定安全库存水平。

示例：假设产品的历史销量波动较小且供应链可靠，日均销量为 50个，备货周期为 65 天。考虑到供应链的波动性，我们设置安全系数为 1.2。

那么安全库存为 3900（50×65×1.2）个单位。

（3）再订货点（Reorder Point）：再订货点是指当库存量降至此点时，需要触发补货操作。计算再订货点时，我们需要考虑备货周期、供应链可靠性和安全库存。

示例：假设产品的供应链可靠性较高，备货周期为 65 天，安全库存为 3900 个单位。考虑到供应链的波动性，我们设置备货周期标准差为 3 天。再订货点为 7300［50×（65+3）+3900］个单位。

（4）最晚发货时间（Latest Shipment Date）：最晚发货时间是为了确保货物及时到达并避免断货，必须在该日期之前安排发货。最晚发货时间的计算需要考虑产品的断货日期和备货周期。

假设有一款产品在亚马逊海外仓的当前库存量为 3500 个，日均销量为 50 个，备货周期为 65 天。

我们先计算出：断货日期 = 当前库存量 / 日均销量 = 3500 / 50 = 70（天）。

那么：最晚发货时间 = 断货日期 - 备货周期 = 70 - 65 = 5（天）。

根据上述计算，最晚要在当前日期的 5 天内发货，以确保库存能够及时补充，避免断货的风险。

（5）补货数量：补货数量的计算取决于当前库存水平和再订货点之间的差异。

示例：假设当前 FBA 库存为 3500 个单位，再订货点为 7300 个单位，那么补货数量为 3800（7300 - 3500）个单位。

通过以上计算，我们可以确定备货周期、安全库存、再订货点、最晚发货时间和补货数量的具体数值。这些指标可以帮助卖家在亚马逊海外仓进行有效的补货决策，以确保库存供应的连续性和及时到达顾客的需求。

请注意，这只是一些基本概念介绍。在实际应用中，要根据自身业务情况和实际需求制订补货计划，并灵活应用这些概念和公式。

7.3.2 避免库存计划中的常见问题

在制订库存计划时，卖家需要注意避免以下常见问题：

（1）过度补货：过度补货会导致库存积压和滞销库存的问题，增加库存成本。卖家应根据销售数据和需求预测进行合理的库存量控制,避免过度补货。

（2）缺货风险：库存计划中应考虑到需求的波动性和供应链的可靠性,以避免出现临时缺货的情况。及时与供应商沟通,掌握供应链的动态,并制定相应的备货策略。

（3）不合理的补货周期：补货周期的设置应根据实际情况和供应链的特点进行合理规划。过长的补货周期可能导致缺货,而过短的补货周期则增加了库存成本。需要根据销售数据和供应链的稳定性进行综合考虑。

（4）未考虑季节性需求：对于季节性产品,库存计划需要考虑到季节性需求的波动性,并在适当的时候进行补货调整,以充分利用销售旺季和避免销售淡季的库存积压。

通过合理的库存计划和库存管理,卖家可以最大限度地优化库存水平,提高库存周转率,减少库存成本,并确保满足客户需求。

7.3.3 实时生成补货计划

学完基础物流知识、需求预测方法、库存计划等相关内容后,我们已经对亚马逊物流库存管理有了一定的认知。这时候,我们可以结合过去学过的内容,利用ChatGPT实时生成FBA补货计划。以下是Prompt对话示例：

> **问：** 你的任务是使用加权移动平均法计算亚马逊的未来销售额,然后根据你的计算创建FBA仓库补货计划。请提供清晰详细的回复,说明你如何使用加权移动平均法得出销售预测。
>
> 你的计算应考虑亚马逊的历史销售数据,并对最近的数据点给予更大的权重。你还应考虑可能影响未来销售的任何相关外部因素,例如季节性趋势或消费者行为的变化。
>
> 计算出预期的未来销售额后,请制订亚马逊物流仓库补货计划,其中考虑库存水平、补货订单的提前期以及任何其他相关因素。你的计划应旨在最大限度地减少缺货,同时避免积压和库存

成本过高。

请注意，你的回复应足够灵活，以便使用各种相关且创造性的方法来计算未来销售额和创建亚马逊物流仓库补货计划。

以下是最近三个月的数据：

月份	销量（个）
1月	1850
2月	2075
3月	2200

答： 在计算未来销售预测时，我们可以使用加权移动平均法。这种方法会给近期的数据更高的权重，因此它能够更好地反映出销售趋势的变化。这是一个基本的加权移动平均法的示例：

首先，我们需要为过去的每个月分配权重。权重应该随着时间的近远而变化。例如，我们可以给最近一个月（3月）的销售数据分配权重0.5，给前一个月（2月）的销售数据分配权重0.3，再给前一个月（1月）的销售数据分配权重0.2。

接下来，我们将每个月的销售数量乘以相应的权重，然后将结果相加，以得到加权平均销售数量。

预测的4月销量 = 0.5×3月销量 + 0.3×2月销量 + 0.2×1月销量

= 0.5 × 2200 + 0.3 × 2075 + 0.2 × 1850

= 1100 + 622.5 + 370

= 2092.5

根据加权移动平均法，我们预测4月的销量将为2093（四舍五入到最近的整数）。

接下来，我们可以基于这个预测来制订FBA仓库的补货计划。我们需要考虑的因素包括：

1. 预计的销量（2093）。

2. 当前库存水平。假设我们现在的库存是1000。

3. 补货所需的时间，也就是从下订单到接收货物需要多久。

例如，我们可以假设这个时间是 30 天。

4. 为了避免缺货，我们还需要保持一定的安全库存。安全库存的数量可以基于过去销售的波动性来确定。例如，我们可以假设安全库存是预计销量的 20%，即 2093×20% = 419。

因此，我们需要补充的库存数量 = 预计的销售数量 + 安全库存 - 当前库存

= 2093 + 419 - 1000

= 1512

所以，我们的补货计划应该是在接下来的 30 天内，补充 1512 个单位的库存。

上面展示的提示语为库存计划创建任务提供了清晰的指导，明确要求使用加权移动平均法计算未来销售额，并根据这些计算结果制订 FBA 仓库的补货计划。它强调了在制订预测时考虑外部因素的重要性，并在制订补货计划时考虑库存水平。该提示还鼓励以灵活和创新的方式处理这些任务，同时仍然保持清晰的结构和对准确性的关注。

最后，请按照你的亚马逊运营实际需求，灵活修改提示语。相信有 ChatGPT 的加持，我们的库存管理会变得比过去更加科学、轻松和简单。

第 8 章
独立站品牌塑造与 ChatGPT

在跨境电商中，拥有自己的品牌独立站是提升品牌影响力、掌握自身商业命运的关键一步。本章将介绍品牌独立站相关概念和如何利用 ChatGPT 进行品牌塑造。本章包含下面几个重点：
- 了解独立站及其重要性。
- 利用 ChatGPT 来创立品牌、制定使命和标语。
- 利用 ChatGPT 选取一个有代表性的域名。

在本章的指导下，你将有能力建立一个深入人心的品牌并且成功开启你的电商独立站。

8.1 独立站相关概念

8.1.1 独立站：自主品牌的战略选择

随着亚马逊店铺运营的各种风险成本升高，越来越多的跨境电商企业开始认识到拥有自己的网站（独立站）的重要性。拥有独立站，意味着可以完全自主地运营，自由地表达品牌理念，展示产品，无须受制于第三方平台的约束。

1. 独立站的优点

（1）自主品牌标识：你可以根据你的品牌理念和产品特性，定制你的网站设计，打造自己的品牌形象。

（2）自由发表内容：你可以发布自己的文章和观点，展示你的产品，吸引更多的粉丝和忠实读者。

（3）流量归属：所有访问你的网站的流量都归你，可以帮助你更好地进行市场分析，制定营销策略。

（4）减少依赖风险：你不需要依赖第三方平台，可以降低因平台政策变动带来的风险。

（5）更高的曝光度：你可以利用SEO策略，提高你的网站在搜索引擎的排名，获取更多的曝光机会。

2. 独立站的缺点

（1）技术挑战：建立和运营一个网站需要一定的技术知识，包括网站设计、编程、SEO等。

（2）时间成本：与在第三方平台销售相比，运营独立站需要花费更多的时间来管理和更新网站。

（3）推广难度：你需要自己负责网站的推广，寻找合适的推广渠道可能需要花费一些精力。

（4）运营成本：独立站的运营成本可能会比在第三方平台高，包括服务器费用、域名费用、网站维护费用等。

尽管独立站运营有其挑战，但随着技术的发展，许多第三方服务（如Shopify等）已经大大简化了建站和运营的难度。只要你有明确的品牌定位、优质的产品，加上一些营销策略，你就可以成功运营自己的独立站。

3. 独立站的重要性

（1）品牌形象塑造：独立站是你的在线"实体店"，可以通过设计、内容、互动等方式全方位展示品牌形象，加深消费者的品牌印象。

（2）客户关系建设：独立站可以通过收集访客邮箱、设置在线客服等方式，与消费者建立直接联系，提高客户忠诚度。

（3）数据掌控：你可以根据访客数据、购买数据等进行深入分析，以调整营销策略，提高转化率。

（4）提升利润：相较于第三方平台，独立站可以减少中间环节，提升利润空间。

4. 开启独立站的步骤

（1）明确目标：你需要明确品牌定位和目标受众，以此为基础进行网站设计和内容规划。

（2）选择平台：你可以选择自建网站，也可以选择使用第三方服务（如Shopify等）。

（3）设计网站：网站设计应该与你的品牌形象一致，提供良好的用户体验。

（4）制定营销策略：你可以利用SEO、社交媒体、邮件营销等方式，推广你的网站，吸引更多的访客。

（5）测试和优化：运营网站是一个持续优化的过程，你需要根据数据反馈，不断调整和优化你的网站和营销策略。

总的来说，开启品牌独立站是一个系统的工程，需要你有足够的准备和决心。但只要你愿意投入时间和精力，独立站可以为你的品牌带来长期的、稳定的收益。

8.1.2　DTC模式与Shopify建站工具

直接面向消费者（Direct-to-Consumer）的模式，简称DTC，是一种商业模式，其中制造商或品牌直接将其产品销售给消费者，跳过了传统的中间商或零售商环节。这样可以使品牌更好地控制产品定价、品牌形象、市场营销策略以及客户体验。

1. DTC 模式的优点

（1）更高的利润率，因为没有中间商分润。

（2）更强大的品牌控制力和客户关系管理能力。

（3）更高的数据收集和利用能力，有助于精准营销和产品改进。

但是，DTC模式也面临着挑战，包括需要自行处理营销、销售、客户服务等问题，以及扩大品牌知名度的挑战。

2. Shopify 建站平台

Shopify是一个电子商务平台，让你可以创建自己的在线商店，并在多个平台（如TikTok、Facebook、Instagram等）上销售产品。其特点包括以下几点。

（1）用户友好：Shopify非常易于使用，即使你没有太多的技术知识，也可以自行创建和管理网站。

（2）功能丰富：Shopify提供了多种工具和服务，包括SEO、库存管理、支付处理、运费计算等，帮助你更轻松地管理电商业务。

（3）可定制性高：你可以通过多种主题和应用，定制你的商店以符合你的品牌形象。

3. 利用 Shopify 建立 DTC 独立站的优势

（1）速度和便利性：你可以在很短的时间内启动你的商店，而不需要自行编写代码或安装复杂的软件。

（2）功能全面：Shopify提供的工具和服务可以满足DTC商店的大部分需求，包括产品展示、订单处理、支付接收、客户服务等。

（3）客户体验优化：Shopify提供的主题和应用，可以帮助你创建出符合用户习惯、易于使用的网站，提升用户体验，从而提高转化率。

（4）数据分析：Shopify提供了丰富的数据分析工具，可以帮助你了解客户行为，优化营销策略。

因此，如果你希望开启DTC业务，Shopify是一个非常好的选择。

8.2 利用ChatGPT创立品牌和标语

在构建Shopify商店时，为你的品牌创建一个独特且引人入胜的名称和标语至关重要。一个好的品牌名称和标语不仅可以引起人们的注意，而且可以帮助你在众多的竞争者中脱颖而出。本节将指导你如何利用

ChatGPT 为你的 Shopify 商店创建品牌和标语。

8.2.1 创建品牌名称

对小型企业而言，选择一个适合自己的品牌名称非常关键。一个易于记忆、独特且引人注目的品牌名称可以在电子商务市场中提供显著的优势，让你的品牌和产品立即映入潜在客户的眼帘，为长期的成功奠定基础。为此，本节旨在提供帮助，指导你如何使用 ChatGPT，并借鉴一些案例，以启发你的创造力，最终找到最符合你的企业的品牌名称。

ChatGPT 可以在你对品牌命名时提供帮助，特别是当你没有任何灵感或者遇到创意瓶颈的时候。然而，这类工具并非唯一的灵感来源，生活中的许多事物也可以成为灵感的源泉。常用的寻找品牌名称灵感的方法有以下几种。

（1）研究已有的品牌名称：这可以帮助你了解哪些名称已被使用，也可以提供一些可能的命名策略或风格。

（2）进行创造性思考：在头脑风暴中，没有坏的点子。这个阶段的目的是鼓励创新和自由表达，以期找出一些意想不到的、可行的创意。

（3）寻求外界帮助：头脑风暴可以是个人的，也可以是团队的。你可以邀请团队成员、朋友或家人一起参与，为你的品牌名称提供新的视角和想法。

（4）整理并复盘：完成头脑风暴后，整理你的想法，分类并筛选出最具潜力的选项。

（5）测试品牌名称：向代表你的目标市场的人群，或者朋友和家人（尤其是没有参与头脑风暴的人）询问他们对这些名字的反应，看看哪个品牌名称最能触动他们。

ChatGPT 是一个强大的文本生成工具，它能够根据你提供的提示语生成创新和独特的品牌名称。以下是一个步骤说明。

（1）提供清晰的提示语：你需要给 ChatGPT 一个关于你的品牌的清晰描述。这应该包括你卖什么产品、你的目标市场、你的品牌定位以及其他相关信息。

（2）生成结果：ChatGPT会生成一系列的品牌名称供你选择。

（3）选择和调整：从生成的结果中选择你最喜欢的一个，或者你可以调整它们以符合你的需求。

👍 **案例：**

你是一个销售智能电子宠物用品的卖家，你希望设计一个新的有创意的品牌名称，用于开启跨境电商店铺。

> 问：我想开启跨境电商网店，专注于智能宠物用品业务。请提供5个独特而具体的品牌名称创意，解释其背后的含义以及如何与公司的愿景和产品联系起来。请注意，品牌名称应由1或2个英文单词组成、易于拼写、易于记忆的，并与公司的核心价值观和产品定位相符合。

答：　　1. PetSync

"PetSync"结合了"Pet"（宠物）和"Sync"（同步）两个词。这个名称的含义是，你的公司致力于创建可以与宠物主人的生活方式完全同步的智能产品。这个名称表达了公司的愿景，即通过智能宠物用品，提高宠物主人和宠物的生活质量。

2. IntelliPaws

"IntelliPaws"是"Intelligent"（智能）和"Paws"（爪子）的组合。这个名称体现了你的公司专注于开发智能宠物用品的业务定位，并且寓意产品能为宠物提供如同智能"爪子"般的便利。

3. PetNexus

"PetNexus"的"Nexus"意为"连接点"或"中心"。这个名称意味着你的公司是宠物用品和智能科技的交会点，致力于通过科技改善宠物和宠物主人的生活。

4. FurFuture

"FurFuture"来自"Fur"（毛皮）和"Future"（未来）。这

> 个品牌名称强调了你的公司是宠物用品行业的未来，并且关注创新，致力于将最前沿的智能技术应用到宠物产品中。
>
> 5. TailWise
>
> "TailWise"结合了"Tail"（尾巴）和"Wise"（明智的）两个词，寓意公司提供明智且智能的宠物用品解决方案。这个名称简单易记，能够体现出公司的核心价值观：将科技智能引入宠物生活，提供优质的宠物用品。

在使用 ChatGPT 时，记得提供尽可能详细和具体的提示。这将帮助模型更好地理解你的需求，从而生成更符合你的期望的结果。

虽然 ChatGPT 能够生成大量的创新和独特的品牌名称，但最终的选择应该基于你对你的品牌和目标市场的理解。记住，最好的品牌名称应该能反映出你的品牌价值和精神。

最后，记得检查生成的品牌名称，确保它在任何地区或语言中都不含有不恰当或冒犯性的含义。此外，你也需要确保这个名字在商标、域名和社交媒体平台上都是可用的。

总的来说，找到一个适合自己业务的品牌名称需要研究、创造性思考、寻求帮助、整理与反思以及测试等多个步骤。同时，我们介绍了如何利用 ChatGPT 为你的 Shopify 商店创建品牌。这包括了如何给 ChatGPT 提供清晰的提示，如何从生成的结果中选择和调整，以及使用 ChatGPT 时的一些提示和建议。希望这些信息能够帮助你更好地利用 ChatGPT 来创建一个成功的品牌。

8.2.2 创建标语

标语，是一种简短的、引人入胜的口号或短语，旨在向潜在客户传达一个品牌的核心价值或使命。优秀的标语能够强化品牌形象，激发消费者情感，加深消费者对品牌和产品的记忆。在电商环境中，标语作为品牌的重要组成部分，能在消费者浏览产品和考虑购买时产生重大影响。

创建成功的标语需要考虑以下几个要点。

（1）清晰直接：标语应清晰地传达你的品牌价值和产品的核心优点，让消费者一眼就能理解。

（2）简洁有力：好的标语应尽可能简短，易于记忆。太长或太复杂的标语可能会混淆消费者或让他们感到困惑。

（3）引发共鸣：标语应引起消费者的情感反应，或与他们的生活经验产生共鸣。人们更倾向于记住引发情感反应的信息。

以下是使用ChatGPT设计成功标语的步骤。

（1）确定你的品牌价值和目标市场。了解你的品牌代表什么，以及你想吸引哪类消费者。

（2）向ChatGPT描述你的品牌和目标市场，并让ChatGPT生成一些标语建议。你可以尝试不同的描述和参数，看看哪些标语最符合你的品牌和产品。

（3）挑选你最喜欢的标语，并考虑它们如何适应你的品牌形象和营销材料。

（4）测试你的标语。向目标市场的消费者展示这些标语，收集他们的反馈，看看哪个标语最能引起共鸣。

📖 案例：

作为一家专注于创新的智能宠物用品的公司，你希望标语能体现出产品的创新性和便利性。

> 问： 我们是一家专注于创新智能宠物用品的公司，希望能通过标语体现出我们产品的创新性和便利性。请提供五个创意英文标语。请注意，标语应清晰地传达你的品牌价值和产品的核心优点，同时，应尽可能简短，易于记忆，且能够引起消费者的情感反应。

> 答： 以下是一些创新智能宠物用品公司的标语建议：
> 1. "Innovating Pet Happiness" – 这个标语强调了公司致力于通过创新产品提升宠物的幸福感，清晰地传达了品牌的创新价值和产品的核心优点。

2. "Smarter Care, Happier Paws" – 该标语强调了公司的智能产品可以提供更好的宠物护理，同时，"Happier Paws" 唤起了消费者对他们宠物的感情。

3. "Tech for Tails" – 这个标语短小精悍，易于记忆，并巧妙地将技术与宠物护理结合在一起，显示了公司产品的创新性和便利性。

4. "Pet Care, Upgraded" – 这个标语直观地传达了公司产品将宠物护理提升到了新的水平，体现了品牌的创新性和对改善宠物生活的承诺。

5. "Furry Friends Meet Future Tech" – 该标语创造了一个强烈的视觉形象，把宠物与未来科技联系在一起，引发消费者的好奇心和兴趣，体现了公司产品的创新性和便利性。

以上就是如何使用 ChatGPT 为你的 Shopify 商店创建标语的详细步骤和案例分析。通过使用这些步骤和建议，你应该能够利用 ChatGPT 创建出有吸引力、独特且与你的品牌相符的标语。

8.2.3 检查品牌是否已被注册

在创建品牌并开始社交媒体营销之前，你需要确定你的品牌名称在各大社交媒体平台上是否已经被注册。这一步骤至关重要，因为社交媒体账户的名称，就像域名一样，是唯一的。如果你的理想名称已被他人注册，可能会对你的品牌知名度和访问量产生长期的负面影响。更甚者，当你的品牌知名度提升时，想要购回这些已被注册的账户可能需要花费大量的资金。

在这里，推荐你们一个免费的在线工具 "namecheckr.com"。只需要输入你的品牌名称，这个工具就可以自动帮助你在各大主流社交媒体平台上检查该名称的使用情况，为你节省大量时间。

我们以前两节中生成的品牌名称 "FurFuture" 为例，检查各大社交平台的名称占用情况，如图 8.1 所示。

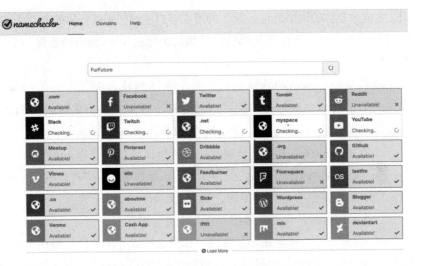

图 8.1 namecheckr.com 页面截图

如果你想要的名称已经被注册，工具界面的图标右下角会显示红色的静止标志。如果还没有被注册，图标右下角会显示绿色的钩。你可以通过这些信息了解哪些社交媒体平台上你的品牌名称已被使用，以及哪些还是可用的。

如果你的品牌名称在某个社交媒体平台上尚未被注册，那么你可以直接单击图标，这将会跳转到该社交媒体的注册页面，方便你直接注册。

一般来说，你的域名和社交媒体账户名应该保持一致。这样可以避免消费者对你的品牌形象产生混乱印象，同时也有助于提高品牌知名度和用户体验。

在了解了这些步骤之后，你应该可以更加有效地注册和管理你的社交媒体账户。同时，你也可以借此了解你的竞争对手的社交媒体情况，为你的市场策略提供更多信息。

8.3 利用ChatGPT选择域名

在这个数字化日益发展的世界里，域名是你在网络世界中的身份标识。它就像是你的网络地址，使你的潜在客户能够轻松找到你的电商店铺。让我们详细了解一下什么是域名以及如何为你的 Shopify 店铺选择一个恰当的域名。

域名是一个网站的独特地址，每个网站的域名都是唯一的。这就像你的店铺的地理地址，人们可以通过这个地址找到你的店铺。例如，Google 的域名是 google.com，Shopify 的域名是 shopify.com。

一个完整的域名由两部分组成：域名和顶级域名。以 google.com 为例，"google"是域名，".com"是顶级域名。顶级域名有多种，例如 .com、.org、.net 等，甚至有地理特定的，如 .uk 或 .cn。

当选择域名时，你需要考虑以下几个关键因素。

（1）品牌标识：域名是你品牌的一部分，所以它应该能反映出你的品牌理念和价值。例如，如果你的品牌名称是"FurFuture"，那么你的域名可以是 furfuture.com。

（2）易记性：你的域名应该简短，易于拼写和记忆。避免使用复杂的拼写或者难以理解的单词。例如，FurFuture.com 比 FurFutureTech.com 更好记。

（3）SEO：SEO 是让你的网站在搜索引擎结果页中获得更高排名的关键。一个好的域名应该包含你的主要关键字。例如，如果你销售智能宠物产品，那么你的域名可以是 smartpetsupplies.com。

在了解了以上选择域名的原则后，我们利用 ChatGPT 选择域名，以下是提问示例。

> 问： 我的品牌名是 FurFuture，我主要销售智能宠物用品，请提供合适的域名建议。
>
> 请至少提供 5 个域名选项，并解释其原因。你的回复应考虑品牌标识、SEO 和易记性等因素。

> 答： 对于你的品牌"FurFuture"，主要销售智能宠物用品，这些可能的域名建议都具有清晰的品牌标识，并且易于记忆：
>
> 1. FurFuture.com：这是最直接且最能代表你品牌的域名。如果它尚未被注册，那么这将是你的首选。

> 2. FurFutureTech.com：这个域名明确指出你的产品具有技术或智能特点。
> 3. FurFuturePets.com：这个域名则更强调你的产品是针对宠物的。
> 4. SmartFurFuture.com：这个域名融合了你品牌的名称和你的产品类型（智能产品）。
> 5. FurFutureShop.com：如果你的网站主要是电商平台，那么这个域名则相当合适。
>
> 请记住，在选择域名时，你需要确保它尚未被其他人注册。你可以使用诸如Namecheap，GoDaddy等域名注册商的域名查找工具来确认你选择的域名是否可用。

接着，我们利用域名注册商namecheap完成域名注册，以下将演示如何使用该网站的批量域名查询功能快速确定可用的域名：

首先，打开namecheap首页，鼠标移动到导航栏菜单第一个列表，选择Bulk Domain Search，如图8.2所示。

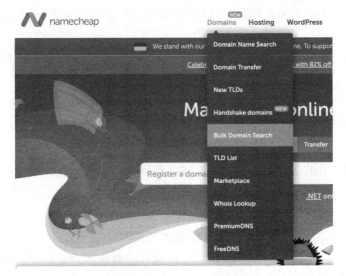

图 8.2　namecheap首页截图

然后，在下一个界面填上候选域名列表，如图 8.3 所示。

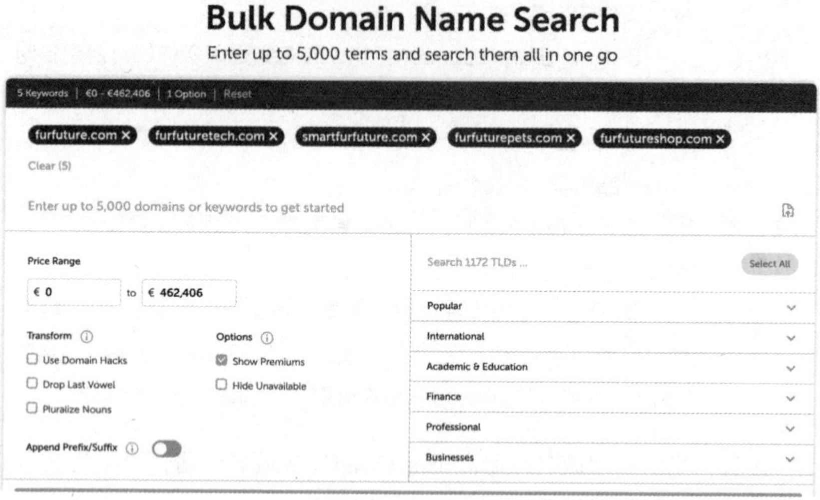

图 8.3 namecheap 的 Bulk Domain Name Search 功能界面

填好候选域名后，单击下方的 Generate 按钮后，进入结果页面，便可以对你心仪的域名进行购买了。

在选择域名后，你需要购买并将其绑定到你的 Shopify 店铺。以下是操作步骤：

（1）你需要在一个域名注册商处购买你的域名。有许多域名注册商供你选择，例如 GoDaddy、Namecheap 等。

（2）购买域名后，你需要在你的 Shopify 后台进行设置，将你的域名绑定到你的店铺。在你的 Shopify 管理页面，单击"在线商店"然后选择"域名"。

（3）单击"连接现有域名"，输入你刚刚购买的域名，然后点击"下一步"。

（4）按照提示设置你的 DNS 记录，将你的域名指向 Shopify。这通常需要登录你的域名注册商的管理面板进行操作。

（5）设置完毕后，回到 Shopify 的域名设置页面，单击"验证连接"。如果一切设置正确，你的域名就已经成功绑定到你的 Shopify 店铺了。

选择和设置域名可能看起来有些复杂，但实际上，只要你了解基本的概念，并遵循这些步骤，你很快就能完成。记住，一个好的域名对于你的在线商店来说是至关重要的，所以花点时间来选择一个真正能代表你品牌的域名是值得的。

第 9 章
用 ChatGPT 做 Shopify 独立站优化

在创建品牌和注册邮箱之后，我们面临的任务并没有结束。在本章中，我们将深入探讨开启独立站的四个主要环节的优化策略，这些环节是：设置 Shopify 账户、自定义商店主题、运营博客内容和店铺 SEO。本章包含以下几个知识点：

- 利用 ChatGPT 正确并高效地设置你的 Shopify 账户。
- 使用 ChatGPT 指导你的 Shopify 商店主题。
- 运用 ChatGPT 创建博客内容来增强你的 Shopify 商店。
- 运用 ChatGPT 在 Shopify 商店中优化 SEO。

本章的目标是帮助你充分了解并掌握如何开启和优化 Shopify 独立站店铺，使你的在线业务更具竞争力。

9.1 设置Shopify账户

创建并设置 Shopify 账户是你开启独立站的首要步骤。这个过程包括一系列重要的环节，如注册新账户、选择合适的计划、添加支付方式、配置发货地址等。在这一节中，我们将逐步详细讲解这些环节，指导你顺利完成 Shopify 账户设置。

（1）注册新账户：访问 Shopify 官方网站，单击"开始免费试用"，注册新账户。你需要提供一个电子邮件地址，创建一个密码，并且为你的店铺取一个名字。请注意，店铺的名称必须是唯一的，而且一旦设置，将无法修改。如果你已经有了明确的商业计划，可以直接用你的商标名称作为店铺名称。如果你还在探索市场，那么可以选择一个通用的，但是依然能够反映你的商业理念的名称。

（2）选择合适的计划：在注册后，你将进入选择计划的界面。Shopify 提供了三种主要的计划：基础计划、Shopify 计划和高级计划。每种计划的费用、功能和服务都有所不同，因此你需要根据你的商业规模和需求来选择合适的计划。例如，如果你是一个刚刚启动的小企业，你可能会选择基础计划，因为它提供了最基本的电商功能，而且费用相对较低。然而，如果你的企业规模较大，你可能会选择高级计划，因为它提供了更多高级功能，如报告生成、国际域名等。

（3）添加支付方式：要使客户能在你的商店购物，你需要设置至少一种支付方式。Shopify 支持各种支付方式，包括信用卡、PayPal、Apple Pay 等。在"设置"菜单中选择"支付提供商"选项，然后根据指示添加你的支付方式。你应该根据你的业务需求和客户偏好选择合适的支付方式。例如，如果你的客户主要是年轻人，你可能会添加 Apple Pay 和 PayPal 作为支付方式，因为这些支付方式通常更受年轻人欢迎。

（4）配置发货地址：配置发货地址是运营电商的重要一环。你需要在"设置"菜单的"发货"选项中输入你的发货地址。这个地址是你的物流中心的地址，也就是你存储商品并从这里发货的地方。请注意，你的发货地址应该是可靠的，因为它将直接影响到你的货物送达时间和货物状态。

（5）配置税务设置：为了确保你的业务合规，你需要在 Shopify 中正确地设置税务信息。在"设置"菜单的"税务"选项中，你可以设置你的税务信息，包括税率、税务地区等。请注意，税务规则因国家和地区的不同而不同，因此你应该了解你的税务责任，并正确地设置税率。

（6）设置店铺主题：商店主题直接影响你的品牌形象以及客户的购物体验，所以选择并设置一个合适的主题是非常重要的。Shopify 提供了许多免费和付费的主题供你选择。你可以基于你的品牌定位、产品种类、预期的客户群体等因素，选择一个符合需求的主题。选择主题后，在"在线商店"→"主题"区域中，单击"自定义"按钮，你可以根据需要调整主题的颜色、字体、布局以及添加或移除某些功能模块。

（7）添加产品：没有产品的商店是无法运营的。你需要在Shopify中添加你的商品，才能让客户在你的店铺中进行购物。你可以在"产品"页面中手动添加单个产品，或者通过CSV文件批量导入产品。每个产品都应该包含商品名称、描述、价格、库存以及至少一张商品图片。同时，考虑使用标签和分类，以便客户更容易地搜索和找到他们感兴趣的商品。

（8）测试商店：在你正式开放商店之前，应该进行全面的测试。确保支付系统、货运选项以及页面跳转等所有功能都能正常运作。你可以通过创建一笔测试订单，从客户的角度体验购物流程，从而发现并修复可能存在的问题。

（9）发布商店：完成所有的设置和测试后，你的Shopify商店就已经准备好接待客户了。你可以在"在线商店"→"偏好"区域中，删除密码页面，使你的商店对外开放。请注意，一旦你的商店开始运营，你就需要时刻关注订单情况、客户反馈以及网站运行状态，以确保商店的正常运营。

使用ChatGPT来设置Shopify的主要思路是将ChatGPT作为一个自动化的、智能化的顾问，帮助你在设置Shopify的过程中提供指导和建议。下面是一些具体的使用场景。

（1）提问并获取答案：在建立Shopify账户过程中，你可能会遇到各种问题，这时候你可以向ChatGPT提出你的问题。例如，你可以问如何选择最适合自己的Shopify计划，如何设置支付方式，或者如何添加产品等。ChatGPT会根据它的训练数据提供详细的解答。

（2）故障排除：如果在设置或运行Shopify账户时遇到问题，ChatGPT也可以提供帮助。例如，当你使用支付网关时遇到问题，或是在添加产品时遇到困难，你可以详细描述你的困扰，ChatGPT会为你提供可能的解决方案。

以下是用于使用 ChatGPT 设置 Shopify 账户的 10 个提示语。

（1）"注册 Shopify 账户需要提供哪些信息？"
（2）"如何自定义 Shopify 商店的主题和布局？"
（3）"如何在 Shopify 账户中设置支付和运输选项？"
（4）"在发布 Shopify 商店之前，如何测试它？"
（5）"在发布 Shopify 商店之前我应该做什么？"
（6）"创建 Shopify 商店的最佳实践是什么？"
（7）"如何使我的 Shopify 商店在竞争对手中脱颖而出？"
（8）"如何在 Shopify 商店创建有效产品清单？"
（9）"如何优化我的 Shopify 商店的加载速度？"
（10）"如何跟踪和分析我的 Shopify 商店的表现？"

需要注意的是，尽管 ChatGPT 能够提供许多有用的信息和建议，但它并非万能的。对于一些特定的问题，比如涉及具体的商业决策或法规遵守等，你可能需要寻求专业的法律和商业咨询。另外，对于一些涉及个人信息的问题，如支付设置等，出于隐私保护，你不应将敏感信息提供给 ChatGPT。

总的来说，创建和设置 Shopify 账户可能需要一些时间和努力，但是一旦你的商店开始运营，你就会发现这一切都是值得的。无论你是一位电商新手，还是一个有经验的商人，只要你跟随上述的步骤和建议，你都能成功地设置你的 Shopify 账户，并开启你的电商之旅。在下一节中，我们将详细介绍如何优化你的商店主题，使之更具吸引力和易用性。

9.2 自定义商店主题

Shopify 有许多可供选择安装的主题，每种主题都可以进一步定制以适应我们的品牌和产品。本节将带领你了解如何选择、安装和自定义 Shopify 主题。

9.2.1 用ChatGPT指导你的自定义主题

选择主题前，我们需要考虑自身业务类型、产品类型，以及希望展示给客户的品牌形象。Shopify有一个主题商店，其中包含免费和付费主题供用户选择。每个主题都有详细的描述、预览和评论，帮助用户理解它可能适合什么样的商店。

安装主题非常简单，只需在主题页面单击"添加主题"按钮，然后在弹出的窗口中单击"发布为在线商店的主题"。完成后，新主题将出现在用户的Shopify后台的"在线商店"→"主题"部分。

Shopify提供了一个内置的主题编辑器，使用户可以轻松修改主题的各个方面，包括颜色、字体、布局和功能。要访问主题编辑器，只需在"在线商店"→"主题"部分找到你想要修改的主题，然后单击"自定义"。

在主题编辑器中，左侧是一列部件，代表了主题中的各个区块，如头部、滑动展示、产品网格等。单击一个部件，用户可以修改它的内容和样式，例如添加图片、修改文本、更改背景颜色等。右侧则是预览区域，显示了在实际页面上呈现的效果。

如果Shopify主题编辑器提供的选项无法满足卖家的需求，卖家还可以通过添加自定义代码或CSS进行更深度的定制。这需要一些HTML、CSS和Liquid（Shopify的模板语言）的知识。

在主题编辑器的左下角，单击"主题设置"，然后单击"编辑代码"。这将打开代码编辑器，我们可以在这里修改主题的模板文件，或添加自定义CSS。请注意，修改代码可能会对商店的外观和功能产生重大影响，因此请在修改前备份当前主题，或者如果不确定如何进行修改，可以寻求专业的开发者的帮助。

在发布任何更改之前，都应进行全面的测试，如导航菜单、搜索功能、产品筛选、添加到购物车，以及整个结账流程，确保所有功能都能正常工作。

使用ChatGPT来帮助定制商店主题，主要是作为一个可交互的指导工具。它可以提供详细的指南以回答相关的问题，甚至提出一些设计和优化建议。以下是一些可能的提示语示例，你可以将这些输入 ChatGPT 中：

（1）"如何为我的 Shopify 商店选择一个主题？"
（2）"如何更改我的 Shopify 主题的颜色、字体和布局？"
（3）"如何向我的 Shopify 主题添加新的部分？"
（4）"如何为我的 Shopify 商店创建一个吸引人的主页？"
（5）"如何创建一个视觉吸引人且易于导航的产品页面？"
（6）"创建有效产品页面的最佳实践是什么？"
（7）"如何向我的产品页面添加信任徽章和客户评价？"
（8）"如何在购买完成后创建自定义的感谢页面？"
（9）"如何在 Shopify 商店中设置联系页面？"
（10）"如何创建一个自定义样式的置顶公告？"

这些提示可以很好地帮助你自主地定制商店主题。虽然自定义主题可能会花费一些时间和精力，但是一个美观、易用的网站能够吸引并留住更多的客户，提升销量。

9.2.2 用ChatGPT编写主题网页代码

在 Shopify 商店的网站开发和编程中，ChatGPT 可以作为一款强大的工具帮助开发者轻松创建网站，而无须手动编写任何代码。它可以产出一个包含响应式设计和菜单的 Bootstrap HTML 框架。除此之外，ChatGPT 还能够详解 Shopify 主题代码、函数和库等，帮助开发者进一步提升编程技巧。而且，ChatGPT 还有助于代码调试，生成产品页面，甚至助力编写自定义集成，满足那些希望为客户提供定制化服务的 Shopify 商店的需求。尽管在当前阶段，人工智能在编程能力和创新性上还无法与人类行业专家相比，但 ChatGPT 依然是一个非常有用的工具，它使得我们能够以前所未有的速度和便捷性创建出完全具备功能的网站。

在设计 Shopify 主题页面时，你可以使用 ChatGPT 生成代码、调试，解决遇到的问题等。以下是一些具体的例子。

1. 生成代码

如果你不确定如何在Shopify中实施某个设计或功能,你可以问ChatGPT如何编写网页代码。例如,你想在商店顶部添加一个置顶公告,用于展示欢迎提示语或促销信息。

> **问:** 你的任务是生成一个简单的置顶公告Liquid代码,以便在Shopify主题中使用。该公告应该包含重要信息或通知,并且应该易于定制和编辑。
>
> 请提供一个清晰而简洁的响应,其中包括Liquid代码示例,用于创建此类置顶公告。你可以考虑使用变量来使其更加灵活和可定制化。请确保你的响应易于理解并具有足够的上下文说明。
>
> 请注意,你需要遵循Shopify主题开发最佳实践,并确保你的代码符合标准。

> **答:** 以下是一个简单的Shopify置顶公告Liquid代码示例。这个代码会在你的商店顶部显示一个公告栏。你可以在Shopify后台的"设置"→"主题"→"自定义"中设置公告内容。
>
> 首先,在你的主题文件中,找到sections文件夹并创建一个新的文件announcement-bar.liquid。然后,将以下代码复制到这个文件中:
>
> ```
> {% if settings.announcement_bar_enabled %}
> <div class="announcement-bar">
>   {{ settings.announcement_bar_text }}
> </div>
> {% endif %}
> ```
>
> 接下来,你需要在主题的设置文件(通常是config/settings_schema.json)中添加公告栏的设置选项。将以下代码添加到settings_schema.json文件的settings数组中:
>
> ```
> {
>   "name": "Announcement Bar",
>   "settings": [
> ```

```
        {
          "type": "checkbox",
          "id": "announcement_bar_enabled",
          "label": "Show announcement bar",
          "default": false
        },
        {
          "type": "text",
          "id": "announcement_bar_text",
          "label": "Announcement text",
          "default": "Welcome to our store!"
        }
      ]
    }
```

这段代码会在你的主题设置中添加一个复选框,用于启用或禁用公告栏,以及一个文本框,用于设置公告内容。

最后,你需要在你的主题布局文件(通常是 layout/theme.liquid)中引入这个 section。在适当的位置(通常是 header 的上方)插入以下代码:

{% section 'announcement-bar' %}

现在,你可以在 Shopify 后台的"设置"→"主题"→"自定义"中找到公告栏的设置。你可以随时启用或禁用公告栏,以及更改公告内容。

这个代码是非常基础的,如果你想更深入地定制公告栏,比如添加样式、改变位置,或者添加更多的设置选项,你可能需要进一步的 HTML、CSS 和 Liquid 知识。

从回答结果可以看到,ChatGPT 不仅生成了简单的 Liquid 代码,还提供了明确而具体的指导。

2. 代码帮助

如果你需要进行一些自定义的代码修改,你也可以向 ChatGPT 寻求帮助。

> **问:** 请帮我调整Shopify主题公告栏的背景颜色为醒目的红色,文字颜色和字体要搭配得好看。请将文本居中对齐以获得更美观的效果。

> **答:** 要调整Shopify主题公告栏的背景颜色为醒目的红色,并进行相关字体和对齐的设置,你可以在主题的CSS文件(通常是assets/style.css.liquid或assets/theme.scss.liquid)中添加或修改以下样式:
>
> ```
> .announcement-bar {
>     background-color: #ff0000; /* 红色背景 */
>     color: #ffffff; /* 白色文字 */
>     font-family: Arial, sans-serif; /* Arial字体 */
>     text-align: center; /* 文字居中对齐 */
>     padding: 10px 0; /* 为文字添加上下的间距 */
> }
> ```
>
> 在这段代码中,.announcement-bar是你的公告栏的CSS类名,你需要将其替换为你实际使用的类名。颜色代码#ff0000和#ffffff分别表示红色和白色,你可以根据需要修改这些颜色代码。font-family设定了字体,这里选用了Arial,你可以根据需要修改为其他字体。
>
> 请注意,编辑主题代码需要一定的HTML和CSS知识。如果你不确定如何操作,建议你请教专业的网页设计师或开发者,或者使用Shopify的主题设置来进行可视化编辑。

3. 解决问题

如果你在编辑主题代码过程中遇到问题,你可以问ChatGPT如何解决。

"我在尝试添加一个新的区块到我的主页时遇到了问题,系统给出的错误信息是<在这粘贴报错信息>,我应该如何解决?"

4. 详解代码

如果你想理解 Shopify 主题下某个文件的代码，你可以用这个 ChatGPT 提示语进行提问。

"请解释给定的代码。要以任何人都能理解的简单方式解释，且全面。

解释这段代码：

{{在这粘贴你的代码}}"

通过这个提示语，ChatGPT 会全面彻底地用通俗的语言为你解释相关代码，帮助你理解和学习该代码。

总的来说，我们在本节中介绍了如何定制 Shopify 商店主题，以及如何使用 ChatGPT 进行代码生成和调试。通过学习本节，读者将掌握使用 ChatGPT 在 Shopify 环境中进行自定义主题和网页编程的基本技巧，提高工作效率，帮助读者建立一个个性化、有吸引力的店铺网站。

9.3 运营博客内容

本节将深入探讨博客在 Shopify 商店运营中的价值以及应用方式。我们将讨论为什么需要博客，什么时候需要写博客，如何找到内容创意，如何用 ChatGPT 帮助撰写博客，一些 Shopify 博客的最佳实践。无论你是刚刚进入跨境电商行业，还是已经有一些经验，本节都将为你提供宝贵的见解和实用的策略，以最大限度地利用博客来推动你的 Shopify 商店的成功。

9.3.1 为什么需要博客

在当今竞争激烈的电商环境中，仅仅依靠产品列表是远远不够的。消费者寻求更多的信息、故事和与品牌的连接。这就是为什么你需要一个博客来运营你的 Shopify 商店。

首先，博客是吸引更多流量和提高 SEO 排名的有效工具。通过关键词优化和高质量内容的发布，你的博客可以提高在搜索引擎中的排名，吸引更多的潜在客户。每篇博客文章都是一个新的页面，为搜索引擎提供了更多的内容来索引。

其次，博客可以帮助你建立品牌形象和声誉。你可以使用博客展示专业知识和行业洞察力，让人们知道你在行业中是一个值得信赖的权威。通过分享你的品牌故事和价值观，你可以与潜在客户建立更深入的情感联系。

此外，博客是传递有价值内容的理想平台。你可以分享关于产品的使用指南、最新趋势、行业见解和有趣的故事。提供有益的信息可以帮助客户解决问题，增加他们对品牌的信任度。有价值的内容还可以引起读者的兴趣，增加他们对商店的访问频率。

博客还提供了与客户互动和参与的机会。通过留言和评论，你可以与读者建立对话，回答他们的问题，了解他们的需求。这种互动不仅可以增加客户的忠诚度，还可以提供有关客户需求和市场趋势的宝贵反馈。

9.3.2 什么时候需要写博客

博客对于 Shopify 商店来说是一个重要的组成部分，但什么时候是开始写博客的最佳时机呢？

理想的情况是，你应该在 Shopify 商店上线时就开始写博客。这样，你可以在一开始就建立 SEO 优势，并让潜在客户知道你是一个值得信赖的专家。

如果你发现你的客户在寻找更多关于产品的信息，或者他们对你的品牌背后的故事感兴趣，那么这就是开始写博客的好时机。博客可以帮助你满足客户的需求，提供更详细的信息和故事，从而建立起更强大的品牌形象。

如果你想提高 Shopify 商店在搜索引擎中的排名，吸引更多的有机流量，那么开设博客是一个很好的策略。通过发布与你的产品和行业相关的博客文章，并使用适当的关键词，你可以提高 SEO 排名，并吸引更多的潜在客户。

总的来说，开设博客对于 Shopify 商店来说是一个非常有价值的举措。无论是在商店上线时开始写博客，还是在需要提供更多信息和故事时，或者在希望提高 SEO 排名时，都是开始写博客的好时机。博客可以增加流量，建立品牌形象，提供有价值的内容，并与客户进行互动和参与。

9.3.3 如何找到内容创意

当你决定开始写博客时，你可能会面临一个常见的问题：如何找到合适的内容创意？以下是几种利用 ChatGPT 寻找内容创意的方法。

1. 市场研究

结合 ChatGPT 了解目标受众并找到合适的 Shopify 博客内容创意是一个有用的方法。下面是一个具体案例，展示如何使用 ChatGPT 来进行市场研究并找到合适的 Shopify 博客内容创意。

📖 **案例：**

假设你经营一家儿童玩具的 Shopify 商店，你想了解你的目标受众（父母和孩子）的兴趣和需求，以便为你的 Shopify 博客创作相关内容。

> 问： 作为一家儿童玩具商店的经营者，我应该创作哪些与儿童玩具相关的内容，以吸引父母和孩子的兴趣？

> 答： 一些与儿童玩具相关的话题和创意包括：最新的教育玩具趋势、亲子互动游戏和活动、如何选择适合不同年龄段儿童的玩具、玩具维护和清洁指南、如何通过玩具促进儿童发展和学习、儿童玩具的安全性和环保性、儿童玩具的收纳和整理方法等。这些话题和创意可以帮助你创作与儿童玩具相关的博客内容，并满足父母和孩子的兴趣和需求。

使用 ChatGPT 提供的话题和创意，你可以进行进一步的研究和探索。了解目标受众的喜好、关注点和需求，可以通过市场调研、分析竞争对手、观察社交媒体讨论和与目标受众直接交流等方式进行。这样你可以深入了解他们的兴趣和需求,从而创作出更具吸引力的博客内容。

2. 关键词研究

结合 ChatGPT 进行关键词研究是一种创新的方法,它可以帮助你发现潜在客户的搜索意图和话题,并为你提供创作博客文章的灵感。下面是一个具体案例,展示如何使用 ChatGPT 来进行关键词研究。

📱 案例:

假设你经营一家健身用品的 Shopify 商店。你想找到与健身相关的热门关键词和话题,以便为你的博客创作提供方向。

> **问:** 作为一家健身用品的 Shopify 商店经营者,你想找到与健身相关的热门关键词,以便为你的博客提供方向。请列出至少 10 个与健身有关的热门关键词,并解释它们在健身行业中的重要性。

> **答:** 当涉及与健身相关的热门关键词时,以下是常见的关键词:健身计划、增肌训练、减脂方法、有氧运动、健康饮食、营养补充品、健身器材、运动技巧、健身挑战、健身社区、运动伤害预防等。这些关键词可以帮助你创作有关健身的博客内容。

使用 ChatGPT 提供的关键词和话题,你可以进行进一步的研究和探索。你可以使用关键词规划工具(如 Google 关键词规划器或 SEMrush)来确定这些关键词的搜索量和竞争度。此外,你还可以搜索这些关键词和话题,观察与之相关的热门博客文章、论坛帖子和社交媒体讨论,从中获取更多的创意和信息。

3. 顾客反馈和提问

倾听你的顾客和社区的反馈,他们的问题和疑虑可以成为你的博客内容的灵感来源。回答他们的问题、提供解决方案,并帮助他们解决问题,这将帮助你建立起与客户的良好关系。下面是一个具体案例,展示如何使用 ChatGPT 来回答常见问题。

📖 **案例：**

假设你经营一家宠物用品的 Shopify 商店，顾客经常提出关于产品使用和购买流程的常见问题。你希望使用 ChatGPT 来回答这些问题，以便为顾客提供即时的支持和解答。

> 问： 作为一家宠物用品商店经营者，我应该如何回答顾客经常提出的问题，例如如何购买产品和如何使用产品？

答： 购买产品方面，你可以在我们的 Shopify 商店中选择你感兴趣的宠物用品，并将其加入购物车。然后，你可以按照结账流程提供所需的信息，并选择合适的支付方式完成购买。关于产品的使用说明，你可以在我们的网站上找到每个产品的详细描述和说明。此外，我们还提供了常见问题解答页面，其中包含了一些常见问题的解答和使用技巧。如果你有任何特定的问题，你也可以通过我们的在线客服或联系方式与我们的支持团队取得联系。

当涉及顾客经常提出的问题时，以下是几个常见问题以及它们的简洁回答。

1. 如何购买产品？

你可以在我们的网上商店浏览和选择喜欢的产品。找到想购买的商品后，将其添加到购物车，然后按照结账流程完成订单。

2. 我如何支付订单？

我们接受多种支付方式，包括信用卡、借记卡和在线支付服务（如 PayPal）。在结账过程中，你可以选择最方便的支付方式进行付款。

3. 我的订单何时会发货？

我们通常在收到订单后的 1~3 个工作日内进行订单处理和发货。一旦你的订单已经发货，你将收到一封包含追踪号码的确认电子邮件。

4. 如何退换货？

如果你对收到的产品不满意或需要退换货，请尽快与我们的客户服务团队联系。我们将提供具体的退换货指南和要求。

  5. 如何正确使用特定产品？

  每个产品都附带使用说明和操作指南。请仔细阅读并遵循产品说明书上的指示。如果你仍然有疑问或需要进一步的解释，请随时与我们的客户服务团队联系。

  ChatGPT生成的回答可能需要进一步优化和完善，以确保准确性和清晰度。你可以根据自己的经验和知识对回答进行修改，并添加任何其他有用的细节和指导。

4. 行业趋势和新闻

  关注行业的最新趋势、新闻和热门话题。这些话题通常引起公众的关注和讨论，你可以撰写相关的博客文章，并分享你的观点和见解。

  📖 案例：

  假设你经营一家健康和健身产品的Shopify商店，你想创作与最新健身趋势和新闻相关的博客内容，以吸引关注健身的读者。

> 问：根据最新的健身趋势和新闻，我应该创作哪些与健康和健身产品相关的博客内容？

> 答：根据最新的健身趋势和新闻，你可以创作以下博客内容：
>
> 1. 介绍新兴的健身趋势，如高强度间歇训练（HIIT）、智能健身设备、虚拟健身课程等。
> 2. 分析和评估热门的健身饮食计划，如生酮饮食、素食主义等。
> 3. 讨论健身科技的最新发展，如健康追踪器、智能手环等的应用和功能。
> 4. 分享健身名人的故事和训练秘籍，以激励读者追求健康和健身。
> 5. 提供针对特定目标的训练计划和建议，如增肌、减脂、提高耐力等。

这些博客内容将吸引关注健身的读者，并使你的博客保持与行业趋势和新闻的联系。

5. 教程和指南

根据你的产品或行业特点，编写教程、指南和使用技巧等内容。这些内容对读者来说具有实用价值，并有助于建立你的专业声誉。以下是一个具体案例，展示如何使用ChatGPT来编写产品教程和使用技巧。

👍 **案例：**

假设你经营一家家庭厨房用品的Shopify商店，你想编写关于你的最新烹饪器具的教程和使用技巧，以帮助顾客充分利用产品的功能和特点。

> 问：我应该如何编写关于最新烹饪器具的教程和使用技巧，以帮助顾客更好地使用产品和提升烹饪技能？

> 答：编写关于最新烹饪器具的教程和使用技巧时，你可以考虑以下主题。
> 1. 介绍产品的特点和功能，例如温度控制、预设烹饪程序等。
> 2. 详细说明产品的使用步骤和操作方法，包括如何设置温度、时间和烹饪模式等。
> 3. 提供一些创意和健康的烹饪配方，展示产品在不同菜肴和食材上的应用。
> 4. 分享一些使用技巧和窍门，比如，如何清洁和保养产品，如何优化烹饪结果等。
> 5. 回答常见问题，解决顾客可能遇到的疑问和困惑。
>
> 通过这些教程和使用技巧，顾客可以更好地了解产品，并掌握烹饪的技能和技巧，从而提升他们的烹饪体验和成果。

使用ChatGPT提供的建议和主题，结合你自己的知识和经验，下一步再向ChatGPT发起撰写博客具体内容的指令，让人工智能帮你编写产品教程和使用技巧的具体内容。

9.3.4 撰写博客的方法和提示语

ChatGPT作为一种强大的自然语言生成模型，你可以利用它来生成文章段落、创意内容和有趣的观点。

1. 使用ChatGPT撰写博客内容的实用方法

（1）明确博客主题和目标：在使用ChatGPT之前，确保你明确了博客的主题和目标受众。这将有助于指导ChatGPT生成与主题相关且吸引读者的内容。

（2）提供清晰的指令和提示：在与ChatGPT交互时，确保向其提供清晰、具体的指令和提示，以引导生成内容的方向。

💡 案例：

一家宠物用品电商网站决定增加一系列相关的博客文章。他们计划发布一篇关于"宠物清洁"的文章，希望通过这篇文章来提供实用的信息，同时传达出品牌对环保的承诺和对宠物健康的关注。

> 问：请为我提供关于宠物清洁的博客文章，重点关注便捷清洗和环保卫生的方法。

> 答：标题：《宠物清洁新思路：快捷又环保的护理技巧》
>
> 正文节选：在忙碌的日常生活中，宠物的清洁护理往往让宠物爱好者感到头疼。但是，采用环保且便捷的清洗方法不仅能为你的爱宠提供舒适的生活环境，也能为保护我们共同的地球出一份力。今天，就让我们来探索一些既简单又环保的宠物清洁技巧。
>
> 首先，使用生物降解性的宠物洗涤剂对环境影响小，而且对宠物的皮肤也更为温和。市面上有许多由天然成分制成的清洁产品，比如椰子油、醋、苏打和柠檬汁等，这些都是安全且有效的清洁选择。其次，投资一款高效能的宠物毛发吸尘器可以大大缩短清

理时间，它们通常带有特制的宠物毛发清理配件，能够轻松地从地毯和家具上去除宠物毛发。再比如，定期使用宠物梳理工具不仅有助于去除松散毛发，减少家中的毛发量，也是维持宠物皮毛健康的重要步骤。

　　结语节选：将这些环保且高效的清洁技巧融入日常宠物护理中，不仅能够为你的宠物提供一个洁净的生活环境，也能减少对环境的负担。我们的宠物是我们忠实的伙伴，为它们选择健康、环保的生活方式，也是我们作为宠物爱好者的责任。让我们一起行动起来，为我们的爱宠和地球贡献自己的力量！

　　（3）与ChatGPT进行交互和迭代：ChatGPT会生成一段文本作为博客内容的一部分。审查生成的内容并与其进行交互，根据需要进行修改和完善。你可以与ChatGPT对话，提出问题、要求进一步解释或补充信息，以获得更准确和满意的结果。

　　（4）结合个人专业知识和观点：ChatGPT提供了有价值的生成内容，但作为博客作者，结合自己的专业知识和观点是至关重要的。在编写博客时，将ChatGPT的生成内容与自己的经验和见解相结合，创造出独特且富有深度的内容。

　　（5）注意文本的准确性和可信度：虽然ChatGPT经过大量训练，但仍可能生成不准确或不可靠的信息。在使用ChatGPT生成的内容时，要注意验证其准确性和可信度。确保参考可靠的信息源，并对生成的内容进行审查和验证。

　　（6）提出内容准则或要求：要生成一篇易读性强、深入人心的博客文章，你还需要向ChatGPT提出一些额外的准则，以引导它向你想要的方式生成内容。

2. 可能用到的ChatGPT提示语列表

　　（1）编写博客大纲。

　　"请根据以下产品信息，撰写一份博客大纲：

　　[你的产品名称]

[你的产品重点]

[你的产品描述]"

（2）根据大纲编写博客内容。

"请根据上述大纲，以未使用过该产品的角度撰写一篇详细、描述性、信息丰富并有帮助的博客文章。请在文章中提供清晰的介绍和说明，并包括你对该产品可能存在的优点和缺点的看法。"

（3）为什么需要购买该产品的博客文章。

"作为[产品名称]的销售员，你需要写一篇博客文章来解释为什么人们应该购买这个产品。请提供清晰而具体的原因和例子，以说明此产品对消费者有何益处。"

（4）编写产品博客文章。

"你的任务是撰写一篇极具吸引力的博客文章，以推广你的产品并与该领域的顶级网站竞争。你将获得详细的产品信息，包括产品网站、名称和描述。撰写博客文章时，请遵循以下准则：

1. 使用第一人称与读者互动。

2. 通过使用引号和有趣的事实来提高真实性。

3. 使用非正式语言，包括缩写和感叹词。

4. 用反问来激发读者的思考。

5. 适度使用感叹号突出重点。

6. 使用段落过渡，使阅读流畅。

<你的产品网址>

<你的产品名称>

<你的产品描述>"

（5）生成用于联盟营销测评文章。

"你的任务是为 Shopify 商店撰写一篇 1000 字的 SEO 友好的产品测评文章，重点关注特定产品的功能和优势。文章应以英文撰写，并包含用于搜索引擎优化的所有相关标签。

请在文章的结尾总结你的发现，并为可能有兴趣购买该产品的潜在客户提出建议。你的结论还应包括号召性用语，鼓励读者访问 Shopify 商店并购买产品。"

(6)生成常见问答。

"你的任务是扮演流利的英语市场研究专家。下面将提供你的目标受众和产品详细信息,以及一组关键问题关键字。

目标受众:(请注明)

产品:(请注明)

关键问题关键词:(请注明)

你的目标是用英语编写与这些问题关键字相关的前10个最常见的问题和答案。请提供详细和翔实的答复,彻底解决每个问题,同时保持简洁易懂。"

你可以基于自己的博客内容需求灵活修改以上提示语,并把你具体要推广的产品信息加入提示语中,确保生成的内容质量和准确性,以满足读者的期望和需求。

9.3.5 Shopify博客实践技巧

在使用Shopify发布博客时,以下是一些实践技巧。

优化SEO:为每篇博客文章选择相关的关键词,并在标题、元描述、URL和内容中自然地使用这些关键词。使用内部链接将博客文章与你的分类页面和产品页面相关联,提升整体的搜索引擎排名。

定期发布:保持博客的活跃度和连续性,定期发布新的博客文章。这有助于吸引持续的流量和读者参与,同时也提醒搜索引擎对你的网站进行频繁的爬取和索引。

多媒体内容:除了文字内容,考虑使用图像、视频和音频等多媒体形式丰富你的博客。这样不仅可以使你的博客更加生动有趣,还可以提高读者的参与度和分享度。

社交分享:在每篇博客文章中添加社交分享按钮,鼓励读者将你的内容分享到他们的社交媒体平台上。这将扩大你的博客的影响力和可见性,吸引更多的读者和潜在客户。

与读者互动：回复读者在博客文章下方留下的评论，建立与他们的互动和关系。这不仅有助于建立忠诚的读者群体，还可以提供有价值的反馈和建议，帮助你不断改进和优化博客内容。

博客是一个持久且持续发展的过程，坚持不懈地提供有价值的内容，并与你的读者建立真正的连接，你将获得长期的回报和业务增长。

9.4 店铺SEO

在本节中，我们将深入探讨如何在Shopify商店中实施有效的SEO策略，从而提高你的网店在搜索引擎中的排名。无论是主页、产品集合页还是产品页，我们都将为你提供详细的SEO建议，帮助你充分利用关键词、元标签、URL结构、内外链等SEO要素，以提升搜索引擎的友好度，吸引更多的潜在用户，并最终转化为实际的销售。

记住，SEO并非一日之功，而是需要持续地努力和优化。希望通过本节的学习，你能掌握并运用SEO的核心理念和策略，为你的Shopify商店的长期发展铺就坚实的基础。

9.4.1 SEO的基础知识

在进入SEO的各个具体实践之前，我们先来了解一下SEO的基础知识，包括它的重要性、基本原理以及运作机制。此外，我们也会探讨一下Shopify平台是否对SEO友好，以及如何在Shopify上进行有效的SEO。

1. SEO的重要性

SEO在电子商务中的作用不容小觑。它是一种策略，旨在提升网站在搜索引擎结果页面（Search Engine Results Page，SERP）中的排名。高的搜索引擎排名可以带来更多的网站流量，从而提高品牌知名度，吸引潜在顾客，最终提高销售额。

2. SEO 的基本原理与运作机制

SEO 的核心目标是提升网站的可见性，使之在搜索引擎的自然（非付费）搜索结果中排名更高。为达成这个目标，SEO 采用多种策略和技术，包括关键词优化、元标签优化、URL 结构优化、内外链策略、用户体验优化等。

当用户在搜索引擎中输入查询词，搜索引擎会根据其内部的复杂算法（如 Google 的 PageRank），从互联网上的数十亿网页中找出与查询词最相关、最有权威的结果。这些算法会考虑大量的因素，包括网页的内容质量、关键词使用、链接情况、用户行为等。因此，为了在搜索结果中排名更高，我们需要通过 SEO 策略满足这些算法的需求。

3. Shopify 的 SEO 特性

Shopify 是一款十分受欢迎的电子商务平台，它充分考虑到了 SEO 的需求，提供了多种内置的 SEO 工具。例如，你可以轻松编辑网页的标题标签和元描述，也可以优化 URL 结构，甚至可以添加 alt 文本到图片中。此外，Shopify 还支持 HTTPS 和网站地图，这些都是提升 SEO 的重要因素。

然而，虽然 Shopify 提供了很好的 SEO 基础，但要实现高的搜索引擎排名，你仍需要进行一些额外的工作。例如，你需要进行关键词研究，优化内容，创建内外链，甚至可能需要使用一些第三方 SEO 工具。

总的来说，Shopify 是一个对 SEO 友好的平台，但要充分发挥其潜力，还需要你对 SEO 有深入的理解，以及持续的努力和优化。接下来的几节中，我们将深入探讨如何在 Shopify 上进行有效的 SEO，让你的网店在搜索引擎结果中独占鳌头。

9.4.2 主页 SEO

主页是网店的门面，它是用户第一次接触品牌的地方，也是搜索引擎了解网店的主要出发点。因此，主页的 SEO 非常关键。接下来，我们将探讨如何利用 ChatGPT 实现主页标题标签和元描述的优化、关键词的选择和应用,以及用户体验的优化。

1. 标题标签与元描述的优化

标题标签和元描述是搜索引擎用来理解网页内容的重要元素,也是用户在搜索结果中看到的信息。因此,我们需要确保它们准确、吸引人,并包含重要的关键词。

标题标签的长度应该保持在 60 个字符以内,这样才不会在搜索结果中被截断。你需要避免让 Shopify 主题自动添加重复的品牌名称或其他信息。你可以在 "Online Store > Preferences" 中自定义主页的标题。同时,你还需要检查源代码,确保 <title> 标签中没有额外添加的内容。

元描述应该包含主要关键词,长度保持在 160 个字符以内。虽然元描述不直接影响排名,但它会在搜索结果中显示,从而影响用户是否点击你的网站。

2. 主要关键词的选择和应用

选择和应用正确的关键词是 SEO 的核心。通常,你的主页应该聚焦于一个总体的主题或关键词。例如,如果你的网店销售健身衣、瑜伽裤、运动短裤等,那么你的主页的关键词可以是"健身服装"。

你应该在标题标签、元描述、网页内容等位置使用这个关键词,但要注意不要过度使用。关键词的使用应该自然、有意义,否则可能会被搜索引擎视为关键词填充,而受到惩罚。

3. 主页图片的文本标签

此外,如果你的主页上有图片,你需要确保图片上的文本是描述图片实际内容的文本,而不只是一个包含文本标签的图片。这样,搜索引擎才能更好地理解图片的内容。

例如,你可能在设计一个销售运动服装的网站,主页上有一个展示各种产品系列的 2×2 的网格图片,包括"运动鞋""运动服""健身器材""瑜伽裤"等。在这种情况下,你应该在每个网格图片中添加实际的文本,比如"购买运动鞋""购买运动服""购买健身器材""购买瑜伽裤"。这样,搜索引擎可以更准确地理解你的网页内容,从而提高你的搜索结果排名。

4. 利用 ChatGPT 做主页 SEO

1）编写标题标签

首先确定你的网店的主要关键词或主题。例如，如果你的网店是销售户外装备的，那么你的关键词可能包括"户外装备""露营装备""登山装备"等。

然后在 ChatGPT 中输入以下内容。

> 问： 请帮我编写一个关于户外装备的主页标题标签，长度不超过 60 个字符。

> 答： 高质量户外装备 | 我们提供最优质的露营和登山装备。

检查这个标题标签是否包含了你的主要关键词，是否准确地描述了你的网站，以及是否吸引人。记住，标题标签的长度应该保持在 60 个字符以内，以避免在搜索结果中被截断。如果需要，你可以利用 ChatGPT 进行进一步的调整和优化。

2）编写元描述

这与编写标题标签的步骤相同，首先需要确定你的主页的关键词或主题。比如，你的网店主要销售高端手表，那么你的关键词可能是"高端手表""豪华手表""设计手表"等。

在 ChatGPT 中，你可以输入一个有关编写元描述的请求。

> 问： 请帮我编写一个关于高端手表的主页元描述。长度不超过 160 个字符。

> 答： 发现我们精选的高端手表系列，我们的豪华手表集合了优雅的设计和卓越的工艺，为你提供无与伦比的时尚体验。

接着，确认元描述是否包含了你的主要关键词，是否准确地描述了你的网站，并且是否有吸引力。元描述的长度应该保持在 160 个字符以内，以确保在搜索引擎结果页中完整地显示。如果需要，你可以利用ChatGPT进行进一步的优化。

总的来说，主页的SEO需要综合考虑多个因素，包括但不限于标题标签、元描述、关键词的选择和应用，以及图片SEO。希望以上建议能帮助你提升主页的SEO性能，从而在搜索结果中获得更高的排名。

9.4.3 产品集合页SEO

产品集合页是一个汇集了网店内某一类产品的页面。这些页面通常针对某个特定的关键词或主题，如"女士夏季连衣裙"或"户外露营装备"。因此，产品集合页的SEO是非常重要的。下面我们将探讨如何优化这些页面的标题标签、元描述和URL，以及如何优化用户体验。

1. 标题标签与元描述的优化

产品集合页的标题标签和元描述应该包含该集合的主题或关键词，如"女士夏季连衣裙"。标题标签的长度应在60个字符以内，元描述的长度应在160个字符以内。这两者都应该准确地描述页面内容，并且吸引人。你可以使用ChatGPT来编写这些内容。

2. URL的优化

URL也是搜索引擎理解页面内容的一个重要元素。你的URL应该简洁、明了，包含关键词，避免使用复杂的字符串或无关的字符。例如，一个关于"女士夏季连衣裙"的产品集合页的URL可以是"www.yourstore.com/collections/womens-summer-dresses"。

3. 用户体验的优化

产品集合页应该设计得清晰、美观，易于导航。确保每个产品都有清晰的图片和详细的描述，使用过滤器和排序功能来帮助用户找到他们想要的产品。页面的加载速度也很重要，因为用户不愿意等待太长时间。

4. 利用 ChatGPT 做产品集合页的 SEO

1）编写标题标签

根据你的产品集合页的主题，确定相应的关键词。例如，如果你的集合页是关于"男士夏季运动鞋"的，你的关键词可能是"男士运动鞋""夏季运动鞋"等。

> 问：请帮我编写一个关于男士夏季运动鞋的产品集合页标题标签。

> 答：男士夏季运动鞋 - 高品质舒适耐用 | 你的店名

检查标题标签是否包含关键词，是否准确描述了你的产品集合页内容，是否具有吸引力，并且长度保持在 60 个字符以内。如果需要，你可以再次利用 ChatGPT 进行进一步的优化。

2）编写元描述

先确定你的产品集合页的主要关键词或主题。例如，如果你的产品集合页是关于"男士秋季外套"的，那么你的关键词可能包括"男士外套""秋季外套"等。

再利用 ChatGPT，输入一个关于编写元描述的请求。

> 问：请帮我编写一个关于男士秋季外套的产品集合页元描述。

> 答：探索我们的男士秋季外套集合，我们精选了各种款式和材质，既保暖又时尚，为你的秋季装备添加完美的一抹色彩。

确认元描述是否包含了你的主要关键词，是否准确地描述了你的产品集合页，并且是否有吸引力。元描述的长度应该保持在 160 个字符以内，以确保在搜索引擎结果页中完整地显示。如果需要，你可以利用 ChatGPT 进行进一步的优化。

通过这种方法，你可以创建具有吸引力的标题标签和元描述，帮助提升你的产品集合页在搜索引擎结果页面中的排名。

总的来说，产品集合页的 SEO 需要考虑标题标签、元描述、URL、关键词使用和用户体验等多个方面。通过优化这些元素，你可以提高你的产品集合页在搜索结果中的排名，吸引更多的用户，提高销量。

9.4.4 产品页SEO

在跨境电商独立站中，产品页的优化至关重要，它们直接决定了用户是否会购买你的产品。以下是产品页SEO的几个关键方面。

1. 产品描述的撰写和优化

产品描述的独特性和内容深度是产品页SEO的两个关键因素。

避免直接复制供应商或销售商提供的产品描述，因为在搜索引擎排名中，原始内容的作者通常会优先于你。每个产品应该有一个独特的描述。这并不意味着你不能复制任何信息，比如产品规格等详细数据，这是没有问题的。但同时，你也需要添加独特的内容，如产品描述和常见问题解答（Frequently Asked Questions，FAQ）。

一般来说，你拥有的高质量内容越多，产品页面在搜索引擎中的排名就越高。为了提高产品页的排名，你应该添加描述产品、列出产品特性/优点以及添加FAQ部分以帮助用户了解产品的详细内容。然而，你需要明确优化的优先级，因为你可能没有足够的时间和预算为所有产品做这些工作。

除此之外，在不影响阅读体验的前提下，将关键词自然地融入产品描述中，可以显著提高SEO效果。

因此，进行适当的产品数据分析，以确定你应该优先关注哪些产品，很重要。在这些产品上投入更多的努力，制作出独特且内容丰富的产品描述，可以有效提高这些产品页在搜索引擎中的排名，进而吸引更多的用户，并增加销售转化。

2. 图片优化

优化产品图片也是提高产品页SEO的关键一环。

使用描述性的文件名，包含主要的关键词。例如，如果你销售的是可折叠自行车头盔，文件名可以是"foldable-bicycle-helmet.jpg"。

每张图片都应提供一个准确的alt标签。这是一个简短的文字描述，用于在图片无法加载时显示，同时也帮助搜索引擎理解图片内容。

3. 用户评价与 SEO 的关系

用户评价对于 SEO 具有重要影响。这是因为：

（1）搜索引擎喜欢新鲜的内容，而用户评价提供了一种自动刷新你的产品页内容的方式。

（2）用户在评价中可能会使用到你的关键词，这有助于你的 SEO。

（3）正面的用户评价增加了网站的信誉，也能提高转化率，而高的转化率通常会带来更高的搜索排名。

4. 使用 ChatGPT 优化产品描述

利用 ChatGPT 来撰写产品描述可以帮助你创造出引人入胜、富有个性并且 SEO 友好的产品文案。下面以"可折叠的自行车头盔"为例，展示如何用 ChatGPT 来优化产品描述。

首先，确定产品页面的关键词。对于可折叠的自行车头盔，关键词可能包括"自行车头盔""可折叠头盔""轻便头盔"等。

向 ChatGPT 输入关于撰写产品描述的请求，如下所示。

> 问： 请为我编写一个关于可折叠的自行车头盔的产品描述，它需要包含关键词"自行车头盔""可折叠头盔"和"轻便头盔"。

> 答： 体验我们的可折叠自行车头盔，它结合了安全性和便携性的优势。这款轻便头盔采用了创新的可折叠设计，可以轻松地放入背包或手提包中。无论你在城市街头骑行还是在乡间小路上骑行，它都是你理想的防护装备。为自己的安全投资，选择我们的可折叠自行车头盔。

接着评估由 ChatGPT 生成的产品描述，并根据需要进行修改。确保描述准确、吸引人，关键词应自然地融入文本中。

通过以上步骤，你可以利用 ChatGPT 来撰写有吸引力的、SEO 友好的产品描述，提高产品页面的搜索引擎排名，从而吸引更多的潜在客户。

总之,优化产品描述、图片和促进用户评价都是提高产品页 SEO 的重要步骤,不仅可以提高搜索排名,还能提高用户的购买意愿,从而增加销量。

第10章 谷歌推广与ChatGPT

在跨境电商的赛道上，有效地使用谷歌广告是获取全球消费者的关键一步。在这一章中，我们将探索谷歌广告的功能，如何将其用来炮制爆款产品，以及如何避免和处理政策违规的问题。本章重点涉及以下知识点：
- 了解站外推广和社交媒体营销的重要性。
- 了解谷歌广告的基本知识。
- 利用ChatGPT配合谷歌广告的强大工具将产品推向市场，打造爆款。
- 运用ChatGPT对政策违规进行申诉。

希望通过本章的学习，你能深刻理解站外推广的知识，并有效利用谷歌广告，推动你的跨境电商业务加速发展。

10.1 站外推广和社交媒体营销的重要性

电商平台内的销售策略和手段已经不能满足我们对于业务扩展和增长的需求。因此，站外推广和社交媒体营销就显得尤为重要，这两者可以为我们的跨境电商业务提供更广泛的覆盖、更高效的客户触达和更有效的转化。本节将介绍为什么要进行站外推广和社交媒体营销，以及它们在跨境电商中的作用和价值。

1. 为什么要进行站外推广和社交媒体营销

在跨境电商领域，进行站外推广和社交媒体营销有助于将你的产品推向更广阔的市场，从而扩大你的业务。

想象一下，你的亚马逊店铺或独立站就像是在一座巨大的虚拟城市中的一家店铺。站外推广就相当于在这座城市的各个角落放上你的广告牌，告诉人们你的店铺在哪里，卖什么样的产品。这样，无论人们在城市的哪个角落，他们都有可能看到你的广告，然后被吸引来你的店铺消费。社交媒体营销，就像是你找到一些城市中的知名人士，让他们帮你推广你的产品。他们可能会在自己的社交媒体账号上发布和你的产品相关的内容，推荐他们的粉丝来你的店铺购买。这样，你的产品就有可能通过他们的影响力，迅速走进更多人的视线。

当然，站外推广和社交媒体营销还有很多其他的好处。比如，它们可以帮助你的店铺在搜索引擎的排名中占据更高的位置，使更多人在搜索产品时能够发现你的店铺。同时，当你的产品被更多的人知道和使用，你的品牌知名度也会提升，这将进一步吸引更多的顾客。

总的来说，进行站外推广和社交媒体营销就是在给你的店铺打广告，让更多人知道你，从而吸引他们来你的店铺消费。虽然这可能需要花费一些时间和精力，但只要做得好，就有可能大大提升你的销量，从而推动你的业务发展。

2. 站外推广和社交媒体营销在跨境电商中的作用和价值

在跨境电商中，站外推广和社交媒体营销的作用和价值主要体现在以下几个方面。

（1）跨越地域限制：通过站外推广和社交媒体营销，跨境电商可以无视地域限制，触达全球各地的潜在客户，实现真正的全球化营销。

（2）提升品牌信誉：在站外和社交媒体平台上进行高质量的内容发布和客户互动，可以提升品牌的公信力和声誉，增加客户的购买意愿。

（3）创新销售模式：利用社交媒体营销的互动性，跨境电商可以创新销售模式，如直播销售、社交购物等，提供更多元化的购物体验，吸引和留住更多的客户。

（4）数据驱动优化：站外推广和社交媒体营销可以提供丰富的用户行为和反馈数据，帮助我们对营销策略进行精细化管理和持续优化，提升营销效果和ROI。

总的来说，站外推广和社交媒体营销在跨境电商中的作用和价值就是让全球的消费者知道你的品牌和产品，并吸引他们来你的店铺消费。无论你是刚刚进入跨境电商领域，还是已经在这个领域有一定基础，都可以通过站外推广和社交媒体营销来扩大你的业务。

10.2 谷歌广告介绍

谷歌广告是一个广告系统，设计用于协助企业在谷歌搜索引擎以及其相关网站上推广产品或服务。然而，对于跨境电商企业来说，这不仅仅是一个广告平台，更是一个有力的工具，用以突破地域边界，将商品展示给全球的潜在客户。

1. 什么是谷歌广告

谷歌广告，原名谷歌AdWords，是全球最大的在线广告平台。它是一种付费的搜索引擎营销工具，旨在帮助企业通过有效的关键词定位将他们的产品或服务广告显示在谷歌搜索结果及其相关网站上。在互联网上，它就像一个巨大的电子广告牌，用户在搜索相关内容，或者浏览相关网页时，就可能看到这些广告。

谷歌广告提供了多种形式的广告服务，包括搜索广告（当用户在谷歌搜索你的产品或服务时显示）、展示广告（在谷歌的广告网络的网站和应用上显示）、视频广告（在YouTube等视频平台上显示），以及移动应用广告等。这让广告主有更多元的方式，来向潜在客户展示他们的产品或服务。

2. 为什么跨境电商应选择谷歌广告

在全球化的今天,跨境电商在进军全球市场的过程中,无疑会面临语言、文化、地域等多重挑战。谷歌广告,正是这个过程中的得力助手。下面列举了几点理由,解释为什么谷歌广告是跨境电商不可忽视的工具。

(1)全球覆盖:谷歌是全球使用最广泛的搜索引擎之一,每天处理的搜索量高达数十亿。这使得使用谷歌广告的跨境电商可以轻易地把产品展示给全球范围内的消费者,无论他们身处何方。

(2)精准定位:谷歌广告可以根据地理位置、搜索关键词、用户兴趣等因素进行精准投放,这对于跨境电商来说尤为重要。因为他们的客户可能分散在全球各地,通过精准定位,广告主可以确保广告内容只有那些真正可能对产品感兴趣的人看到,提高广告效果,减少无效投放。

(3)数据透明:谷歌广告提供详细的数据分析报告,使得电商企业可以直观地了解到自己广告的表现,比如点击次数、转化次数等。这种数据反馈可以让企业了解自己的市场表现,同时提供指导性信息,以便优化广告策略,进一步提升市场表现。

(4)灵活性:谷歌广告的投放策略和预算设置都极具灵活性。无论你是大型电商平台,还是小型独立卖家,都可以根据自身的实际需求和预算,定制适合自己的广告方案。随时可以停止无效的广告,或增加投放在表现优秀的区域。

(5)资源丰富:谷歌为广告客户提供了丰富的学习资源和工具,包括在线课程、案例分析、数据分析工具等。这些资源可以帮助电商企业更好地理解和利用谷歌广告,进一步提升广告效果。

谷歌广告的强大和灵活性,使得它成为全球企业,尤其是跨境电商,进行在线推广的首选平台。如果你正在寻找一个可以让全球的消费者了解你的产品或服务的平台,那么谷歌广告是你的不二之选。

10.3 利用谷歌广告打造爆款产品

10.3.1 谷歌广告的准备工作

在进行谷歌广告投放前,有一些必要的准备工作需要进行,包括网站的选择和代码的安装。这些前期的工作能帮助确保广告活动的顺利进行,也能帮助你更好地跟踪和分析广告效果。

首先,需要选择一个合适的网站进行广告投放。这个网站必须符合并遵守谷歌广告政策的要求。常见的违规情况有三种,分别是禁止的内容、禁止的行为和用户安全问题。例如,禁止推广仿冒产品、危险商品和促成不诚实行为的商品等。在选择网站时,必须确保没有滥用广告网络、以不负责任的方式收集和使用数据或虚假陈述自身或产品的行为。同时,网站必须清楚提供商家联系方式,包括联系人、联系电话、联系邮箱和公司实体注册地址等。

在选择好网站并确保其符合谷歌广告政策后,下一步就是安装转化跟踪和再营销代码。同时,也可以将谷歌分析代码安装好。这些代码的安装有助于监控广告的效果,以及启动广告账户的智能优化功能。

在网站建设方面,你可以选择使用 Shopify 进行建站。在 Shopify 站点上,你需要为网站设置转化跟踪。比如对于服装类电商,你可以设置购买完成和加购等目标。同时,也可以在 Shopify 站点上设置 Google Analytics。

如果你的站点不是通过 Shopify 建设的,也可以通过安装 Google Tag Manager 来进行代码的布置。你可以先安装 Google Tag Manager,然后再通过它安装转化跟踪和再营销代码。

此外,还可以通过参考谷歌的选品工具,获取热门品类建议,从而选择有爆款潜质的商品进行推广。

在启动谷歌广告前,需要评估网站的流量现状,然后选择合适的推广方案。如果你的站点是全新站点,可以从快速起效阶段开始推广。如果不是全新站点，可以直接通过爆款阶段启动广告推广。

"全新站"的定义是指没有在任何媒体或渠道进行过推广的站点，或者虽然在其他媒体或渠道进行过推广，但日消耗少于2000美元，或者网站的月访问量少于30000的站点。

只有充分做好这些准备工作，才能更好地利用谷歌广告进行跨境电商的推广，才能更好地吸引和接触潜在客户，从而推动电商业务的发展。

我们可以利用ChatGPT进行准备工作。

ChatGPT作为一个AI工具，它并不能直接进行网站建设、代码安装或管理谷歌广告账户等具体的操作，这些需要操作员或者其他特定的工具来完成。但它可以帮助你理解谷歌广告政策的要求，如禁止的内容、禁止的行为和用户安全问题等，从而避免违规。

案例：

假设你是一家跨境电商公司的负责人，你正在考虑在谷歌广告上推广一款保健食品。然而，你不确定这款产品是否符合谷歌的广告政策。在这种情况下，你可以询问ChatGPT如下问题。

> 问：我想在谷歌广告上推广一款含有维生素D的保健食品，这符合谷歌的广告政策吗？

> 答：作为AI，我不能访问实时的政策数据，但我可以根据我截至2021年9月的训练数据提供一些一般性的建议。谷歌广告政策允许销售保健食品，但这类产品的广告必须遵循一些特定的规定。例如，你不能在广告中包含任何虚假或误导性的信息，也不能声称产品有治疗、预防疾病的效果，除非这已经得到了权威医学机构的证实。此外，你还需要遵循任何适用于销售保健食品的地方和国家法规。你应该查阅最新的谷歌广告政策或咨询法律顾问以确保你的产品符合所有规定。

这就是使用ChatGPT进行政策解读的一个例子。虽然ChatGPT可以提供一些一般性的建议，但你始终应该查阅最新的政策并咨询专业的法律顾问，以确保你的产品和广告活动完全符合所有相关的规定和法律。

📤 **案例：**

假设你遇到关于谷歌广告政策中的禁止的内容部分的问题。

> 📰 问： 谷歌广告政策中说到禁止的内容包括仿冒产品和危险商品，能否解释一下具体包括哪些？

> 💬 答： 谷歌广告政策中禁止的内容主要是指那些可能违反法律法规或者对用户构成风险的内容。例如，"仿冒产品"是指那些未经品牌所有者授权而制造和销售的产品，这种行为通常侵犯了品牌所有者的知识产权。"危险商品"可能包括但不限于未经适当监管或未遵循安全规范的药品、易燃物品、武器等。请注意，具体的禁止内容会因地域、法律法规的不同而有所差异，为了保障你的广告能够顺利投放，最好详细阅读并理解谷歌的广告政策。

通过这样的交互，ChatGPT可以帮助你理解政策中的某些特定部分，但在实际操作中，你仍需要自行判断和执行。同时，因为法律法规可能会有所变动，所以你需要定期查看和更新自己对于这些政策的理解。

10.3.2 快速起效阶段：谷歌购物广告投放

跨境电商的广告推广过程中，谷歌购物广告凭借其独特的触发和展示机制，能够快速出效果、吸引优质的用户，是谷歌广告的核心推广方式。

谷歌购物广告不同于传统的搜索广告，它不是依据关键字触发，而是根据你在谷歌商家中心上传的商品信息来触发的。这种触发机制使得谷歌购物广告能够覆盖更多的用户长尾搜索，从而带来更广泛的流量。它的展示形式更吸引人，购物广告带有产品的图片、价格、用户评价等信息，这些都是消费者最想了解的信息，因此购物广告更易于吸引消费者点击。

谷歌购物广告有两种类型：标准购物广告（PLA）和智能购物广告

（SSC）。

标准购物广告，简单来说，就是基于你在谷歌商家中心上传的商品信息而创建的广告。你需要为每个商品设置适当的标题、描述、价格、图片等信息，然后谷歌就会根据这些信息来展示你的广告。这种方式很灵活，你可以随时修改商品信息，以优化广告效果。

智能购物广告，顾名思义，它利用了谷歌的强大算法，自动优化你的广告投放。例如，它会自动选择最能吸引用户点击的商品图片，自动调整你的出价，甚至会自动测试不同的广告组合，看哪种组合的效果最好。这种方式很省力，但它需要你有足够的数据支持，通常适用于你已经有一定规模的商品和销量时。

谷歌购物广告可以在很多地方展示，包括谷歌搜索结果、谷歌购物标签、谷歌图片搜索、YouTube、Gmail等。你可以想象一下，你的广告有可能在这么多地方展示，那么被潜在客户看到的机会就会大大增加。

设置购物广告之前，首先你需要有一个Google Ads账户，并确保你的业务符合谷歌的政策。然后，在Google Ads账户里面新建一个购物广告系列。在设置广告系列的时候，你需要按照你网站的结构来设置，比如广告系列对应你的国家，广告组对应你网站的类目等。投放前的3~5天，建议使用自动出价方式，看看市场对你的广告接受程度如何，特别关注流量和点击成本。之后，你可以切换到手动出价方式，自己设定每次点击的最高费用。

优化购物广告也非常重要，这主要看你在谷歌商家中心上传的商品信息（也就是Feed）的质量。你需要确保商品的标题、描述和类型都写得规范，尤其是对于通过Shopify建站的商家，需要在Shopify的SKU（Stock Keeping Unit，库存量单位）编辑页面进行修改。具体的商品编辑和SEO工作介绍，已经在本书第9章详细讲解。

如果你发现有些商品点击量很高但是销量很低，那就应该调整一下，尽量让大部分的流量集中在销量较好的商品上。当广告效果稳定后，建议把销量好的商品和其他商品区。利用"二八法则"进行优化也是非常有效的。其核心含义，是指80%的流量应该分配给20%的SKU，而这部分 SKU 应该贡献 80% 的销量。如果发现流量被分配到了某些不出单的 SKU，应该利用产品组将其独立出来，降低 CPC 甚至进行屏蔽。

当广告系列流量趋于稳定时，建议根据表现，将转化量和流量较大的产品与其余产品区分开来，单独设定优先级更高的系列，给预算来投放头部商品。出价方面，可以基于你的优化目标灵活调整，如果你有投资回报率目标，建议尝试 tROAS（目标广告支出回报）出价方式。

案例：

你有一个广告系列，一部分产品的点击量非常高，但转化率较低，你可以利用 ChatGPT 来帮助你优化策略。

> 问：我有一部分产品的点击量非常高，但转化率较低，你有什么建议吗？

> 答：看起来你的广告在吸引流量方面做得很好，但是在转化购买方面有些困难。这可能有几个原因。
>
> 商品页面可能有问题：可能是价格不合适，商品详情不清楚，或者用户体验不佳。你应该检查这些商品页面，看看是否有改进的地方。
>
> 广告可能吸引了错误的受众：如果你的广告文案或关键词吸引了不太可能购买你产品的人，那么你可能会看到很高的点击量但低的转化率。在这种情况下，你应该重新考虑你的广告文案和关键词选择。
>
> 你可能需要设置一个更明确的转化目标：如果你的广告只是为了吸引点击，那么你可能需要设置一个更明确的目标，比如增加购买，这样你就可以更专注于达到这个目标。
>
> 我建议你从这三个方面来优化你的策略，看看能否提高转化率。

这样，ChatGPT 就提供了一系列基于你当前广告表现的策略优化建议，你可以根据这些建议来调整和优化你的广告策略。

10.3.3 快速起效阶段：谷歌搜索广告投放

谷歌搜索广告是一种非常有力的工具，能够精准捕捉到消费者的搜索意图，从而推动购买行为。在这里，我将以通俗易懂的语言解释如何进行谷歌搜索广告的投放，并结合 ChatGPT 来优化策略。

谷歌搜索广告的基本原理是通过关键词与用户的搜索查询进行匹配，当用户在谷歌中搜索某个关键词时，与该关键词相关的广告就可能会显示出来。这就是为什么搜索广告能够精准捕获消费者的购买搜索意图，因为它直接与消费者的主动搜索行为相对应。

接着，我们来看看搜索广告的设置。Google Ads 账户的结构对于建立搜索广告非常重要。在这个结构中，广告系列主要控制投放国家、出价方式、设备和预算，而广告组主要控制出价高低、广告文案和不同的关键词。

关键词可以分为与网站/品牌名称相关的词（品牌词）和与产品相关的词（品类词）。品牌词通常对应你的品牌或公司名称，品类词则是描述你的产品或服务的词。在设置搜索广告时，应该利用广告组或广告系列将这两种关键词区分开，以便进行管理。

此外，在品类词中，你还可以进一步细分为长尾词和品类大词。长尾词通常包含更多的产品细节，如"4K 便携式黑色无人机"，而品类大词则较为宽泛，如"无人机"。你应该将这两种类型的词区分开，并以大词的词根作为分组的依据。

一开始，你可以选择广泛匹配修饰符或词组匹配作为初始匹配模式。然后，在广告开启 2~3 天后，你可以根据流量大小和点击率来决定是否需要放宽或收窄匹配模式。同时，你也可以利用 ChatGPT 来获取关于这个决定的建议。

在调整出价策略时，你可以开始使用"尽可能争取更多点击次数"的点击型自动出价，让系统根据关键词的质量得分和竞争情况来确定点击成本区间。在运行 3~5 天后，你可以切换至手动出价，开始针对个别关键词进行优化。

在优化关键词时，你需要考虑关键词的质量得分、点击率和点击成本。这些因素都会影响关键词的效果，你需要综合考虑这些因素来决定是否需要调整关键词，出价需要提高还是降低，以及广告文案是否需要修改。

最后，当你的账户表现趋于稳定后，你可以将出价策略切换为CPA（每次转化成本）。这样，你就可以更加专注于提高转化率，而不仅仅是增加点击量。

ChatGPT可以用于提供出价策略的建议，下面的示例将展示如何利用ChatGPT进行此类操作。这个案例是假设你正在管理一家销售运动鞋的电商网站的谷歌搜索广告。调整出价策略之前，你需要查看并分析广告数据。

案例：

你发现"运动鞋"这个关键词获得了很高的点击量，但转化率相对较低。同时，"耐克运动鞋"这个关键词的点击量相对较低，但转化率较高。

> **问：** 我注意到"运动鞋"这个关键词的点击量很高，但转化率较低，而"耐克运动鞋"的点击量较低，但转化率较高。我应该如何调整我的出价策略？

> **答：** 对于"运动鞋"这个关键词，可能需要降低出价。高点击量和低转化率可能意味着用户对这个广告感兴趣，但没有找到他们想要的产品。这可能是因为该关键词过于宽泛，吸引了各种各样的搜索者，但并不是所有的搜索者都会成为购买者。
>
> 对于"耐克运动鞋"这个关键词，由于其具有较高的转化率，你可能想要提高你的出价，以便获取更多的展示机会，从而带来更多的转化。

根据ChatGPT的建议，你可以调整出价策略，并跟踪结果。如果发现改变有效，那么可以继续按照这个方向进行优化；如果改变没有带来预期的效果，那么可能需要进一步的优化，或者咨询ChatGPT的进一步建议。

10.3.4 测试爆款阶段：谷歌展示广告

使用谷歌展示广告进行爆款商品测试是电商运营中一个重要的环节。对于刚开始使用谷歌广告系统的新手，或是希望通过谷歌广告扩大业务影响力的商家来说，对该系统的理解和熟练操作尤为重要。在本节中，我将结合 ChatGPT 提供一些关于如何进行谷歌展示广告爆款测试以及如何优化广告系列的建议。

为什么使用谷歌展示广告进行爆款测试？谷歌展示广告网络拥有 10 亿多的用户，覆盖全球超过 95% 的互联网人口，是一个极具潜力的广告渠道。同时，展示广告以图片为主，可以通过精美的产品图片吸引用户点击，相较于纯文本的搜索广告，展示广告具有更强的视觉冲击力。另外，谷歌广告可以根据用户的搜索历史、浏览记录等因素，推测用户的购买意向，帮助商家精准地找到潜在的购买人群。

在测试爆款阶段，有一些关键的优化建议可以提高你的广告效果。

设备分开投放：由于移动设备和桌面设备可能带来不同的转化效果，建议创建不同的广告系列分别针对这两种设备进行投放。

智能点击付费：建议在测试阶段使用智能点击付费（eCPC）出价方式，这种半自动的出价方式可以在可控的 CPC 及初始有限的系列预算范围内让待测产品得以充分展示，从而产生转化。

每日预算：建议根据预期的订单转化或者加购转化成本设置每日预算。理想的每日预算应该是转化成本的 10 倍。例如，如果预期订单转化成本是 20 美元，那么预算应该设置为 200 美元/天。

转化目标选择：在同一谷歌账户内，可以为不同的广告系列选择不同的转化目标。在测试阶段，建议创建以订单转化和加购等次要目标为主的广告系列。

受众定位：在测试阶段，建议选择与产品品类相关的受众群体。性别＋年龄＋具体兴趣的受众组合效果最好。例如，如果你的网站主要售卖女士服饰,那么受众群体的选择建议是"女性"+"25~65岁"+"对服装和配饰感兴趣"的人群。

1. 如何评估测款广告系列效果

通过以下几个建议的综合性指标对广告系列效果进行评估,找出潜在的爆款:

在测试期(例如两周)内,如果有商品能直接带来10个左右订单转化或者超过100个以上加购转化的,那么这个商品就有爆款潜力。

如果转化数量不持续,但转化成本或回报投资比例在可接受的范围内,也可以考虑。

你还可以结合谷歌分析中该产品素材对应页面的跳出率、页面访问量来推断产品的爆款潜力。

另外,一款产品及图片素材的测试和评估周期至少为一周,才能获得足够的数据支持。

2. 测试出爆款后的广告系列调整

测试出爆款后,需要对广告系列进行调整,以便让爆款能获得更多的流量支持,提高广告优化效率,最大化爆款的效果。以下是一些调整建议:

(1)在确认商品有爆款潜力后,可以在原系列基础上创建一个新系列,广告组中只包含这个爆款的广告素材。

(2)新的爆款系列可以使用转化值/转化成本目标(tCPA)出价方式,提高出价,让广告能在更多高质量的流量上展示。

(3)系列每日预算可以提升至预期订单转化成本的30~50倍,例如,预期订单转化成本是20美元,那么预算应该设置为600~1000美元/天。

以上是基于谷歌展示广告进行爆款商品测试以及广告系列优化的一些基本策略,希望对你的电商运营有所帮助。

3. 利用 ChatGPT 帮助你使用谷歌展示广告测试爆款

以下是一些与具体场景或案例相关的 ChatGPT 提示语:

(1)"我正在销售户外装备,正在考虑用谷歌展示广告进行宣传。我应该如何选择合适的用户受众进行定位?"

(2)"我在广告系列中使用了一款高质量的女装商品图片,但是点击率很低。我应该如何优化广告图像以提高点击率?"

(3)"我正在运行一个针对新款运动鞋的谷歌展示广告系列,但是ROAS低于预期。我应该如何优化我的出价策略以提高返回投资?"

(4)"我的在线书店有一本畅销书,我想在谷歌展示广告中推广这本书。我应该如何设定预算以实现最大化的广告效果?"

(5)"我有一款新产品,是一款设计独特的台灯,我希望用谷歌展示广告进行推广。我应该如何设计广告以吸引更多潜在客户的注意?"

这些提示语可以帮助你通过ChatGPT获得针对具体场景或案例的答案和建议。

📌 案例:

假设一家专注于售卖女性运动装备的跨境电商企业想要通过谷歌展示广告来测试其新系列的市场反应。

> 问: 我正在销售女性运动装备,并希望使用谷歌展示广告来提升品牌知名度和销量。我应该怎么操作才能有效地测试市场反应并优化我的广告系列?

> 答: 为了有效测试市场反应并优化你的广告系列,你可以采取以下步骤:
>
> 受众定位:你应该根据女性运动装备的目标市场选择受众群体。以健身爱好者为例,定位可能包括:
>
> 性别选择为女性。
>
> 年龄段定位在18至40岁,这个年龄段的用户更可能积极参与运动和健身活动。
>
> 兴趣定位包括"健身"和"运动装备",甚至你可以细化至特定的运动兴趣,如瑜伽、跑步或户外活动。
>
> 优化广告图像:如果现有的广告点击率低,可能是因为广告素材的设计不能吸引目标受众或者与他们的兴趣不匹配。尝试使

用更加生动、带有动作感的图片来吸引注意力。图片中的模特应该是运动状态，以便用户能立即认出装备的用途。

出价策略调整：对于ROAS较低的问题，首先检查你的广告是否已经准确投放给了最有可能购买的受众。如果已确定受众定位没有问题，则可以考虑使用增强型CPC（eCPC）出价策略，让系统根据潜在的转化概率自动调整你的出价。一旦确定某些广告或产品有较好的转化前景，可以切换到目标CPA出价策略，专注于提升那些性能较好的广告的预算。

通过以上步骤，你可以更有效地测试市场反应，并持续优化你的广告系列，提高女性运动装备的销量。

10.3.5 爆款阶段：谷歌橱窗购物广告

让我们来谈谈如何利用谷歌橱窗购物广告推动爆款产品的推广。在这个过程中，我们将会讨论为什么应该使用谷歌橱窗购物广告，以及如何优化这些广告以获得更好的效果。

1. 为什么使用谷歌橱窗购物广告推出爆款

谷歌橱窗购物广告是一个强大的工具，能够帮助你的产品在购物决策过程的早期阶段就吸引到潜在客户。与传统的搜索广告不同，橱窗购物广告可以展示更多的产品信息和图片，帮助用户更深入地了解你的品牌和产品。

在推出爆款产品时，橱窗购物广告的另一个优点是能够通过自定义商家展示和产品组合，将最吸引目标客户的产品呈现给他们。此外，这种广告类型还可以与tROAS出价策略结合使用，以帮助商家在实现销售目标的同时，也确保了投资回报。

2. 谷歌橱窗购物广告优化建议

（1）广告素材质量和产品组划分：为了提高用户互动，建议在账户中新增5~10条广告，并将着陆页设定为投放首页和热卖的品类页，然后再针对不同的细分类目以及宣传点增加广告。

（2）图片选择：谷歌会展示与用户查询最相符的广告。因此，建议对于首页、品类页尽量使用高清优质且设计感强的品牌大图，对于较细分的品类页，可尽量上传这一系列的产品以简约的背景和场景化的布置展示的图片。

（3）出价水平设置：如果你有固定的ROI目标，建议在橱窗广告投放一段时间后，将出价方式由CPE切换至tROAS。同时建议观察4周左右的数据表现再来进行优化和变动。

（4）配合用户列表优化点击率和转化率：针对橱窗广告，建议在广告系列层级添加并配合兴趣相似用户或者是其他新用户列表，来进一步观察以及优化不同兴趣和意愿的用户表现。针对表现较为优秀的受众列表，可适当调整出价。

案例：

你的公司是一家在线电商平台，你最近推出了一系列新产品，并在谷歌橱窗购物广告上进行了广告投放。这些广告运行了一段时间后，你收集了一些关于广告效果的数据，例如点击次数、浏览次数、转化率、销售额等。

你可以列出具体数据，然后询问ChatGPT对这些数据进行分析。

> **问：** 根据以下数据，这些广告的表现如何？
> 广告A有5000次点击，10000次浏览，转化率为2%，销售额为10000美元。广告B有4000次点击，12000次浏览，转化率为1.5%，销售额为8000美元。

> **答：** 广告A的点击量和浏览量较高，转化率也较高，这表明广告A的吸引力较强，并且能够成功地吸引用户购买产品。然而，广告B的点击量和浏览量也不低，但转化率稍低，这可能表明广告B的内容或设计可能需要改进，以提高转化率。

需要注意的是，尽管ChatGPT可以提供数据分析和建议，但这些分析和建议仅基于你提供的数据。为了得到更全面和准确的评估，可能还需要结合其他数据和工具，如 Google Analytics 等。

10.4 政策违规和解决方案

10.4.1 常见违规封号原因

在投放谷歌广告的过程中，广告策略和合规性是至关重要的一环。遵守规定不仅可以确保你的跨境电商业务正常运行，而且还能提升品牌形象，赢得客户的信任。这一节将详细介绍网站推广合规性自查项，谷歌商家中心（Google Merchant Center，GMC）账户常见封号原因以及如何避免违规行为。

1. 网站推广合规性自查项

（1）仅宣传可以直接购买的商品：确保你的广告只包含那些消费者可以立即购买的商品。预售商品或需提前预订的商品不应被宣传。

（2）使用官方语言：尽管可以使用多种官方语言来宣传你的商品，但你需要确保为每种语言提交不同的商品数据。

（3）明确说明退货和退款政策：商品的退货和退款政策应该清晰明确，易于消费者理解。

（4）妥善而负责地收集用户信息：收集用户信息时，要尊重用户的隐私，并按照相关法律法规和政策规定处理用户信息。

（5）网站要求。

网站应遵守以下要求以满足合规性：

- 显示完整和准确的联系方式，包括电话号码和/或电子邮件地址。

- 任何涉及付款和交易处理、收集敏感个人信息和个人财务信息的行为，都必须在安全的服务器（经过 SSL 加密，具有有效的 SSL 证书）上进行。

- 显示清晰明确的退换货政策。
- 提供清晰明确的结算条款和条件。
- 确保用户能够将商品成功添加到购物车中,并顺利完成整个结算过程。
- 遵守其他着陆页要求。

2. GMC 账户常见封号原因

1)违反购物广告政策

如果你的广告内容、行为或网站违反了购物广告政策,可能会导致你的谷歌 GMC 账户被封。

(1)仿冒产品:例如,仿冒大牌的 Logo 或产品款式,或销售大牌商品但未提供作为授权经销商的证明文件。仿冒产品在服装和电子消费类产品中最为常见,若产品有仿冒的嫌疑,请务必立即下架有嫌疑的产品。

(2)商家虚假陈述自身或产品:例如,隐藏或伪造关键业务属性(如经营模式、商家地址等),虚假宣传折扣信息,产品图片为盗取、扒取、非原创,货不对版,或创建多个 GMC 账户以规避政策审核。

(3)销售一些违禁商品:例如,销售藏在杯子里的偷拍镜头摄像机等,或销售有助获得不公平优势、获取私人信息、规避当地相关法律的商品。

(4)用户安全问题:例如,没有清楚提供商家联系方式(包括联系人、联系电话、联系邮箱、公司实体注册地址),没有明确的退货退款政策(包括退换货地址、邮寄方式、退回的收费方式等),或不安全地收集用户信息。

(5)成人内容:例如,Feed 中有过于裸露的模特图片,或上传了性用品(如果网站全部是成人用品,则需要在账户层级开启"成人内容"的标签)。

2)Feed 质量违规

(1)价格:广告价格与目标页面价格显示不同。

(2)图片:图片带有任何水印、促销语或品牌商标元素。应鼓励平台卖家或生产厂家提供至少一张干净、优质的图片。

（3）语言：广告与目标页面的语言不同。

（4）运送：未如实填写客户从购买到收到商品的运送时间。

（5）库存：未及时更新库存，不能确保产品有货且可以运送到目的地国家。

（6）货币：广告与目标页面的货币显示不同。

在一些情况下，网站可能会提供虚假的地址，这会导致网站被标记为违规。如果你的公司尚未在海外注册，建议在网站上显示与工商执照一致的中国地址。如果第三方公司（如信用卡支付公司）要求你在网站上显示特定的海外地址，请与你的客户经理沟通。

例如，如果你的店铺定位显示在中国，那么你的店铺描述中就不应该含有虚假的海外信息。

除此之外，使用插件刷虚假评论、刷实时订单成交动态等行为也被视为违规。谷歌广告允许在商户网站中导入第三方平台针对同一SKU的评论，但需要注明来源。不允许使用建站平台后台提供的夸大销售数据/销售结果/买家信息/买家定位/买家评论的小工具。

10.4.2 封号后如何申诉

如果你的GMC账户被封，你在确定违规原因之前不应该创建新的GMC账户。被封账户重复开户是一种严重违规行为，可能会影响申诉过程。

封号后的申诉步骤如下：

（1）根据上述列出的原因，重新检查一遍网站和数据Feed，修正可能导致封号的问题。

（2）发送申诉表。在申诉表中，需要根据可能导致你被封号的原因进行解释，并明确指出你已经采取了哪些改正措施。同时，你也需要提供营业执照和销售产品的照片。

我们可以用ChatGPT帮助完成一封专业的GMC申诉信的撰写工作。

"请用英文向 Google GMC 提交申诉信，以解决购物广告违规问题。

该信应包括以下信息：

1. 我们的网站
2. 我们的商家中心 ID
3. 公司背景
4. 销售历史
5. 仓库
6. 工厂（如适用）
7. 为解决购物广告违规问题而进行的更改

这封信应清楚地解释你的公司背景、销售历史以及你用于业务的设施。此外，请详细说明你为解决购物广告违规问题而进行或愿意进行的任何更改。这封信应以专业的语气写成，并提供相关细节和示例来支持你的案件。

请注意，这封信应侧重于解决购物广告违规问题，并提供明确的计划以防止将来出现违规行为。优化后的提示强调了以专业和详细的方式解决购物广告违规问题的重要性，同时还就申诉信中包含的必要信息提供了明确的指导。"

总的来说，遵守广告政策是非常重要的。无论你是商家还是广告主，都应该了解和理解这些政策，并确保你的广告内容、行为和网站都符合规定。同时，如果你的账户被封，也要知道如何进行申诉。希望这一节能够帮助你更好地理解广告政策，避免违规，提高广告效果。

📌 **案例：**

一家在 GMC 运营的电子配件销售公司由于价格不一致性而违反了谷歌的购物广告政策，导致其账户被暂停使用。以下是该公司向 ChatGPT 询问后可能会提交的申诉信草稿。

> 📖 **问：** 为了帮助该公司向 Google GMC 提交一封申诉信，我们需要结合公司的具体情况提供必要的信息和改正措施。请用英文使用下列信息来撰写一封申诉信：
>
> 1. 网站：www.exampleelectronics.com。
> 2. 商家中心 ID：1234-5678-9101。

3. 公司成立于 2010 年，专注于提供高品质电子配件。

4. 拥有 10 年的线上销售历史，主要市场为北美和欧洲。

5. 位于加利福尼亚州的主仓库和两家分销中心。

6. 与三个主要电子配件制造厂合作。

7. 对数据 Feed 进行了全面审查，确保价格的准确性，并承诺实行更严格的监控措施。

答：

Subject: Appeal for Account Suspension due to Shopping Ads Policy Violation

Dear Google Merchant Center Team,

I am writing on behalf of Example Electronics, with the Merchant Center ID 1234-5678-9101, in response to the suspension of our account. We understand that our account was suspended due to inconsistencies in pricing between our website, www.exampleelectronics.com, and the data feeds submitted to Google Shopping.

Company Background:

Founded in 2010, Example Electronics has been dedicated to providing high-quality electronic accessories. With a decade of online sales history, we have built a strong reputation in the North American and European markets.

Sales History:

Over the years, we have maintained an exemplary record of customer satisfaction and compliance with all relevant advertising policies.

Warehouse and Factory Information:

Our primary warehouse is located in California, with two additional distribution centers to ensure the prompt delivery of orders. We work in close collaboration with three major electronics manufacturing facilities to maintain the quality of our products.

Actions Taken to Address the Violation:

We have conducted a thorough review of our data feed and made the necessary corrections to align our website pricing with the feeds submitted to Google Shopping. We have also implemented stricter monitoring procedures to prevent future discrepancies.

We are committed to upholding the highest standards of transparency and accuracy in our advertising practices. We believe that the corrective actions taken demonstrate our dedication to compliance with Google Shopping's policies.

We respectfully request that our suspension be reviewed and our account reinstated. We are fully prepared to work closely with the GMC team to resolve any remaining concerns.

Thank you for considering our appeal.

Sincerely,

[Your Name]

Customer Relations Manager

Example Electronics

By submitting a professional and detailed appeal such as the one above, Example Electronics demonstrates a clear understanding of the issue and a commitment to resolving it, which could favorably influence the decision of the GMC team regarding their account reinstatement.

[Please replace the placeholder information with the actual details pertinent to your situation when drafting the actual appeal letter.]

第 11 章
用 ChatGPT 辅助站外 Deal 推广

在本章中，我们将深入探讨站外 Deal 站点推广的概念、方法以及实施步骤，为你的跨境电商业务创造更大的价值和竞争优势。本章内容将会涵盖以下几个部分：
- 整体了解站外 Deal 基础概念。
- 利用 ChatGPT 来寻找适合自己的 Deal 网站。
- 利用 ChatGPT 帮助发布站外 Deal。

通过本章的学习，你将能够全面掌握站外 Deal 的策略和实践，将这一有效的营销工具融入你的跨境电商业务中，实现销售额的提升和品牌价值的增强。

11.1 站外Deal介绍

11.1.1 什么是站外Deal

在了解站外 Deal 之前，我们先简单了解一下 Deal 的含义。Deal，在中文中被译为秒杀，实际上它代表的是一种限时促销活动。

相较于站内 Deal，如亚马逊上的秒杀，站外 Deal 的理念相同，都是为了获取更多的流量，进而提升销量。然而，站外 Deal 的渠道与站内有所不同，它是通过一些位于销售平台之外的促销网站进行推广的，比如 Slickdeal、Hotukdeals 等网站。

站内 Deal 在亚马逊首页的优质位置，能吸引大量买家注意，如果你的产品符合秒杀要求，且具有较高的需求，那么销量往往会迅速上涨。然而，站内 Deal 的使用并非总是畅通无阻，例如当产品不满足秒杀要求，或者在某些特殊情况（如疫情严重导致亚马逊暂停该功能）下。

此时，如果我们想大力推广产品，特别是新品，站外 Deal 就显得尤为重要了。对于新品来说，它们就像一张白纸，没有任何销售记录，而通过站外 Deal 的推广，往往能获得 A9 算法的更大青睐。

相对于站内 Deal，站外 Deal 也有其独特性。首先，站外 Deal 一般都需要收费，因为流量本身就是有价的。其次，站外 Deal 的模式有时候被称为"放量"，这和我们国内的折扣网站（如折 800、惠惠网、一淘）的"促销活动"等有相似之处。这些平台上的商家通常会进行大幅度的促销以提高销量和排名，从而吸引消费者。

总之，站外 Deal 指的是在电商平台外部进行的促销活动，主要目的是吸引潜在客户流向自家的店铺或产品页面。通常，这种推广活动会运用到特定的导购促销网站，其中以展示折扣优惠的形式推广产品，促使客户进行购买。

11.1.2 为什么要做站外 Deal

做任何商业决策都需要明确其目的，特别是当我们选择做 Deal 推广引流的时候，可能是为了让新产品快速被市场接受并引入首批用户，或者是为了引入更多新用户以便提升已有产品的市场份额。这在站内广告成本明显高于站外广告成本时尤其适用。

在寻求转化的时候，我们可能希望利用短期的转化增长来解决一些问题，比如站内广告无法产生订单，或者帮助新产品快速积累销量和评论以缩短新产品上市的时间,或者甚至帮助老产品提升排名。针对不同的目标,我们需要关注不同的指标,选择不同的引流渠道。要注意的是,我们不能只是盲目追求引流,而忽视了转化指标。

我们需要做站外引流的原因如下。

(1)站内流量的局限性:站内流量有限,当越来越多的卖家加入进来时,每个卖家能够得到的流量肯定会逐渐减少。

(2)根据淡旺季进行调整:亚马逊有淡旺季之分,在淡季时,流量本身就比较低,我们需要利用站外流量来稳定销量和排名。

(3)需求性:例如,新产品没有排名、评分和反馈,很难进行评估。这时候,我们可以利用站外流量来安排一些测评,如每60个订单做一个测评,快速获取排名、评级和评论。

(4)产品遇到瓶颈期:例如,产品销量下降,或者库存过多等问题。这时候,我们可以通过站外的一些促销方式快速清理库存。

(5)配合旺季或者流量爆发期:例如开学季、感恩节、黑五、圣诞节等,我们可以通过站外引流,快速提高产品的排名,从而获得更大的流量。

(6)站内外结合:当站内排名较高时,结合站外的活动可能会得到更好的效果;同时,配合站外的秒杀活动能够更快地完成销售目标。

总的来说,站外引流是一种重要的战略,它能帮助我们更好地把握市场,优化产品,提升销量,保持销量稳定,并有效应对各种市场变化。

11.2 利用ChatGPT找到适合自己的Deal网站

为了有效地进行站外引流,选择合适的Deal网站是关键。使用ChatGPT来选择合适的Deal网站进行产品推广的过程可以分为几个步骤:获取不同Deal网站信息,判断你的店铺是否符合该网站要求,了解网站的主要品类和用户画像,以及获取该网站的流量数据。

这里，我们以一个假设的厨房用品公司为例，说明如何利用ChatGPT进行这个过程。

第一步，获取Deal网站列表。

你可以请求ChatGPT提供一份全球范围内的Deal网站列表。虽然这个列表可能不是最新的（因为ChatGPT的知识库是非实时更新的），但它可以作为一个良好的起点。

> **问：** 请给我提供一份全球范围内的Deal网站列表。

> **答：** 当提到全球范围内的交易网站，以下是一些常见和受欢迎的选项。这些网站提供各种商品和服务的折扣、优惠和促销活动：
>
> 1. Groupon（www.groupon.com）：提供各种商品和服务的团购和折扣优惠。
> 2. RetailMeNot（www.retailmenot.com）：提供优惠码和折扣券，涵盖了多个国家和品牌。
> 3. Slickdeals（www.slickdeals.net）：社区驱动型的折扣和优惠网站，提供广泛的商品和服务折扣信息。
> 4. HotUKDeals（www.hotukdeals.com）：以英国为主的折扣和优惠网站，但也包括全球范围内的一些促销信息。
> 5. DealsPlus（www.dealsplus.com）：提供在线和实体商店的折扣优惠，用户可以分享和评论优惠信息。
> 6. FatWallet（www.fatwallet.com）：提供在线和实体商店的优惠、折扣和返现活动。
> 7. DealNews（www.dealnews.com）：提供各类商品和服务的折扣和促销信息。
> 8. Brad's Deals（www.bradsdeals.com）：提供各种商品和服务的折扣和促销信息。
> 9. CouponFollow（www.couponfollow.com）：提供在线商店的优惠码和折扣券，覆盖多个国家和品牌。
> 10. Offers.com（www.offers.com）：提供在线和实体商店的优惠和折扣信息，包括商品和服务。

> 这些网站可能会根据时间和地区的不同提供不同的优惠信息，建议根据你所在的国家/地区和需求选择相应的网站。此外，一些在线零售商也提供自己的折扣和促销页面，如亚马逊、eBay、Walmart等，你可以直接访问它们的网站来查找优惠信息。

第二步，获取网站要求和评估产品匹配度。

你可以询问ChatGPT有关这些网站的具体要求，然后根据你的产品特性和商店评分，评估哪些网站可能适合你。

> **问：** 请告诉我Slickdeals的主要要求是什么？我是一家主要销售厨房用品的公司，我的产品评级大都在4.5以上。

> **答：** Slickdeals是一个广受欢迎的优惠信息分享网站，它的要求一般包括：
>
> 1. 质量和声誉：你的产品必须有很高的质量，且必须已经在网上积累了一定的声誉。如果你在亚马逊上的产品评级大都在4.5以上，那应该满足这个条件。
>
> 2. 价格：Slickdeals的用户是寻找好价格的消费者，你需要提供的deal必须有竞争力，这通常意味着大幅度的折扣或者比常规价格低。
>
> 3. 售后服务：你需要提供良好的客户服务和售后支持。Slickdeals的社区会分享和讨论他们的购物经验，如果你的客户服务不佳，可能会对你的声誉造成负面影响。
>
> 因此，如果你的产品质量高、评级好，并且你能提供有竞争力的价格和优质的客户服务，Slickdeals可能会是一个适合你的销售渠道。
>
> 然而，具体的要求可能会随时间和市场条件改变，因此在你决定使用Slickdeals前，我建议你直接查看Slickdeals的要求或与他们的团队联系，以获取最新和最准确的信息。

第三步，获取用户画像和流量数据。

你可以询问 ChatGPT 有关网站用户画像和流量的信息，帮助你了解该网站的用户基础是否适合你的产品。

> 问：Slickdeals 的主要用户群是什么样的？它的流量数据如何？

> 答：Slickdeals 的主要用户群是对价格敏感的在线购物者和交易爱好者。这个网站吸引了寻找优惠和折扣的用户，他们希望以更低的价格购买各种商品和服务。Slickdeals 的用户通常对价格和折扣力度非常敏感，他们积极参与网站上的交流和讨论，分享自己发现的好价和促销活动。
>
> 由于我的知识库只更新到 2021 年 9 月，因此我无法提供你 Slickdeals 的最新流量数据，以下是一些大致的统计信息：
>
> - 每月独立访问者：超过 2000 万（20000000+）
> - 每月页面浏览量：超过 4 亿（400000000+）
> - 注册用户数：超过 1000 万（10000000+）
> - 社区帖子数：超过 200 万（2000000+）
>
> 具体的流量数据，你可以通过网站流量分析工具（如 SimilarWeb 或 Alexa）来获取。
>
> 这些工具会显示网站的估计访问量、用户访问时长、访问页数、跳出率等数据，同时还能分析网站的访问者来源（例如直接访问、搜索引擎、社交媒体等），这对于了解 Slickdeals 的用户群体和流量状况非常有用。
>
> 最后，要注意的是，虽然流量数据是重要的考虑因素，但它并不是决定一个 Deal 站是否适合你的唯一因素。你还需要考虑你的产品是否适合该站点的用户群体、你是否能满足站点的要求，以及你是否能提供具有竞争力的 Deal 等因素。

第四步，获取测试建议。

你可以让 ChatGPT 帮助你制定一个基本的测试策略来评估网站是否符合你的预期。

> 问：我准备在 Slickdeals 上发布一些产品试试，你有什么建议？

答： 在Slickdeals上发布Deal是一个很好的方式来引导流量到你的亚马逊店铺，同时还有机会提升你的产品销量和知名度。以下是一些在Slickdeals发布Deal的建议。

1. 提供实质性的折扣：Slickdeals的用户群体主要是寻找优质折扣的购物者，因此，你的Deal需要提供足够吸引人的优惠。比如，你可以提供限时折扣，或者特定优惠码。

2. 明确的标题和详细的描述：你的Deal标题应该清晰、明了，同时包含产品名称和折扣信息。详细的描述可以帮助用户了解产品的特性，以及为什么这个Deal值得购买。

3. 使用高质量的图片：一个好的图片可以提升你的Deal的吸引力。确保使用高质量、清晰的产品图片，并且产品的特性和优点应该在图片中得到体现。

4. 在正确的类别发布：在发布Deal时，选择正确的类别是非常重要的。这样不仅可以让寻找特定类型产品的用户更容易找到你的Deal，还可以提升你的Deal的相关性。

5. 及时回应用户的评论或问题：如果用户在你的Deal下面留言或者提出问题，尽快做出回应。这不仅可以增强用户的购买信心，还有助于提升你的店铺和产品的形象。

6. 跟踪并分析你的Deal的表现：理解你的Deal在Slickdeals上的表现如何，可以帮助你优化你的未来活动。比如，你可以关注你的Deal的查看次数、点赞次数、用户的评论等。

在发布Deal的同时，你也应该留意Slickdeals的规则，以确保你的活动符合站点的要求。

这样，通过ChatGPT的帮助，你可以更有针对性地选择和测试适合自己产品推广的Deal网站。

另外，你可以通过谷歌搜索寻找更多适合你的Deal网站。首先，使用谷歌的全球站点，根据你的产品类型搜索相应的关键词。然后，观察并评估搜索结果中的Deal网站，注意查看网站的产品发帖人、流量排行、版块设置，以及是否有过发布亚马逊产品的帖子。这些信息可以帮助你判断是否应尝试该网站，是自己注册还是联系网站官方，或者找网站的热门用户。

找到合适的网站后，你需要进行测试，看看这个网站是否可以带来预期的流量。如果测试结果满足你的预期，那么这个网站就可以作为你长期使用的站外引流渠道。

11.3 如何发布站外Deal

11.3.1 发布站外Deal的方式

发布站外Deal的目标是在优惠信息网站上发布自己的产品或服务优惠信息，以吸引更多的目标用户。

1. 发布站外Deal的5种主要方式

（1）自主发布：你可以选择在Deal网站上直接注册账号，并发布你的优惠信息。但是注意，有些网站对于新注册用户的发帖可能有一定限制，你需要了解清楚网站规则。

（2）联系网站编辑或管理人员发布：如果你的品牌或商品在市场上已经有一定的知名度，或者你有能力提供非常吸引人的Deal，你可以尝试联系网站编辑或管理人员，请求他们帮你发布。你可以通过以下方式进行联系：通过网站的"contact us"或"advertising"页面找到联系方式；在社交媒体上找到网站的官方账号，通过评论或私信的方式进行联系；使用LinkedIn搜索网站或者相关编辑的信息，然后使用电子邮件、Skype、WhatsApp或电话进行联系。

（3）发布任务：如果你没有时间或经验自己发布，你可以选择在任务网站上发布你的需求，比如Fiverr、DigitalPoint和WarriorForum。这样，你可以找到专业的人帮你发布Deal。

（4）联系中介发布：你可以选择联系专业的中介帮你发布Deal。他们通常具有丰富的经验和资源，可以帮你更有效地发布Deal。

（5）联系红人发帖：红人是Deal网站上的活跃用户，他们的发帖往往能得到更多的关注和响应。红人发帖的平台主要有Slickdeals、Reddit的deals板块、DealsPlus、Dealmoon爆料、HotUKDeals、MyDealz等。

特别是像Slickdeals这样的大型Deal网站，对于促销信息的发布控制非常严格，禁止卖家自行注册账号或者联系其他用户发布促销信息，只能通过官方的工作人员发布。这样，可以保证发布的Deal都是经过严格审核的，有利于提高用户的信任度。因此，你需要根据自己的实际情况，选择合适的发布方式。

2. 红人发帖和网站编辑发帖的主要区别

（1）时间：红人可以在任何时间发帖，而网站编辑通常只在工作时间发帖。

（2）费用：红人发帖的费用通常比较低，因为是个人收费；而网站编辑发帖的费用相对较高，因为是网站团队收费。

（3）稳定性：红人发的帖子如果折扣力度不大、商品表现差、文案不符合规定、有广告嫌疑等，很容易被删帖；而网站编辑发的帖子一般不会被删。

3. 如何选择合适的红人

（1）注意红人的发帖时间：优先选择近期活跃的红人，他们更容易联系到。

（2）关注红人的发帖内容：如果红人发的都是一类产品，那么他们的粉丝可能就是你的目标用户。

（3）选择有互动的红人：在评论区有互动的红人，他们的粉丝黏性通常较高。

（4）合作费用适中的红人：如果你的产品是亏本促销，全网最低价，那么选择一些收费适中的红人发帖就足够了。

11.3.2 怎么联系网站编辑或红人

联系网站编辑或红人主要通过邮件或者通过网站的"联系我们"或"广

告"页面。邮件内容应包括以下关键要点：

（1）友善的称呼。

（2）自我介绍和公司介绍。

（3）产品介绍，包括原价、折扣价格和产品卖点。

（4）真诚的合作邀请。

（5）向他们展示产品在其他比价网站上的价格对比、产品优点以及在其他评价网站上的评分和反馈。

网站编辑可能会收到大量的邮件，因此他们可能没有时间立即阅读和回复所有邮件。如果在 2~3 天内未收到回复，可以尝试通过网站的社交媒体进行联系。当然，邮件的语言应尽可能地道，并清晰地表达你的意图。避免在邮件中使用超链接，否则邮件可能会被视为垃圾邮件。

在与网站编辑或红人达成合作意向后，发送第二封邮件时应明确表述推广产品所带来的好处，尤其是对于网站编辑和红人的好处。这可以包括：

（1）产品折扣是该类产品在该网站的历史最低价格。

（2）产品在 Fakespot 上的评级为 C 级以上。

（3）产品具有独特的卖点，可以吸引更多的访客。

在价格谈判完成后，第三封邮件应直接提供帖子所需要的信息，包括产品名称、购买链接、配送信息、优惠码（如有）、过期日期、折扣价、原价、产品描述以及产品特点等。

11.3.3 利用ChatGPT撰写联系邮件

在联系网站编辑或红人发邮件时，ChatGPT 可以帮助你草拟邮件内容。

📤 案例：

你想要联系 Deal 网站的一位红人推广你的新款蓝牙耳机，需要编写一封邮件。

> 问： 我正准备向一个 Deal 网站的红人发送一封邮件。这是一些关于产品的信息：

产品名称：[你的产品名称]
产品类型：[你的产品类型]
Amazon店铺：[你的Amazon店铺名]
原价：[$XXX]
折扣价：[$YYY]
主要卖点：[主要卖点]
评论数量和Fakespot评级：[评论数量和Fakespot评级]
你能用英文帮我起草一封介绍我的产品并提议与Deal网站的红人合作的邮件吗？

答：　　Subject: Sponsorship Request for Your Web to Promote Bluetooth Earphone Deal on Amazon

Dear [Recipient's Name],

　　I hope this message finds you well. My name is [Your Name] and I represent [Your Company Name], an Amazon US store.

　　We are interested in collaborating with you to advertise our latest Bluetooth earphone deal on Slickdeals.net to benefit your readers. Our product normally retails at $50, but we are currently offering it for $30 (40% off).

　　[Here, you might insert a screenshot from Camel CamelCamel showing that your deal is indeed the lowest historical price, or a screenshot comparing your deal to other similar products]

　　Our Bluetooth earphone boasts [product's unique selling points] and has received over 1000 reviews on Amazon with an average rating of 4.5 stars. [You might attach a screenshot from Fakespot showing the grade of the reviews]

　　We look forward to potentially working with you to bring

> this great deal to the Slickdeals community. Please let me know if this is something you would be interested in, or if there are any other information you need.
>
> Thank you for considering our request. I hope you and your team have a wonderful week!
>
> Best regards,
[Your Name]
[Your Contact Information]

提供以上信息后，ChatGPT就可以帮助你生成一份专业的、适应你的情况的邮件模板，以便你能以最有效的方式与Deal网站的编辑或红人进行联系。

此模板可以根据实际情况进行调整，以满足你的具体需求。记住，对方可能会收到大量的邮件，因此要确保你的邮件内容吸引人且突出重点。如果你使用ChatGPT来帮助你写邮件，你可以根据具体需要调整输出，以使其更具吸引力和有效果。

11.4 站外Deal注意事项

站外Deal可以是一种有效的营销方式，但在使用的过程中，有一些注意事项和常见的陷阱需要避免。

（1）Code设置：在给服务商发送Code前，务必测试Code是否有效。如果Code无效，那么可能会导致发帖后引来的流量无法转化，这将影响站内整体转化率。

（2）优惠叠加注意事项：请注意避免Code和页面Coupon的叠加使用，否则可能会产生大量的损失。如果为不同的服务商设置了多个Code，一定要将Code设置为"优先型"，防止Code与Code的叠加使用。

（3）目标明确：在做站外推广前，需要明确这次推广的目的是什么。例如，是为了提升排名、减轻库存压力，还是为了达成每月的销售任务。

（4）避免风险：站外推广本身不违规，但注意不要让优惠券和折扣码叠加至100%off，以防库存被清空，引起亚马逊的销量操控判定。对于新店铺，站外推广时要把握好折扣力度，避免过大的折扣导致销量激增引起封号。推广链接尽量使用原始链接，避免使用权威链接、二步链接等。同时，站内站外要同步展示折扣信息。

（5）被封风险：如果站外推广的细节处理不当，可能会被亚马逊判断为违规。例如，聘请第三方提升ASIN排名或评论，发送包裹至未下单人地址，接受虚假或欺诈性订单，为自己的产品下订单，或为购买自己产品的买家提供补偿。

（6）发帖注意事项：自己发帖时模仿一些热门帖子的格式，不要急于发帖，尽量以普通用户的身份适应社区。避免直接发站内信给红人，以防被系统监控。在与红人沟通时，要清楚说明合作规则以及要促销的产品详细信息，如产品链接、促销的开始和结束时间、促销数量、区域限制以及原价和促销价等。

在做站外Deal时，只要细心规划，合理操作，避免以上所述的陷阱，就能在遵守规则的同时，充分利用站外Deal的优势，推动销售和品牌的发展。

第12章
ChatGPT在海外社交媒体营销方面的应用

在这一章中，我们将深入探讨海外社交媒体营销的基本概念、实用技巧以及实施步骤，帮助你在跨境电商领域构建更强大的影响力和竞争优势。本章内容将会涵盖以下几个部分：
- 介绍各类海外社交媒体平台。
- 利用ChatGPT在不同海外社交媒体平台上创建发帖内容。
- 利用ChatGPT进行网红营销，以及如何联系并与社交媒体达人进行合作。

通过本章的学习，你将能够全面掌握海外社交媒体的策略和实践，将这一有力的营销工具融入你的跨境电商业务中，以实现销售额的提升和品牌价值的增强。

12.1 海外社交媒体介绍

12.1.1 什么是海外社交媒体

海外社交媒体是指在海外市场中广泛使用的社交网络平台。这些平台包括Facebook、Instagram、YouTube、TikTok等，为全球用户提供了信息分享、交流互动、内容创作等功能。对于跨境电商企业而言，海外社交媒体是一种能够有效接触和影响潜在消费者、推广产品、建立品牌形象的重要营销渠道。

这些社交媒体平台上的用户行为和社交习惯，极大地影响着用户的购物决策。例如，据一项调查显示，超过50%的Instagram用户表示，他们会通过Instagram发现新的产品。在YouTube上，有越来越多的用户通过观看产品评测、教程和解包视频，来获取关于商品的第一手信息。因此，对于跨境电商企业而言，理解和利用好这些海外社交媒体平台的特性，可以有效地提高产品的曝光度，影响消费者的购买决策。

为什么开展海外社交媒体营销至关重要呢？有以下几个核心的原因。

首先，在全球化趋势下，海外社交媒体营销已经成为电商企业获取全球市场份额的重要手段。根据Statista的数据，到2021年，全球社交媒体用户数已经超过38亿，这其中包括了来自各个国家和地区的潜在消费者。

其次，海外社交媒体营销可以有效提升品牌影响力。一个成功的例子是，瑞士腕表品牌TAG Heuer与国际足球运动员克里斯蒂亚诺·罗纳尔多（Cristiano Ronaldo）开展合作，在Instagram上发布了一系列的推广内容，这一举动显著提升了该品牌在全球范围内的知名度。

最后，通过海外社交媒体营销，电商企业可以进行精准营销，改善客户体验，增强客户黏性。例如，利用Facebook提供的精细化广告定位功能，企业可以根据消费者的兴趣、行为特征等进行精准推广。

总的来说，海外社交媒体营销是跨境电商开展全球化营销、提升品牌影响力、优化客户体验的重要工具和途径。随着全球化和数字化的趋势不断加速，海外社交媒体营销的重要性将会进一步提升。

12.1.2　Facebook介绍

Facebook以其全球超过20亿的月活跃用户和全面的广告工具，成为跨境电商企业的首选社交媒体营销平台。

Facebook的用户群体遍布全球，其中超过85%的用户来自美国以外的地区。这意味着，跨境电商企业可以通过Facebook接触到各地的潜在消费者，大大提高品牌的国际曝光度。对于正在扩展全球市场的跨境电商企业来说，这无疑是一种高效的方式。

同时，Facebook拥有丰富的用户数据，包括用户的地理位置、年龄、性别、兴趣爱好等，因此，它的广告系统可以提供非常精细化的定向功能。跨境电商企业可以根据自身产品特性和市场策略，精准地定位目标客户，实现高效的推广。比如，一家销售户外运动装备的跨境电商，可以选择在Facebook上针对喜欢徒步和露营的用户进行广告推送。

Facebook不仅是一个广告平台，还是一个社交平台。用户可以通过评论、点赞、分享等方式，与品牌进行互动。这为跨境电商企业提供了与消费者建立情感联系的机会，有助于提高品牌忠诚度。比如，电商企业可以通过发布有趣的互动帖，如问答、抽奖等，鼓励用户参与，增加用户黏性。

最后，Facebook上的用户反馈是跨境电商企业改进产品和服务的重要参考。通过收集和分析用户在Facebook上的评论、点赞、分享等行为，企业可以了解到用户对产品的真实反馈，及时优化产品和服务。

12.1.3　Instagram介绍

Instagram是一款以图片和视频为主的社交平台，它以其独特的用户体验和年轻化的用户群体，成为跨境电商进行海外营销的重要渠道。

Instagram强调视觉化的内容展示，这对于服装、美妆、家居等依赖视觉效果的电商产品来说，特别有效。

在用户群体方面，Instagram以 18～34 岁的用户为主，这是一个具有较高消费力、追求潮流、愿意尝试新事物的消费人群。跨境电商企业通过Instagram，可以有效触达这个重要的消费人群。

以 Fashion Nova 为例，这是一家利用 Instagram 营销取得了巨大成功的电商企业。它通过发布时尚潮流的图片，与用户互动，建立了强大的品牌影响力，吸引了 1600 多万的 Instagram 粉丝。

12.1.4　YouTube介绍

YouTube是全球最大的视频分享平台之一，每日超过10亿小时的视频被观看，拥有超过20亿登录用户，是跨境电商企业开展海外社交媒体营销的重要渠道。

相较于文本和图片，视频能够更全面、更深入地展示产品的特性和优势，帮助消费者更好地理解产品，从而吸引他们的购买兴趣。例如，电商企业可以通过发布产品使用教程、用户评测、产品比较等视频，向消费者展示产品的实际效果和使用体验。

在广告方面，YouTube提供了丰富的广告形式，如视频广告、显示广告、覆盖式广告等，以及详细的广告定向工具，可以帮助电商企业提升品牌曝光度、增加品牌认知度。据统计，超过40%的购物者表示，他们在购买前会在YouTube上查看产品信息。

GoPro是一家利用YouTube成功进行海外社交媒体营销的电商企业。它的YouTube频道有超过1000万的订阅者，发布的视频包括产品展示、使用教程、用户分享的创作视频等，不仅有效推广了产品，还建立了强大的品牌影响力。

12.1.5　TikTok介绍

作为一款全球范围内广受欢迎的社交媒体应用，TikTok以其独特的短视频内容和优秀的用户体验，吸引了全球超过10亿的活跃用户。其中，青少年和年轻人群体占比最高，这也是跨境电商中最具消费力的用户群体。

TikTok的核心优势在于其高度个性化的内容推荐算法，可以根据用户的兴趣和行为习惯，推送他们可能感兴趣的内容。对于跨境电商企业来说，这意味着他们可以利用TikTok的算法，将产品广告精准推送给可能感兴趣的海外消费者，大大提高了广告的有效性。

同时，TikTok为品牌提供了一个创新的、生动的方式来传播他们的品牌信息。通过发布吸引人的短视频，品牌可以以更生动的方式展示其产品特性，甚至企业的价值观和文化。这种互动性的内容形式，不仅可以增强消费者对品牌的印象，还可以促进品牌和消费者之间的互动，从而加深他们对品牌的认同感。

TikTok不仅是一个吸引海外消费者的平台，还是一个强大的销售工具。在TikTok上，品牌可以直接在视频中添加购物链接，用户只需要轻点一下就可以跳转到购物页面，极大地简化了购物流程，提高了转化率。

以Gymshark为例，这个健身品牌利用TikTok的品牌挑战，发起了#Gymshark66挑战，鼓励用户分享他们的健身成果。此次活动引发了大量的用户参与，Gymshark在TikTok上的粉丝数量从此翻倍，品牌知名度和销售额也得到了显著提升。

12.2 如何正确运营海外社交媒体

12.2.1 账户注册和安全操作技巧

本节将详细介绍跨境电商在海外社交媒体（如Facebook和Instagram）上的账户注册和安全操作的相关内容，包括安全操作技巧、成功注册的关键因素，以及如果账户被封锁的应对方法。

1. Facebook和Instagram的安全操作

（1）了解规则：在使用Facebook和Instagram前，务必详细阅读它们的使用规则和注意事项。这不仅可以帮助你避免违反规则的行为，还可以让你更好地理解这两个平台的运营机制和用户行为规范。

（2）正确注册：当注册Facebook时，你需要使用真实的身份证原名和生日。这有助于增加你的账户的可信度，并降低被封禁的风险。

（3）账户绑定：注册Facebook和Instagram后，你需要将账户与手机号码绑定。这样可以增加账户的安全性，也方便进行账户恢复。

（4）网络稳定：保持稳定不变的虚拟专用网络（Virtual Private Network，VPN）线路是非常重要的，特别是在海外社交媒体营销中。推荐使用虚拟专用服务器（Virtual Private Server，VPS）和阿里云，以保证网络的稳定性。

（5）社交行为规范：在Facebook和Instagram上，你需要遵循一定的社交行为规范。比如，在Facebook上，前一个月每天添加一到两个Review群组和好友，公司页面一次邀请5~10个好友Follow；在Instagram上，每天点赞5~10张图片，四小时内发一两张图片，每天发一个帖子。

（6）避免敏感内容：在Facebook和Instagram上，你需要避免发布任何敏感的帖子、图片，或者Tag敏感关键词和被封的主页。这些都可能增加你的账户被封禁的风险。

（7）发布内容注意事项：在发布帖子时，最好不要带链接，因为这可能会被视为垃圾信息或者广告。同时，Instagram的评论内容也要避免重复，以免被视为机器人行为。

2. 海外社交媒体账户注册成功技巧

（1）真实信息：在注册时，务必使用真实的身份信息。这不仅可以增加你的账户的可信度，还可以降低被封禁的风险。

（2）国际通用邮箱：使用Gmail或Hotmail等国际通用邮箱进行注册，这样可以避免因为邮箱问题导致的账户问题。

（3）设备稳定：注册后短时间内不要更换登录设备，因为频繁更换设备可能会被视为异常行为，从而触发账户安全机制。

（4）社交行为稳定：注册后的短时间内不要大量添加好友。这也可能被视为机器人行为或者垃圾信息，可能会导致账户被封禁。

3. 海外社交媒体账户被封禁处理办法

（1）提起申诉：如果你的账户被封禁，你可以尝试提起申诉。申诉后，你可以过几天再查看是否解封。如果解封了就没问题，过了很长时间都没解封的话大概率找不回来了。

（2）上传证件照：如果在申诉的过程中需要上传证件照，建议上传护照或者驾照等证件上有英文的，不建议上传身份证。

（3）更换设备重新注册：如果账户无法解封，你可能需要更换设备进行重新注册。但是这应该是最后的选择，因为新的账户需要重新积累信誉和影响力。

12.2.2 利用ChatGPT做Facebook广告投放

跨境电商公司的成功在很大程度上取决于其如何有效利用社交媒体平台，如Facebook，以获得更大的流量并扩大其受众群体。本节我们将探讨ChatGPT如何助力跨境电商公司进行Facebook广告投放。

与依赖电商平台自身流量的商家不同，独立站商家必须依赖媒体平台广告投放来吸引流量。广告投放的优势和重要性对于独立站商家来说尤为突出。但实际上，无论是平台商家还是独立站商家，广告投放都是一种非常有效的手段来扩大流量和提高销售。

Facebook作为全球最大的社交媒体平台之一，提供了非常强大的广告投放工具和能力。Facebook的广告受众定位功能，使得广告能够根据用户的地理位置、年龄、性别、兴趣等精准投放，提高广告效果。

ChatGPT可以深度学习你的业务，并以专业、清晰、有逻辑和实用的语言，协助你进行Facebook广告投放。

1. 确定广告目标

确定广告目标是广告投放的首要步骤，因为目标将指导你的广告设计和投放策略。ChatGPT能有效协助你设定广告目标，下面将结合具体实例来说明。

🏛 案例：

假设你经营的是一家出售高端设计家具的在线电商平台，你正在考虑使用Facebook广告来提高品牌知名度、增加网站流量或推广某个特定产品。你可以向ChatGPT描述你的商业模式、产品和期望。

> 问： 我经营的是一个出售高端设计家具的网店，我想通过Facebook广告提升我们的品牌知名度，吸引更多人访问我们的网站，同时也希望能推广我们的一款新设计沙发。请你帮我设定一个合理的广告目标。

> 答: 为了提高你的品牌知名度、吸引更多的访客到你的网站,并推广你的新设计沙发,你可以按照以下步骤来设置你的Facebook广告目标:
>
> 1. **品牌知名度**:你可以设置你的广告目标为"品牌知名度"。这种目标有助于让更多的人看到你的广告,了解你的品牌。你可以创建一个吸引人的广告,展示你的品牌故事,使你的品牌形象深入人心。
>
> 2. **增加网站访问量**:你可以设定另一个目标为"网站点击"或者"网站访问量"。这样,你的广告将会优先展示给那些更有可能点击你广告链接并访问你网站的用户。
>
> 3. **产品推广**:对于你的新设计沙发,你可以设定广告目标为"产品目录销售",然后创建一个具有吸引力的产品广告,突出展示新设计沙发的特色和优点。通过这种方式,你可以把你的新产品直接展示给可能对它感兴趣的消费者。
>
> 4. **定位和定向**:在设定这些目标的同时,你还需要考虑你的目标市场和目标用户。通过Facebook的定位和定向功能,你可以将你的广告展示给特定的年龄、地点、性别、兴趣等特征的用户。
>
> 5. **广告优化**:在广告运行过程中,持续监测和分析广告效果是非常重要的。你可以通过Facebook提供的广告分析工具来了解哪些广告表现最好,并据此优化你的广告策略。
>
> 以上就是一些设定Facebook广告目标的建议,希望对你有所帮助。

这样,ChatGPT就帮你确定了你的广告目标,并为每个目标提出了具体的执行策略。接下来,你就可以依据这些建议进行下一步的广告设计和投放。

2. 确定目标受众

Facebook的广告定位功能强大,可以根据用户的地理位置、年龄、性别、兴趣等因素精确地找到你的目标受众。ChatGPT的语言理解和生成能力使它成为这个过程中的优秀辅助工具。以下是一个如何利用ChatGPT来定位Facebook广告目标受众的具体例子。

📌 案例：

假设你经营一家售卖运动装备的电商公司，你希望在Facebook上投放广告，目标受众为热衷于户外运动，年龄在18～30岁，主要分布在美国和加拿大的年轻人。

> 问：我们公司专注于运动装备的销售，我想在Facebook上投放广告，主要吸引18～30岁，对户外运动有强烈兴趣的美国和加拿大年轻人，我应该如何筛选我的广告受众？运用哪些标签？

> 答：在Facebook广告中设置目标受众是一项非常重要的任务，可以帮助你的广告更准确地触达那些可能对你的产品或服务感兴趣的人。对于你的情况，你可以使用以下的策略来定位你的广告受众。
>
> 1. 年龄与地域：在"基本信息"部分，你可以选择年龄范围为18～30岁，并在地域中选择美国和加拿大。
>
> 2. 兴趣：在"详细定位"部分，你可以通过"兴趣"标签找到那些对户外运动有强烈兴趣的人。Facebook允许你添加多个兴趣，以便于你尽可能精确地定位你的目标受众。你可以考虑添加如"徒步旅行""登山""野外露营""皮划艇""跑步""自行车运动"等相关的户外运动标签。
>
> 3. 行为：除了兴趣，你还可以根据人们的行为来定位你的广告受众。例如，你可以选择那些最近购买过运动装备，或者参与过户外运动活动的人。
>
> 4. 精准定向：你还可以利用Facebook的"Lookalike Audience"功能来找到与你现有最佳客户类似的人。只需上传你的客户列表，Facebook就会找出具有相似特性的人群。
>
> 5. 排除定向：你也可以使用"排除"功能来避免你的广告展示给不太可能购买你产品的人。例如，你可以排除那些已经是你品

牌的忠实客户或者最近已经购买过你产品的人。

以上是一些定位广告受众的建议，希望能帮到你。在设置受众时，最重要的是持续测试和优化，以找到最符合你品牌和产品的最佳受众群体。

这样，ChatGPT就为你的Facebook广告制定了精准的目标受众定位策略。这样的策略不仅包括了明确的年龄、性别、地理位置和兴趣设定，还包括了针对行为的设定，从而可以让你的广告更有效地触达到目标受众。

3. 撰写引人入胜的广告文案

撰写引人入胜的广告文案是使广告投放成功的关键之一。一个好的文案不仅要描绘出产品的特点，还要能引起目标受众的共鸣。ChatGPT具备强大的语言生成和理解能力，可以为你创作出吸引人的广告文案。以下是一个具体的案例。

案例：

假设你是一家售卖扫地机器人的跨境电商公司，你打算在Facebook上投放广告，推广你的最新款自动扫地机器人。

> **问：** 我需要在Facebook上投放广告，推广我们的最新款自动扫地机器人，这款机器人具有先进的导航技术，适应各种地面，而且能通过手机应用进行远程操控，我该如何撰写吸引人的广告文案呢？

> **答：** 让生活更简单，让清洁更高效！引领清扫革命的我们，推出全新款自动扫地机器人，将彻底改变你的生活方式。我们的扫地机器人搭载了先进的导航技术，无论你家是硬木、地毯还是瓷砖，它都能熟练应对。并且，你还能通过手机应用随时随地启动清扫，走在生活的前沿，享受科技的便利。为你的家投入一份贴心的清洁助手，立即点击了解详情，开启你的智能生活！

使用ChatGPT，你可以获得一篇针对你产品特性，同时具有吸引力的广告文案，帮助你更有效地进行广告投放，吸引更多目标用户的关注。

4. 设置广告预算

设置广告预算是Facebook广告投放中的重要步骤。合理的预算可以帮助你优化广告效果，同时避免无谓的浪费。ChatGPT具备数据分析和决策辅助的能力，可以帮助你设置合理的广告预算。以下是一个具体的案例。

案例：

假设你计划在Facebook上投放广告，推广你的新款智能手表。你希望广告能覆盖全球的主要市场，包括北美、欧洲、亚洲等地。你的预期销售额是10000美元，你预计广告转化率是5%，平均订单价格是100美元。

> **问：** 请你扮演一个Facebook广告优化师。你需要在Facebook上推广我们的新款智能手表，预期销售额为10000美元，预计广告转化率为5%，平均订单价格为100美元。请详细制定美国地区投放计划，包括：
>
> 1.设置三个不同的广告组合。
>
> 2.广告地区：美国。
>
> 3.每个组合罗列：每日投放预算、投放人群年龄与兴趣标签、广告具体创意、广告文案。

> **答：** 你的目标是在Facebook上推广新款智能手表，达到10000美元的销售额，广告转化率预计为5%，平均订单价格为100美元。这意味着你需要吸引到约200个购买者。这是一个具有挑战性的任务，我将为你设计三个不同的广告组合来实现这个目标。假设每个广告组合都被赋予了相同的预算。
>
> 广告组合 1 - 专注技术爱好者
>
> - 每日投放预算：33美元（每月1000美元）。
>
> - 投放人群年龄：18~35岁。

- 兴趣标签：科技，智能设备，健身，健康。

- 广告创意：一个动态的产品图像或短视频，展示智能手表的功能和设计特点。

- 广告文案："升级你的生活方式，全新智能手表，让科技更贴近你的生活。即时消息，智能健康跟踪，尽在你的腕上。立即购买并享受科技带来的方便。"

广告组合 2 - 专注时尚达人

- 每日投放预算：33 美元（每月 1000 美元）。
- 投放人群年龄：25～45 岁。
- 兴趣标签：时尚，配饰，设计，高端消费品。
- 广告创意：展示手表在不同场合下的时尚配搭，如商务、休闲等，突出手表的设计和款式。
- 广告文案："你的每一个场合都应该精致，我们的智能手表让你在保持时尚的同时，享受智能生活。优雅，时尚，功能全面，立即体验它带给你的不一样。"

广告组合 3 - 专注健身爱好者

- 每日投放预算：33 美元（每月 1000 美元）。
- 投放人群年龄：18～45 岁。
- 兴趣标签：健身，运动，健康，户外运动。
- 广告创意：展示人们在健身、运动中使用智能手表的情境，例如跑步、健身房锻炼、徒步等。
- 广告文案："让你的锻炼更智能，全新智能手表帮你追踪运动数据，保持健康生活。不论你在跑步、健身房或者户外，我们的智能手表都是你最佳的健身伙伴。立即购买，打破自我。"

这些广告组合将帮助你覆盖各种受众群体，并最大限度地提高销售额。每个广告组合的效果可能会有所不同，因此需要不断追踪、优化以最大化效益。

5. 监控和优化广告

一旦你的广告开始运行，ChatGPT 还可以帮助你监控和优化广告。

只要你安装了Facebook Pixel，Facebook就会为你的广告提供详细的数据，包括展示次数、点击次数、转化率等。这些数据是优化广告的重要依据。你可以把这些数据提供给ChatGPT，让它帮助你分析这些数据，提出改进方案。

综上所述，ChatGPT是一个强大的工具，可以在Facebook广告投放过程中提供大量帮助。它可以帮助你确定广告目标，定位目标受众，撰写引人入胜的广告文案，设置合理的预算，以及监控和优化广告效果。通过使用ChatGPT，你可以使你的Facebook广告投放更有效，从而提升你的电商业务。

12.2.3 利用ChatGPT优化Instagram运营

Instagram是现代电商推广的重要工具之一，尤其对跨境电商来说，Instagram拥有全球范围的用户基础和独特的视觉优势，使其成为开展海外营销的理想场所。在这里，我们将探讨如何利用ChatGPT来提升Instagram运营效果。

1. 创建社交媒体活动

创建吸引人的社交媒体活动是提升品牌影响力、吸引用户参与的有效方法。ChatGPT可以帮助你确定活动目标、选择活动主题、设计活动方案和撰写活动推广文案。例如，你可以告诉ChatGPT你的产品特点和营销目标。

📖 **案例：**

假设你经营的是一家跨境电商公司，售卖一款新款扫地机器人，这款机器人具有自动充电、智能规划清扫路线等特点，你希望通过Instagram活动提升产品知名度和销售。

> 📋 **问：** 作为一名资深的海外社交媒体运营专家，你在推广一款新款扫地机器人，这款产品具有自动充电、智能规划清扫路线等特点，你希望通过创建Instagram活动提升产品知名度和销售。请你提

出一些社交媒体活动的好主意，并为该活动创建推广文案。

答：当然，我们可以规划以下几个活动，并附带相应的推广文案：

1. 用户使用体验分享

活动概念：邀请一部分客户或者网络红人免费试用我们的扫地机器人，然后分享他们的使用体验。

文案："告别清扫烦恼，拥抱智能生活！邀请你参加我们的#扫地机器人体验活动，感受智能规划清扫路线、自动充电带来的便利！发布你的体验分享，并@我们，就有机会赢取精美礼品！"

2. 创意视频/图片竞赛

活动概念：举办一场创意视频或图片竞赛，邀请粉丝展示他们与扫地机器人的有趣互动。

文案："展示你的创造力，赢取我们的大奖！上传你与我们扫地机器人的创意互动照片或视频，记得使用#智能生活自由之选，最有创意的作品将会获得我们的扫地机器人一台！"

3. 问答活动

活动概念：设计一些关于扫地机器人的问题，发布在Instagram上并鼓励粉丝参与评论。

文案："参与我们的#智能生活讨论，分享你的想法，赢取我们的奖品！你最希望扫地机器人具备哪些功能？你觉得扫地机器人给你的生活带来了哪些改变？在下方评论区分享你的答案，有机会获得我们的特别优惠券！"

以上活动和文案旨在吸引更多的粉丝参与，提高品牌知名度和销售额，同时也让客户更好地理解我们的产品特性。

2. 撰写社交媒体帖子

创建一篇Instagram帖子并非仅仅是简单地输入一些文字，而是需要对话题有深入的理解，对目标受众有准确的把握，并能创作出富有吸引力的内容。ChatGPT在这方面可以提供大量的帮助。

📌 **案例：**

假设我们是一家售卖一款特别设计的户外运动水杯的跨境电商公司。这款水杯具有保温和防滑的功能，非常适合户外运动。首先，我们需要明确我们帖子的主题和目标。例如，我们的主题可能是"户外运动水杯的优点"，目标可能是"吸引户外运动爱好者购买我们的水杯"。然后，我们需要撰写一段引人入胜的文案，概述我们的产品，并吸引人们关注。我们可以通过 ChatGPT 获得这样的文案。

> 🔲 **问：** 作为一名资深的海外社交媒体运营专家，请你撰写一段关于户外运动水杯的 Instagram 文案，这款水杯有保温和防滑的功能，适合户外运动。

> 💬 **答：** 无论你是在山间漫步还是在丛林穿越，我们的户外运动水杯都是你的理想伙伴。它的保温性能能确保你的饮料始终保持适宜的温度，而防滑设计则让你即使在激烈的运动中也能稳稳地握住。走进大自然，尽享舒适。#户外爱好者 #户外运动水杯。

3. 推荐相关 Hashtag

Hashtag 在 Instagram 上发挥着非常重要的作用，它们能帮助你的内容更好地被目标受众找到，从而提升你的品牌影响力和产品销量。下面是一个如何使用 ChatGPT 生成相关 Hashtag 的示例：

📌 **案例：**

假设你正在推广一款新款扫地机器人，这款产品具有自动充电、智能规划清扫路线等特点。

> 🔲 **问：** 我正在推广我公司的新款智能扫地机器人，我需要一些相关的 Instagram Hashtag，可以帮助我吗？

> 💬 **答：**　　1. #SmartRobot
> 　　　　　　2. #RobotVacuum

3. #HomeAutomation
4. #CleanHome
5. #TechInnovation
6. #SmartHome
7. #IntelligentCleaning
8. #HomeTech
9. #RoboticVacuum
10. #EfficientCleaning

这些Hashtag可以帮助你更好地在Instagram上推广你的智能扫地机器人，吸引更多的目标客户。

通过以上步骤，我们就可以利用ChatGPT创建一篇吸引人的Instagram帖子。无论你是个人还是企业，都可以利用ChatGPT来提升你在Instagram上的影响力。

4. 社交媒体评论管理

在Instagram运营中，社交媒体评论管理对于提升用户参与度，维持品牌形象以及优化客户体验有着非常重要的作用。ChatGPT可以在评论管理方面提供强大的帮助，下面将通过一些具体的例子来进行说明。

1）生成回复模板

如果你的Instagram账户收到了大量类似的评论，你可以利用ChatGPT来生成标准化的回复。

📙 案例：

用户评论说："这款扫地机器人看起来很不错，我可以在哪里购买？"

> 问： 假设你是一名资深Instagram社交媒体运营。你应该如何回
> 复询问购买方式的评论？
> <贴上相关评论列表>

> 答： 非常感谢你对我们的扫地机器人感兴趣！你可以点击我们

> Instagram 主页上的链接，就可以直接购买我们的产品啦！

2）回应负面评论

面对负面的评论，尤其是用户对产品或服务的抱怨，需要用到更专业、更有同理心的语言来回应。

案例：

用户评论："我刚买的这款扫地机器人经常会卡住，真的很烦。"

> **问：** 我在负责 Instagram 社交媒体运营。我应该如何专业而有同理心地回应用户对我们扫地机器人的抱怨？
> <贴上相关的负面评论列表>

> **答：** 非常抱歉你在使用我们的扫地机器人时遇到了困扰。我们非常关注你的体验，如果可以的话，能否详细描述一下问题，或者直接通过我们的客服邮箱联系我们，我们会尽快帮你解决问题。

3）挖掘用户需求

对于用户在评论中提出的建议或需求，你可以利用 ChatGPT 进行分析和回应。

案例：

一个用户评论："这款机器人的颜色有点单调，希望能有更多选择。"

> **问：** 用户希望我们的扫地机器人有更多的颜色选择，我应该如何回应？

> **答：** 感谢你的反馈！我们一直在寻找提升产品的方法，你的建议对我们非常有价值。我会将你的想法反馈给我们的产品团队，希望未来我们能为你提供更多选择。

总的来说，ChatGPT 能够协助你进行社交媒体评论管理，让你的回复更具有针对性和专业性。

12.2.4 利用ChatGPT生成TikTok视频脚本

在本节中，我们将探讨如何利用ChatGPT进行视频内容创作，帮助你的跨境电商在TikTok平台上更好地推广产品。

ChatGPT能够用于各种创新的应用场景，包括视频内容创作。ChatGPT可以生成创意的视频脚本、视频标题，甚至是推荐相关的Hashtag，帮助你的视频在TikTok平台上获得更多曝光度。

你可以利用ChatGPT生成吸引人的视频描述、话题和互动性问题，这可以吸引你的观众进行更多的互动。

案例：

你想在TikTok上推广一款新的健身产品瑜伽垫，需设计一系列视频。

> **问：** 我在TikTok上销售我的瑜伽垫时能在视频中加入哪些有趣的健身挑战，来提高观众的参与度？

> **答：** 在TikTok上销售瑜伽垫时，加入一些有趣的健身挑战可以有效提高观众的参与度。以下是一些可能的挑战。
>
> 1. 30天瑜伽挑战：每天发布一种新的瑜伽姿势，让观众跟随你一起完成，让他们在30天内看到自己的进步。
>
> 2. 瑜伽垫滚动挑战：分享一个滚动瑜伽垫的技巧，邀请用户录制自己的版本并标记你。
>
> 3. 瑜伽垫折叠挑战：展示你如何快速而整齐地折叠瑜伽垫，然后挑战你的粉丝们去做同样的事情。
>
> 4. 平衡挑战：分享一个需要平衡能力的瑜伽姿势，然后挑战你的粉丝们去尝试。
>
> 5. 柔韧性挑战：选择一个需要一定柔韧性的瑜伽动作，挑战你的粉丝们去完成。
>
> 6. 力量挑战：展示一个需要力量的瑜伽动作，如手倒立，然后挑战你的粉丝们去尝试。
>
> 7. 冥想挑战：启动一个为期一周的冥想挑战，邀请你的粉丝

们每天使用瑜伽垫冥想 5~10 分钟。

　　8. 早晨瑜伽挑战：鼓励你的粉丝们在早上第一件事就是做一些瑜伽动作，分享他们的经验。

　　9. 夜间瑜伽挑战：邀请你的粉丝们在睡前进行一段轻松的瑜伽流程，分享他们的放松体验。

　　10. 创新瑜伽动作挑战：鼓励你的粉丝们创造自己的瑜伽动作，并用瑜伽垫拍摄视频分享。

　　以上挑战不仅有助于提高观众的参与度，同时还可以让他们更深入地理解到你的瑜伽垫的用途和优点。

你也可以利用 ChatGPT 为你的产品推广生成不同的拍摄创意，以便和其他同事进行头脑风暴，你可以这么询问 ChatGPT：

（1）"在 TikTok 上推广瑜伽垫的 10 个创意视频点子是什么？"

（2）"如何用 10 种不同的方式使用我的瑜伽垫子制作有趣的 TikTok 视频？"

（3）"在 TikTok 视频中用 10 种不同的方法来展示瑜伽垫的功能和优点？"

（4）"在 TikTok 上推广瑜伽垫的流行趋势是什么？"

（5）"如何用 10 种不同的场景来制作展示瑜伽垫多功能性的 TikTok 视频？"

（6）"请提出 10 个独特的视角在 TikTok 视频中展示瑜伽垫？"

（7）"在 TikTok 视频中，瑜伽垫在户外、室内分别有哪 10 种不同的使用方法？"

案例：

一个瑜伽品牌想要在 TikTok 上增加其产品——瑜伽垫的曝光度，并吸引潜在客户。为此，他们需要一系列创意点子来制作有趣且引人注目的视频。使用 ChatGPT 来生成这些创意点子不仅可以节省时间，而且能够提供大量原创的内容供团队讨论和执行。

问: 如何用 10 种不同的方式使用我的瑜伽垫子制作有趣的 TikTok 视频?

答: 使用瑜伽垫制作 TikTok 视频的创意有许多种,以下是 10 个示例。

1. 展示如何正确展开和卷起瑜伽垫。
2. 展示做一个完整的瑜伽流程,从简单的伸展到更复杂的姿势。
3. 演示瑜伽垫如何用作体操或健身垫。
4. 制作一段 ASMR 视频,拍摄你清洁瑜伽垫的过程。
5. 展示你的瑜伽垫如何适用于户外健身活动。
6. 展示你如何将瑜伽垫放在行李箱里,方便出行。
7. 展示你在海边做瑜伽,让观众看到瑜伽垫对防潮湿的效果。
8. 介绍如何在瑜伽垫上做冥想。
9. 展示一段家庭瑜伽课程,家人或朋友一起使用瑜伽垫。
10. 演示一些适合孕妇的瑜伽动作,如何利用瑜伽垫安全锻炼。

ChatGPT 还可以帮助你生成视频脚本。

案例:

你要制作一个生动有趣的瑜伽垫的产品展示视频,需要设计视频脚本。

问: 我们需要一个关于如何正确展开和卷起瑜伽垫的 TikTok 视频脚本。我们希望展示产品的便捷性,以及如何通过使用我们的瑜伽垫达到健身效果。

答: 镜头一(瑜伽垫特写):(背景音乐起,轻松且充满活力)

(旁白):"欢迎大家,今天我们将向大家展示如何正确地展开和卷起你的瑜伽垫。"

镜头二(展开瑜伽垫):(镜头聚焦于瑜伽垫,再摊开瑜伽垫)

(旁白):"首先,让我们看看如何展开瑜伽垫。你需要找到一片平整的地方，轻轻地将瑜伽垫在地板上展开。让每一部分都充分地接触地面，确保垫子平整且没有褶皱。"

镜头三（使用瑜伽垫）：（镜头聚焦于在瑜伽垫上做瑜伽的人）

（旁白）："这样，你就可以开始你的瑜伽练习了。无论是阿斯塔卡姿势还是伸展运动，都可以在瑜伽垫上自由地进行。"

镜头四（卷起瑜伽垫）：（镜头聚焦于正在卷起瑜伽垫的手）

（旁白）："当你完成瑜伽练习后，是时候把瑜伽垫收起来了。从一端开始，慢慢地、均匀地将瑜伽垫卷起。要尽量确保卷起的垫子紧密且平整。"

镜头五（存放瑜伽垫）：（镜头聚焦于放置好的瑜伽垫）

（旁白）："最后，将卷起的瑜伽垫放在一个干燥且通风的地方，准备下一次的使用。"

结尾镜头：（回到瑜伽垫特写）

（旁白）："这就是如何正确展开和卷起你的瑜伽垫。希望你的每一次瑜伽练习都能顺利进行。我们下次见！"

在本节中，我们探讨了如何利用ChatGPT进行视频内容创作，从生成有趣的视频描述，到提出视频创意点子，再到编写完整的视频脚本。

在下一节中，我们将探讨如何寻求和联系有影响力的网络红人（简称网红）进行合作。

12.3 如何进行网红营销

利用网红或关键意见领袖（Key Opinion Leader，KOL）进行营销已经成为一种非常有效的跨境电商推广策略。这种方式可以有效地吸引大量关注，避免由于语言不地道导致的沟通障碍，或者自己编辑发布没人关注的弊端，让你的产品直接进入目标市场。以下是如何进行网红营销的步骤。

12.3.1 寻找合适的社交媒体影响者

1. 如何寻找 Facebook 和 Instagram 红人

在 Facebook 和 Instagram 上寻找相关的网红或者关键意见领袖是一种策略性的方法。这需要你了解你的产品，并确定你的目标受众是谁，他们喜欢什么样的内容，以及他们在社交媒体上关注哪些人。下面是一些具体的步骤。

1）定义你的目标受众

你需要清楚你的目标受众是谁。例如，如果你在销售瑜伽垫，你的目标受众可能是瑜伽爱好者、健身爱好者或者追求健康生活方式的人。

2）搜索相关的关键词

你可以在 Facebook 或 Instagram 的搜索栏输入相关的关键词来寻找相关的网红。比如，你可以输入"瑜伽""健身"或"健康生活方式"等词语。此外，你还可以输入"产品关键字+review"或"竞争对手+review"来寻找已经做过相关产品评测的网红。比如，你可以搜索"yoga mat review"。

3）评估潜在的网红

在搜索结果中，你需要评估每个潜在网红的影响力。一个有影响力的网红通常拥有大量的粉丝，他们的帖子有高度的互动，如点赞、评论和分享。他们的内容质量也应该是高的，与你的品牌形象和价值观相符。

粉丝数量可以衡量网红的影响力，互动水平则可以反映粉丝对网红内容的参与程度。一个有影响力的网红通常有超过 5 万的粉丝，并且每个帖子的点赞次数超过 100 次，分享超过 50 次。

此外，也要考虑网红的受众是否与你的目标受众匹配。例如，如果一个健身网红的大部分粉丝是男性，那么他可能不适合推广女性专用的瑜伽垫。

4）联系网红

找到合适的网红后，你可以尝试联系他们。你可以在他们的帖子上留言，或者发送私信。你可以向他们介绍你的产品，询问他们是否愿意进行推广，并讨论可能的合作方式，如产品赠送、赞助费或佣金等。

2. 如何寻找 YouTube 达人

YouTube 是一个拥有海量用户和巨大影响力的视频分享平台。为了推广你的产品，你可能会需要找到一些在 YouTube 上有影响力的达人（YouTuber）。在寻找和联系 YouTuber 的过程中，你需要注意以下几个步骤：

1）关键词搜索

在 YouTube 的搜索栏中输入相关产品的英语关键词，比如"产品名+review"或者"竞争对手品牌+review"。这将帮助你找到已经做过相关产品评测的 YouTuber。

2）查看订阅数和观看数

合适的 YouTuber 应该有稳定的订阅数和观看量。一般来说，订阅数应该大于 1 万，每个视频的观看量也应该不少于 1 万。另外，如果订阅数和观看量突然暴增，你可以查看该天发布的视频是否有特别高的观看量，以此来判断增长是否真实。

3）查看粉丝的分布情况

理想的粉丝分布应该与你的目标受众匹配，包括性别、年龄阶层和地区分布等。这可以通过查看网红的社交媒体账户和视频评论来了解。

4）评估潜在 YouTuber 的影响力和匹配度

在搜索结果中，你需要仔细评估每个潜在 YouTuber 的影响力。你可以通过查看他们的订阅者数量、视频的观看次数及观众的互动（例如点赞和评论）来判断他们的影响力。一般来说，一个有影响力的 YouTuber 的订阅者数量应该大于 1 万，每个视频的观看次数也应该超过 1 万。

同时，你还需要考虑他们的视频内容是否与你的产品匹配。比如，如果一个 YouTuber 主要发布关于户外冒险的视频，那么他可能不适合推广瑜伽垫。

5）联系 YouTuber

找到合适的 YouTuber 后，你需要与他们进行联系。大多数 YouTuber 会在他们的频道简介中提供联系邮箱。你可以发送邮件，向他们介绍你的产品,询问他们是否愿意进行合作,并讨论可能的合作方式,如产品赠送、支付佣金或者付费赞助等。

12.3.2 利用 ChatGPT 寻找网红

ChatGPT 能帮助你找到适合你的产品或品牌的网红。你可以向 ChatGPT 描述你的产品,并要求它提供与你产品相关的网红名字。然后,你可以在社交媒体上搜索这些名字,找到对应的网红。

案例:

你在销售一款瑜伽垫,需要在主流社交平台找到符合产品调性的相关网红的名字。

> **问:** 我正在销售一个瑜伽垫,并希望在 Facebook 和 Instagram 上找到一些与瑜伽相关的有影响力的用户。请推荐一些粉丝数超过 5000 的博主,并展示其粉丝数。

> **答:** 你可以尝试联系 YogaWithAdriene,她是一个在 Facebook 和 Instagram 上都有大量粉丝的瑜伽网红。

然后,你可以在 Facebook 和 Instagram 上搜索这些名字,找到他们的页面,并按照上述的方式与他们取得联系。

你也可以利用 ChatGPT 找到适合自己产品或品牌的 YouTuber 达人。

案例:

你是一个销售新型的户外烧烤设备的跨境电商卖家,需要寻找户外烧烤、野餐、露营等相关主题的 YouTuber。

> **问:** 我有一个户外烧烤设备需要在 YouTube 上推广,我应该如何在 YouTube 搜索栏或 Google 中找到专注于户外烧烤或露营的 YouTuber?

> **答:** 在 YouTube 搜索栏或 Google 中寻找专注于户外烧烤或露营

的YouTuber，你可以尝试使用以下的一些搜索查询：
1. "Outdoor grilling review"（户外烧烤评测）
2. "Best camping BBQ"（最佳露营烧烤设备）
3. "BBQ equipment unboxing"（烧烤设备开箱）
4. "Camping gear review"（露营装备评测）
5. "Outdoor cooking tutorial"（户外烹饪教程）
6. "Camping food recipes"（露营食品配方）

对于每个搜索查询，你都应该查看哪些YouTuber正在创建这样的内容，他们的订阅者数量，以及他们的视频获得的观看次数和互动。

此外，如果你已经知道一些热门的户外或烧烤相关的YouTuber，你也可以在Google中搜索他们的名字，看看是否有其他YouTuber或博客作者提到过他们。这可以帮助你发现一些可能不那么显眼，但同样具有影响力和相关受众的YouTuber。

找到合适的YouTuber只是第一步，接下来你还需要与他们联系，看看他们是否对推广你的产品感兴趣，以及他们的推广费用是多少。

最后，你还可以询问ChatGPT如何撰写一封能吸引YouTuber合作的电子邮件：

"我如何写一封邮件给YouTuber，提议他们测试并推广我的户外烧烤设备？"

此外，ChatGPT也可以帮你分析和筛选网红。你可以输入一些关于网红的信息，如他们的粉丝数、帖子的互动情况等，ChatGPT可以帮你判断他们是否有影响力，是否适合你的品牌和产品。下一节，我们将学习如何撰写邮件联系网红以寻求合作。

12.3.3　利用ChatGPT撰写合作邮件

在跨境电商领域，与网红或意见领袖合作进行产品推广是一种有效的营销手段。为了确保合作顺利，需要精心撰写合作邮件。以下是撰写邮件时应考虑的三个主要步骤，以及如何运用ChatGPT来辅助撰写：

1. 撰写邮件

（1）建立关系：在发送的第一封邮件中，应该首先与网红建立良好的关系。这可以通过赞美他们的视频内容，以及表达对他们工作的尊重和赞赏来实现。同时，也要说明你的产品对他们的观众有价值，并可能引起他们的兴趣。

（2）展示价值：在邮件中，你需要展示你的品牌或产品可以给网红带来什么价值。这可能包括提供免费的产品样品，支付赞助费，或者提供一定的佣金。

（3）引用以往的合作经历：如果你以前有过与网红的合作经历，可以在邮件中提到。这将增加你的可信度，并让网红知道与你合作是有益的。

凸 案例：

假设你是一家环保型水瓶品牌，打算联系YouTube网红进行合作。在向ChatGPT提出请求前，你需要构思一个框架，包括对方的姓名或频道名称，频道内容和观众类型，你的品牌价值，以及你期望的合作方式和可能提供的合作条件。确保这些信息准确无误，然后才向ChatGPT请求撰写邮件的具体内容。

> 问：我需要为一款环保水瓶寻找YouTube网红合作。品牌强调可持续生活，目标受众为热爱户外活动的年轻人。请帮我构思一封建立联系和提出合作邀请的邮件草稿。

> 答：主题：新的合作机会 – 环保型水瓶品牌［你的品牌名］
>
> 尊敬的［YouTuber的名字］，
>
> 我是［你的名字］，代表［你的品牌名］。首先，我想说我非常喜欢你在YouTube上的内容，尤其是你关于环保和可持续生活方式的视频。我觉得你的价值观和我们的品牌非常吻合。
>
> ［你的品牌名］是一款专注于环保和可持续发展的水瓶品牌。我们的产品由环保材料制成，设计独特且持久耐用。我们的使命是通过提供可持续的解决方案，来鼓励更多的人采用环保生活

方式。

我相信,我们的产品和你的观众群体会有很好的契合度。我想提议一项合作,你可以在你的YouTube频道上分享我们的产品,让更多的人了解环保和可持续的生活方式。

如果你愿意,我会寄送一些样品给你,让你亲自试用。我们也愿意为这次合作支付一定的赞助费,或者我们可以商讨一个基于销售佣金的支付方案。

我们已经与其他一些知名的网红进行过成功的合作,例如[网红名字],他们都非常喜欢我们的产品,我们相信你也会喜欢的。

如果你对这个提议感兴趣,我非常愿意进一步讨论详情。期待你的回复。

最好的祝福,

[你的名字]

你可以根据实际情况进行调整,确保它能反映出你的品牌和合作意向。记得,合作的提案应具体明确,让对方清楚合作的具体好处,并激发他们的兴趣和回复意愿。

2. 回复网红的邮件

(1)清晰的期望:在网红回复你的邮件后,你需要明确地表达你的期望。包括你希望网红做什么(例如,制作一个产品评测视频),视频应该发布在哪里(例如,YouTube频道),以及你期望的结果(例如,提高产品知名度,增加销量等)。

(2)确定推广方式:一般来说,YouTuber可以通过以下几种方式来推广你的产品:

①Unboxing Review:这是一种常见的推广方式,网红会在视频中打开你的产品包装,然后详细介绍和评价产品。

②Featured Review:在这种推广方式中,网红会在一系列产品中特别提到你的产品,这可以帮助你的产品获得更大的曝光。

③Giveaways:网红可以通过赠品活动来吸引观众关注你的产品。这

种活动通常包括要求观众关注你的社交媒体账户、分享视频或在视频下面留言等步骤。

（3）提供截止日期：如果你有紧迫的时间表，也应该在邮件中明确提出。这将帮助网红安排他们的工作计划。

（4）确定付款方式：付款方式可以根据网红的规模和你的预算来决定。一般来说，大型的网红可能会要求预付款或定金，而小型的网红可能愿意接受产品赠送或佣金。定金通常在 200～500 美元不等，你也可以问网红是否愿意先拍摄视频，然后在你确认后支付费用。对于价格较高的产品（200 美元以上），你可以考虑提供免费产品以供他们拍摄视频，或者拍摄后将产品退回。

凸 案例：

我们是一家叫 EcoBottle 的环保水瓶公司，已经向一个名为 OutdoorLifeWithJack 的 YouTuber 提出了合作请求。现在他回复了邮件，对我们的产品感兴趣，同时他提出了以下几个问题：他想要知道我们想要他在视频中以什么样的方式展示我们的产品，他可以将我们的产品链接放在他的视频描述中吗，我们是否愿意提供一个折扣代码供他的观众使用，以及我们提议的付款方式是什么。

> 问： 我是一家名为 EcoBottle 的环保水瓶公司的市场主管。我最近向一个名为 OutdoorLifeWithJack 的 YouTuber 发出了合作提议。他已经回复了我的邮件，并对我的产品表示出兴趣。他希望了解我希望他如何在视频中展示我的产品。他问我们是否可以在视频描述中提供产品链接，是否愿意提供一个供他的观众使用的折扣代码，以及我们的支付方式。
>
> 我希望他在视频中自然地使用我们的产品，并与观众分享他对产品的真实感受。我很乐意让他在视频描述中提供我们的产品链接，并愿意提供一个特殊的折扣代码供他的观众使用。我建议我们按视频的观看量支付一次性费用，同时我们也愿意提供基于通过他的链接和折扣代码产生的销售额的额外佣金。

请帮我编写一封向他回复的邮件，解释这些想法和提议，并表示对于与他合作的兴奋和期待。

> **答：** 主题：回复 EcoBottle 的合作提议
>
> 亲爱的 Jack：
>
> 我非常高兴收到你的回信，同时非常感谢你对我们的 EcoBottle 环保水瓶表示出的兴趣。你提出的问题非常具有建设性，并且我们非常愿意回答这些问题并进一步讨论我们的合作。
>
> 首先，关于产品展示的方式，我们希望你能在你的户外探险活动中自然地使用我们的水瓶，并与你的观众分享你的真实感受。我们相信，真诚的分享将比任何预设的脚本更能打动你的观众。
>
> 其次，我们非常赞同你在视频描述中提供我们的产品链接的建议。这将方便你的观众了解和购买我们的产品。同时，我们也愿意提供一个专门为你的观众准备的折扣代码。我们相信，这将刺激他们的购买欲望，也会为我们的合作带来更好的结果。
>
> 关于支付方式，我们提议按照视频的观看量支付一次性费用，这是我们对你投入时间和精力的认可。此外，我们也愿意提供基于通过你的链接和折扣代码产生的销售额的额外佣金。这样的方式将能进一步激励我们的合作，并确保你能从我们的成功中获得回报。
>
> 我们对这次可能的合作感到非常兴奋，我相信我们的产品和你的内容创作将能携手打造出有价值的内容，同时为你的观众带来真正的价值。
>
> 期待进一步讨论这次合作，如果你对以上提议有任何疑问或者需要进一步的信息，请随时告诉我。
>
> 最好的祝愿，
>
> ［你的名字］
> 市场主管
> EcoBottle 公司

3. 长期合作

建立长期的合作关系对双方都有利。如果网红的推广效果良好，你可以考虑与他们建立长期的合作关系，这可能包括定期的产品评测，或者其他形式的合作。

总的来说，联系网红进行产品推广是一种有效的营销策略。只要你明确你的期望，展示你的价值，并建立良好的关系，你就有可能实现成功的营销。